Bernard HORT, Professeur Théologie Systématique FUTP
(1992 – 2019)

Analecta Bruxellensia

edited by

Johan Temmermann and Johannes Taschner
Faculty of Protestant Theology in Brussels

Volume 19

LIT

Theological Essays in Biblical, Religious and Historical Perspective

edited by

Johannes Taschner and Johan Temmerman

LIT

This book is printed on acid-free paper.

Bibliographic information published by the Deutsche Nationalbibliothek
The Deutsche Nationalbibliothek lists this publication in the Deutsche Nationalbibliografie; detailed bibliographic data are available on the Internet at http://dnb.d-nb.de.

ISBN 978-3-643-91116-2 (pb)
ISBN 978-3-643-96116-7 (PDF)

A catalogue record for this book is available from the British Library.

Klosbachstr. 107
CH-8032 Zürich
Tel. +41 (0) 44-251 75 05
E-Mail: zuerich@lit-verlag.ch   http://www.lit-verlag.ch
Distribution:
In the UK: Global Book Marketing, e-mail: mo@centralbooks.com
In North America: Independent Publishers Group, e-mail: orders@ipgbook.com
In Germany: LIT Verlag Fresnostr. 2, D-48159 Münster
Tel. +49 (0) 2 51-620 32 22, Fax +49 (0) 2 51-922 60 99, e-mail: vertrieb@lit-verlag.de
e-books are available at www.litwebshop.de

Table des matières / Inhoudsopgave / Table of Contents

Préface

L' *Analecta Bruxellensia Vol. 19* s'intitule *Theological Essays in Biblical, Religious and Historical Perspective*. Cette triple perspective couvre les changements survenus au cours des dernières années au sein de la faculté protestante de Bruxelles. Les développements dans les domaines académique et éducatif vont très vite, surtout à cause de la part croissante de la numérisation. La faculté de Bruxelles ne peut pas et ne restera pas en arrière et a entamé une transition vers une intégration croissante de l'apprentissage numérique. L'expansion du programme d'études du côté néerlandophone, avec le développement d'une offre d'études religieuses, est également en pleine expansion. Cependant, la faculté conserve sa flexibilité caractéristique en ce qui concerne les possibilités organisationnelles et logistiques.

Nous dédions la collection que nous présentons à professeur sortant de la faculté de langue française (FUTP): Bernard Hort. Le coordinateur académique Guy Rainotte présente un aperçu de ses activités dans le contexte de la théologie en général et de la faculté en particulier.

Cet *Analecta Bruxellensia Vol. 19* présente une sélection des activités scientifiques de nos collaborateurs, ainsi qu'un aperçu de deux thèses qui seront soutenues publiquement au cours de la prochaine année. Jan Kouwen, doctorant en études religieuses, a enquêté sur les traces de la vie juive en Zélande et propose un aperçu original basé sur des archives authentiques. Bernard Bamfo-Bosompem, doctorant en théologie pratique, étudie le concept de la vie éternelle dans la théologie africaine. Vous découvrirez une étude sur le dialogue avec le défunt lors de cérémonies funéraires.

Le théologien germano-américain Paul Tillich (1886-1965), avec lequel le professeur sortant Bernard Hort est très familier, est également abordé. Heye Heyen, professeur émérite de théologie pastorale, traite d'un certain nombre de sermons que Tillich a prononcé sur des tombes de soldats au cours de la Première Guerre mondiale. Léonard Rwanyindo, docteur en Histoire du protestantisme, met l'accent sur le protestantisme suisse au sein de la francophonie. Quant au Docteur Doris Lambers-Petry, elle s'intéresse également à la Suisse mais plus spécialement à la politique d'immigration de l'électeur Karl I. Ludwig.

Un certain nombre de contributions portant sur des textes de l'Ancien Testament remplissent la partie biblique. Le lecteur découvrira également une nouvelle section, *Reviews*, dans laquelle notre équipe de chercheurs propose des comptes rendus critiques et des recensions d'études et de livres récents et remarquables.

C'est avec gratitude et émotion que nous remercions ici le professeur Bernard Hort pour ses années d'enseignement et de dévouement à la FUTP de Bruxelles, et souhaitons à tous un plaisir de lecture vivifiant.

Prof. J. Temmerman
Doyen FPTR

Voorwoord

Deze *Analecta Bruxellensia Vol. 19* draagt de titel *Theological Essays in Biblical, Religious and Historical Perspective*. Dit drievoudige perspectief dekt de veranderingen die zich de laatste jaren in de schoot van de protestantse faculteit te Brussel voltrekken. De ontwikkelingen op academisch en onderwijsvlak gaan erg snel, niet in het minst door het toenemende aandeel van digitalisering. De Brusselse faculteit kan en wil niet achterblijven en heeft een transitie ingezet naar een groeiende integratie van digitaal leren. Ook de uitbreiding van het curriculum aan Nederlandstalige kant, met de uitbouw van een aanbod religiestudies is in volle expansie. Bij dit alles behoudt de faculteit haar kenmerkende flexibiliteit inzake organisatorische en logistieke mogelijkheden.

De bundel die voorligt, dragen we op aan afscheidnemend hoogleraar van de Franstalige faculteit (FUTP): Bernard Hort. Een schets van zijn activiteiten in het kader van de theologie in het algemeen en de faculteit in het bijzonder wordt gepresenteerd door de academische coördinator Guy Rainotte.

Daarnaast biedt *Analecta Bruxellensia Vol. 19* een greep uit de wetenschappelijke bezigheid van onze medewerkers, alsook een voorproef van twee proefschriften die het komende jaar openbaar worden verdedigd. Drs. Jan Kouwen onderzocht de sporen van Joods leven in Zeeland en biedt een originele inkijk aan de hand van authentiek archiefmateriaal. Drs. Bernard Bamfo-Bosompem onderzoekt het concept van het "Eeuwige Leven" in Afrikaans theologisch perspectief. In deze *Analecta* kan je een studie lezen die focust op de dialoog met de overledenen tijdens begrafenisplechtigheden.

De Duits-Amerikaanse theoloog Paul Tillich (1886-1965), waarmee afscheidnemend hoogleraar Bernard Hort erg vertrouwd is, komt ook aan bod. Emeritus hoogleraar Pastorale Theologie Heye Heyen behandelt een aantal preken die Tillich gaf bij soldatengraven tijdens de Eerste Wereldoorlog. Dr. Léonard Rwanyindo belicht dan weer het Zwitsers protestantisme binnen de Franstalige wereld. Ook dr. Doris Lambers-Petry richt zich in haar bijdrage op Zwitserland en het immigratiebeleid van keurvorst Karl I. Ludwig. Een aantal bijdragen uit Oudtestamentische hoek vullen het Bijbelse luik. Een novum in

Analecta is de afsluitende rubriek *Reviews*, waarbij we recente en in het oog springende studies en boeken bespreken.

Met dankbaarheid voor de jarenlange inzet van hoogleraar Bernard Hort wensen we allen verhelderend leesgenot.

Prof. dr. J. Temmerman
Decaan FPTR

Preface

This *Analecta Bruxellensia Vol. 19* is entitled *Theological Essays in Biblical, Religious and Historical Perspective*. This threefold perspective covers the changes that have taken place in recent years within the Protestant faculty in Brussels. Developments in the academic and educational fields are going very fast, not in the least because of the increasing share of digitization. The Brussels faculty cannot and will not stay behind and has started a transition towards a growing integration of digital learning. The expansion of the curriculum on the Dutch-speaking side, with the development of an offer of religious studies is also in full expansion. In all this, the faculty retains its characteristic flexibility regarding organizational and logistical possibilities.

We dedicate this collection essays to a retiring professor from the French-speaking faculty (FUTP): Bernard Hort. An outline of his activities in the context of theology in general and the faculty in particular is presented by the academic coordinator Guy Rainotte.

Analecta Bruxellensia Vol. 19 offers a selection of the scientific activities of our academic staff, as well as a preview of two dissertations that will be publicly defended in the coming year. Jan Kouwen, doctoral-student in religious studies, investigated the traces of Jewish life in Zeeland and offers an original insight based on authentic archive material. Bernard Bamfo-Bosompem, doctoral student in pastoral theology, investigates the concept of "Eternal Life" in an African theological perspective. In this *Analecta* you can read a study that focuses on the dialogue with the deceased during funeral ceremonies.

The German-American theologian Paul Tillich (1886-1965), with whom departing professor Bernard Hort is very familiar, is also discussed. Emeritus professor of pastoral theology Heye Heyen deals with a number of sermons Tillich spoke by the grave of young soldiers during the First World War. Dr. Léonard Rwanyindo highlights Swiss Protestantism within the French-speaking world. Dr Doris Lambers-Petry also focuses on Switzerland and the immigration policy of Elector Karl I. Ludwig.

A number of contributions from the Old Testament angle fill the biblical part. A new item in *Analecta* is the concluding section *Reviews*, in which we discuss recent and eye-catching studies and books.

With gratitude for the years of dedication of professor Bernard Hort, we wish you all an enlightening reading pleasure.

Prof. J. Temmerman
Dean FPTR

Professeur Bernard HORT

Guy Rainotte

Bernard HORT a effectué ses études de théologie à l'Université de Lausanne (1976-1981). Il fut assistant diplômé dans cette même université auprès du Professeur Willy Zoss (1981-1983). Après avoir été consacré pasteur et exercé des fonctions pastorales dans le canton de Vaud, il entame des recherches doctorales et défend sa thèse (éditée en 1989 par Labor et Fides sous le titre: *Contingence et Intériorité, Essai sur la Signification théologique de l'Œuvre de Pierre Thévenaz*), fin de l'année 1987, à l'Université de Lausanne. Il devient ensuite responsable de l'enseignement religieux interconfessionnel dans la ville de Neuchâtel. Puis, en 1992, il entame une carrière d'enseignement à la Faculté Universitaire de Théologie Protestante de Bruxelles, d'abord comme professeur extraordinaire puis ordinaire, poste qu'il occupera de 1994 à 2019. En 1996, il est lauréat du prix Paul Rochedieu pour une introduction à Paul Tillich (voir infra). En 2006, il reçoit son habilitation à diriger des recherches en théologie systématique à l'Université des sciences humaines de Strasbourg.

Pendant vingt-sept ans donc, Bernard HORT a été titulaire de la chaire de théologie systématique au sein de notre faculté. Il y enseigne, outre cette discipline, la dogmatique, l'éthique, la méthodologie et l'anglais théologique. Nous ne pouvons évoquer ici ses nombreuses publications. Épinglons trois champs parmi ses nombreuses préoccupations.

Il s'intéresse beaucoup aux transformations actuelles du christianisme. Ouvert à l'évolution du religieux et à ses relations avec un monde en continuelle évolution, il est fort préoccupé par les relations interconfessionnelles. Il publiera, à ce propos, un ouvrage (*Chercher Dieu avec l'Orthodoxie, Essai sur les Enjeux spirituels de la Relation entre l'Est et l'Ouest européens*, Xenia éditions, 2009) unique en son genre qui, suite à l'ouverture des frontières est-européennes, vise à répondre à la méconnaissance que les chrétiens occidentaux ont de l'Orthodoxie. Dans cet ouvrage, Bernard Hort propose, avec rigueur, une vision harmonieuse de la complémentarité des deux chrétientés dont il montre la parenté, mais aussi les incompatibilités.

Passionné par la pensée de Paul Tillich et son actualité, il en préface la troisième édition française du *Courage d'être* (parue en 2014 aux éditions Labor et Fides). En 1997, il rédige six *Lettres à Paul Tillich* (publiées chez Labor et Fides) par lesquelles il propose une introduction aux aspects les plus éloquents de la pensée de ce dernier, dans un langage grand public.

Il s'intéresse également à l'œuvre de Gérard Siegwalt et à son actualité. En 2017, il publie (chez ASP) un opuscule intitulé *Gérard Siegwalt. Un protestantisme inclusif*, qui constitue une véritable mise en appétit à la *Dogmatique* du théologien strasbourgeois.

Bernard Hort a marqué plusieurs générations d'étudiantes et d'étudiants de la faculté par la rigueur de sa pensée, sa bienveillance et sa défense d'un protestantisme ouvert sur le monde et en perpétuel dialogue avec la différence. Nous lui en sommes infiniment reconnaissants.

Lettre à un(e) futur(e) pasteur(e)

Bernard Hort

Abstract

Les lignes qui suivent sont destinées à toute personne se posant la question d'une (ré)orientation professionnelle en direction du ministère pastoral. Ecrites dans le souci d'intégrer les réalités de la société actuelle avec ses mutations culturelles et technologiques, elles proposent au destinataire un accompagnement respectueux au travers d'un certain nombre d'images suggestives et de symboles inattendus. Elles évitent autant que faire se peut le jargon spécialisé ainsi que les polémiques inutiles, et participent en cela de l'effort contemporain en vue de renouveler le lexique et les codes de la théologie.

OUVERTURE

Cher(e) ami(e),

Comme nous le suggère désormais la sociologie estudiantine, le(a) future(e) étudiant(e) en théologie que tu es n'as pas dix-huit ans, mais bien trente-cinq ou quarante. Tu as déjà navigué au fil des épreuves et des bonheurs de la vie. Tu as ainsi acquis une certaine science de ton non-savoir, qui te rend capable de relativisation et de mise en perspective.

Entendons-nous. Les vocations précoces restent précieuses et possibles, elles comportent le potentiel irremplaçable découlant de l'investissement d'une vie entière. Mais les appels tardifs sont plutôt devenus la règle, et les engagements directs l'exception. Dans ces lignes, je t'apostropherai de surcroît sans savoir si je dois le faire au masculin ou au féminin, car désormais tu es souvent une femme. Cela n'est pas pour nuire à la diversification des sensibilités spirituelles.

Au moment de changer de carrière, tu étais peut-être assistant(e) social(e), gestionnaire ou pédagogue. A certains moments, je t'imagine infirmier(e) dans une vaste métropole, à d'autres journaliste dans une ville moyenne où ton appel a pris corps. Nous dirons donc que tu as environ trente-cinq ans, et fus durant plusieurs années en charge de responsabilités concrètes qui ne furent pas du tout insignifiantes. A cela, j'ajouterai volontiers que tu y as eu beaucoup de bonheur: ton ministère à venir n'est pas fuite. Oui, tu entretenais alors d'excellentes relations avec tes collaborateurs, et avais largement acquis la confiance de tes supérieurs, qui te laissaient la bride sur le coup et que parfois tu ne voyais guère de la semaine.

Supposons aussi que ta carrière fut elle-même précédée, après l'acquisition d'un diplôme, de quelques expériences de stage assez rudes. Tu sais donc comment fonctionnent certaines des arcanes obscures de la machine sociale et n'en sous-estime pas la complexité. A la réflexion, ce sont peut-être ces expériences difficiles qui expliquent partiellement que tu sois, aujourd'hui, si attiré(e) par le pastorat, car tu as appris là que l'homme ne vit pas d'heures faciles seulement, mais, aussi, de crises traversées, et de menaces existentielles affrontées ... Heureuse occurrence. C'est justement à travers une telle humanité que Dieu a l'occasion de se manifester.

FACE AUX NOUVELLES ALIÉNATIONS EXISTENTIELLES

A l'époque où tu entamas tes classes scolaires, en fin du dernier siècle ou au début des années 2000, les grands discours politiques totalitaires du second tiers du XXième ne représentaient plus qu'un lointain souvenir pour la majorité des habitants de ta région. Une autre forme d'excès menaçait néanmoins les esprits. L'on sentait en effet arriver le temps d'un individualisme outrancier, encouragé par l'isolement croissant des personnes dans leurs bulles numériques.

L'heure du grand "chacun pour soi" n'avait pas encore sonné. Mais certains signes avant-coureurs étaient là. C'est ainsi que, dans les écoles, les programmes avaient été réformés. L'on étudiait le vocabulaire *geek* à la place du latin, la programmation au lieu de l'histoire, *excel* plutôt que Molière. C'était bien utile pour la vie professionnelle, et même indispensable pour ne pas perdre la course économique. Question de survie. Mais cela ne constituait peut-être pas le meilleur moyen d'apprendre à distinguer l'essentiel de l'accessoire.

Les plus jeunes générations souffraient d'ailleurs de ce climat, alors même que, démunies de recul historique, elles ne pouvaient guère formuler les causes de leur mal-être. Parfois, elles l'extériorisaient cependant avec violence. C'est ainsi que les foyers de tension s'étaient multipliés: parkings souterrains, gares de triage, aires d'autoroute ... Cette évolution couvait à feu doux dans un certain désert symbolique. Et ce désordre avait même fini par gagner les campus de quelques universités. A force de privilégier l'enseignement à distance et le recours à des tutoriels digitaux, celles-ci s'étaient en effet partiellement transformées en lieux de *surf* solitaire pour adultes désorientés.

Enfin, c'était alors le temps d'une crise étrange des loisirs humains. Les réseaux sociaux, caractéristiques de l'ère du *web* 2.0, 3.0 et autres, avaient certes favorisé de nouvelles rencontres et permis la pratique de jeux inédits. Abolissant les distances kilométriques et effaçant les obstacles matériels, ils ne pouvaient cependant pas faire grand-chose pour permettre une vraie communication. Au contraire, ils avaient fini par provoquer une avalanche de divertissements et d'évasions ludiques qui laissaient beaucoup d'internautes désemparés devant les inquiétudes fondamentales de l'existence. Solitude foncière et saturation relationnelle coexistaient paradoxalement "en ligne." Ainsi, au milieu de cet imbroglio, bien des personnes ne savaient plus exactement quel était leur rôle social et professionnel. Leur horizon tendait à se limiter à leur écran. Et ce dernier connaissait parfois quelques pannes. Ces gens avaient donc évidemment soif d'autre chose ... mais généralement sans le savoir, et même en le contestant. C'est justement là ce qui donne au métier que tu envisages une bonne part de son intérêt - non sans en constituer l'une des principales difficultés.

MÛRIR SA VOCATION

Depuis que ta vocation te taraude, tu t'isoles régulièrement pour réfléchir, et tu t'absentes, de temps en temps, pour des retraites en Cévennes, à Nessonvaux, à Crêt Bérard ou au Château de Liebfrauenberg ... Tu as besoin d'y rencontrer des gens qui se trouvent au même carrefour professionnel que toi - ou à d'autres. Tu t'y éloignes temporairement de ton quotidien. Tu y prends une distance nouvelle rapport au train-train familier.

Pourtant, tu n'as pas toujours correspondu(e) à ce portrait en décalage ... Voilà une vingtaine d'années encore, ta région ressemblait en effet à une grande famille. Un petit ciné-club faisait le plein, les samedis d'hiver, dans la salle polyvalente. Une troupe de théâtre y constituait la fierté de beaucoup. L'on se battait pour y décrocher un rôle. Un groupe de lecture se réunissait pour la traversée joyeuse de livres à portée philosophique. Il te souvient d'y avoir discuté avec verve de *l'Ecole des Femmes*, de Molière, de *l'Apologie des Sens*, de John Cowper Powys, des *Armoires vides,* d'Annie Erneaux ... et de tant d'autres œuvres encore... Les rencontres ainsi ménagées demeuraient rarement sans fruits. Vous délibériez de vastes notions telles que l'amour, la justice, la mort. Vous vous interpelliez avec tact et exigence: “Tu t'occupes des réfugiés. Le fais-tu pour eux ou pour te donner bonne conscience?” “Tu te dis citoyen du monde. As-tu imaginé les efforts concrets qui résulteraient de tes idées?” Prenant.

Mais ces académies populaires et ces débats sans projecteurs, qui se prolongeaient tard au fil de vos temps de loisirs et des jours fériés, avaient surtout une autre fonction: vous y combliez peu à peu les béances de vos scolarités, voire de vos universités respectives. Vous y refaisiez vos classes. Vous y colmatiez vos voies d'eau pédagogiques! Car en ce temps-là, oui, le verbe avait encore droit de cité dans le quotidien, et tu t'arrêtais volontiers pour écouter la veuve du cordonnier, échanger trois mots avec un groupe de scouts collectant des fonds, disserter avec le vieil instituteur attendant son bus ... La région, ce n'était pas seulement une entité administrative et électorale. C'était également une communauté de parole et de recherche, un petit conservatoire d'humanité.

Tu ne te souviens pas du moment exact où tu as commencé d'en ressentir le déclin, et de privilégier les promenades vespérales en solitaire, et la compagnie de pigeons heureux de te voir ouvrir ta besace. Témoins muets du mûrissement de ta vocation naissante ... L'arrivée de l'informatique n'y est cependant pas pour rien. Tu te rappelleras longtemps d'une marche de groupe entreprise un dimanche. Après trois heures sympathiques d'avancée commune, le but de la rencontre se dessine peu à peu. Avec quelques compagnons tu en franchis religieusement la porte. Revenu de ton essoufflement, tu t'y sens néanmoins déçu. Une émission de téléréalité captive la moitié des participants hébétés. Plusieurs autres s'envoient des SMS tout en regardant avec une fixité térébrante des *clips* dans leurs *iPhone*. Périodiquement tous consultent leurs profils sur *facebook*. Ils manquent ainsi les reflets orangés du dernier soleil, le langage mystérieux des collines qui se voilent et l'envol de l'oiseau gris. Le point de non-retour est atteint quand le président d'un club de radiogoniométrie t'adresse la parole avec rudesse et t'impose de changer de table pour pouvoir installer un émetteur.

Tu sors. A ta rentrée, tu es perplexe. Certaines gens se bardent, se claquemurent dans leur arsenal électronique. Ils échangent mais ne s'expriment pas vraiment. Un processus sournois hypothèque leurs relations. Par le biais des facilités qu'autorisent les réseaux sociaux, ils choisissent leurs interlocuteurs et se privent parfois des surprises de la vie réelle. Ils vont de sélections en sélections. Ils croient avoir la liberté de l'aigle alors qu'ils s'enferment progressivement en eux-mêmes. Ils manquent ainsi la part non numérique de l'existence, ils ne perçoivent plus l'altérité des inconnus, des faibles, des décalés. Et ils éludent dans la foulée le corps-à corps toujours à recommencer avec la question de Dieu. C'est un piège, *le* piège d'une époque matériellement et techniquement saturée. A celui-ci, échappent désormais surtout les plus âgés, les réfugiés, les plus originaux et les plus pauvres, renvoyés à l'essentiel. Cela représente encore un certain nombre de personnes.

Tu n'es pas partisan de porter un jugement moral sur la technologie mais cette fois la coupe est pleine. Et tu vois soudain ta région d'un autre œil. Tu notes que les locaux du vieux groupe de lecture ont changé de mains et qu'une salle de jeux informatiques sophistiqués les occupe, pour des sessions aussi interminables qu'onéreuses - certaines durées de connexion dépassent même les vingt-quatre heures! Tu observes que le sort des réfugiés n'intéresse plus guère que les professionnels de l'asile et que de nombreux sans-papiers sont devenus tout simplement invisibles même s'ils sont toujours là. Tu remarques enfin, à deux immeubles du tien, un vieil homme au chômage. Il vient d'emménager en portant lui-même ses meubles, sans personne pour l'aider! Et, pour tout dire, sa silhouette de colosse désorienté et écumant, qui se découpe cruellement dans l'air glacial, semble alors annoncer de sombres catastrophes. Elle paraît aussi faire office de parabole d'un monde nouveau, le nôtre, encombré de solidarités virtuelles qui ne se traduisent jamais en amitiés réelles. Ainsi tes loisirs baissent-ils en fréquence: tu t'éloignes moins de ton quartier. Tu te contentes parfois de la compagnie des livres, à moins que tu n'ailles contempler les derniers feux du jour, vers vingt heures, alors que les maîtres du pays sont toujours en séance et que les violents ne sont pas encore sortis. Mais il y a plus. Tu t'interroges secrètement: "Donnerai-je bientôt ma démission de mon poste actuel, tout en décidant, par le biais du ministère pastoral, de mettre *autrement* au service de ce coin de pays et des problèmes que j'y perçois?"

"Désormais, j'y travaillerai comme prédicateur, en solidarité d'Eglise, et c'est ainsi que je traiterai les sujets de société ..." Je ne puis te dire si tu as raison, si tu dois suivre cette intuition. Mais je devine qu'en cette minute précieuse, tu n'éprouves aucune exaltation révolutionnaire ni réactionnaire, et tu n'entends la voix d'aucune haine idéologique. Tu perçois plutôt l'appel de l'humain: tu vois des visages, tu te représentes des personnes qui ont besoin de Dieu et les unes des autres. Le christianisme n'est pas une idée.

Une présence spirituelle au cœur des Lieux de Consommation

Les annonces publicitaires du dernier *megastore* en date étaient apparues avec les premières jonquilles. Vingt-six mille mètres carrés de gadgets de "communication" à consommer rapidement, pour certains très utiles, et, pour d'autres, d'une parfaite superfluité, alors même qu'un quart de la planète n'est pas nourri à sa faim.

Au début, l'on avait passablement ri des surenchères contenues par ces dépliants, qui avaient fait un temps les délices des humoristes des radios locales. Mais, peu à peu, le centre était devenu plus attirant. Et le recours systématique au marketing et au matraquage numériques avait fait le reste! En sorte que c'était devenu là, si je puis dire, parodiant Philippe Muray, un nouvel *Empire du Bien.*

La sortie de terre de ce grand pôle commercial n'avait bien sûr, à ses débuts, guère retenu ton attention. Tu t'y ravitaillais seulement en cartouches "imprimantes, vitales pour ton activité d'aujourd'hui comme elles le seront pour celle de demain... Néanmoins, si tu deviens pasteur, tu n'as pas fini d'en entendre parler et de hanter ces lieux. Tu les arpenteras en effet plus souvent encore, à la recherche d'informations qui te permettront de mieux comprendre l'univers mental de tes catéchumènes ... et des adultes qui te seront confiés. Ou alors, tu y seras happé par quelque conversation, d'amorce banale, qui se terminera cependant en interrogation biblique ou philosophique partagée, voire en révolte personnelle confessée, en aveu ou en exultation ..."

Quel ecclésiologue, quel théologien dira le lien mystérieux existant entre ministère pastoral et grandes surfaces? Tu le devines déjà confusément d'ailleurs, lorsque tu échanges le bonjour avec les chefs de rayon ou trois mots avec les vendeurs, et prends le temps de commenter avec eux la météo du week-end à la cafétéria ... "Au *tsunami* promotionnel permanent de la société de consommation, t'es-tu donc dit peu à peu en découvrant cet endroit, il ne serait sans doute pas mauvais d'ajouter l'offre discrète mais essentielle de l'Evangile ... et d'en faire mon ambition principale! ..." D'ailleurs, de plus en plus fréquemment, le soir, après ta sortie des locaux où tu travailles, lorsque la marche te rapproche de l'hypermarché comme d'un vaste paquebot émergeant de la brume, tes yeux se tournent spontanément vers lui pour les quelques secondes restant avant le crépuscule. Naturellement, sans te forcer, tu te surprends alors à remettre dans une prière parfois inarticulée les travailleurs, les clients et les livreurs du vaste *megastore*.

Un temps, tu passais devant eux très vite, comme on laisse distraitement filer un paysage sur l'autoroute ou depuis le compartiment d'un train. Tu le fis sans états d'âme jusqu'au jour où tu sentis le besoin de ces temps de méditation. Il arrive que ce type d'oraison spontanée devienne d'ailleurs une seconde nature, car la vie moderne n'est pas un monastère, et l'on n'a pas toujours le temps d'y prier de manière organisée, même dans le ministère pastoral. Ce n'est d'ailleurs pas le moindre des paradoxes qui caractérisent ce métier, où les contacts comptent assurément plus que le narcissisme spirituel.

CONVIVIALITÉ

La montée du consumérisme et la recherche du "toujours plus" réjouissent donc les uns et tétanisent les autres. Mais un espace de parole dissidente subsiste encore: les cafés de la région. Envers du décor, et derniers lieux de résistance du bon sens populaire et de l'empirisme organisateur .... Oui, depuis plusieurs années déjà, les cafés servent de cadres à de singuliers et révélateurs propos de table. Les nappes collantes, les parois jaunes, les caisses enregistreuses sont témoins d'une lente et générale confession mutuelle. D'un parler vrai étonnant. Il faut attendre un peu, certes, que les tables se remplissent, que les voix montent, que les vestes froissées tombent. Premiers glapissements, premiers rires. Premières altercations, premiers cris. Emotions contenues, rentrées, puis soudain partagées. S'expriment alors de dures expériences, mais également des cris de joie et des regards emplis de passion que tu ne captais guère autrefois, et que tu perçois désormais de plus en plus fortement.

Quoi qu'il en soit, ces lieux ne te font pas peur. Mais tu ne succombes pas non plus à leur proverbiale capacité de conformisme et d'engluement. Tu en es proche, tu t'y révèles fraternel, accessible, ouvert, mais simultanément tu y demeures étonnamment libre. Autre signe de ta vocation? En tout cas, ici encore, tu marches et marcheras sur l'arête.

ATTENTES DE LA JEUNESSE

Depuis peu, tu regardes également d'un autre œil les *tags* qui crient sur nos murs. Leur signification t'était apparue un matin, dans un buffet de gare ordinaire. Il était sept heures, et c'était le moment du café noir, des journaux déployées à la lumière des halogènes. Moment des bonjours inimitables d'œcuménisme humain, en français, en italien, en portugais ou en turc. Sous l'horloge murale qui mange encore la pièce, avant que n'y pénètre la première lueur du jour renaissant ... Extraordinaire extase de l'ordinaire. C'est là que, le brouhaha montant peu à peu et te sortant de ta rêverie, un graffiti attira ton attention. Puis un autre, et d'autres encore.

Comment appelle-t-on cela? *Du pop art? De l'op art?* Cela représentait en tout cas des boîtes de coca, des pièces de voitures, ainsi bien sûr que des claviers, des souris et des écrans stylisés.

Et, partant, la déshumanisation de ces dernières années. Il n'y avait plus l'ombre d'un mystère.

Il n'y avait plus rien à traduire. Il n'y avait plus de poésie. Il n'y avait plus de vision.

Tu as d'ailleurs entendu un tagueur en discuter avec quelques passants l'autre soir, dans la même gare, où les foules rentraient du travail. Tu n'as pas osé dire bonjour à l'homme. Salut à l'artiste. Prudence au gladiateur. Tu aurais probablement dû, même si tu n'approuves nullement la forme de violence qui caractérise son activité. Mais ce dilemme allait être le dernier. Quelques mois plus tard en effet, tous les tags avaient définitivement disparus des ruelles. Le tagueur avait été interpelé, puis, comme il arrive, était entré en profonde dépression. Après avoir dû effacer ses tags, il se sera en somme effacé lui-même. Les jeunes? Même si tu ne t'appelles pas Guy Gilbert, tu as déjà compris que ce ne sont pas eux qui auront le moins besoin de ton futur ministère. Tout(e) aumônier(e) de jeunesse n'est pas pasteur(e), mais tout(e) pasteur(e) est par contre, en certaines circonstances, appelé(e) à assumer avec radicalité et courage une telle aumônerie.

POIDS NOUVEAU DES MOTS

Il existe aujourd'hui une codification réductrice de la vie relationnelle, qui fait que, par exemple, je puis supprimer un contact d'un réseau social sans lui donner la moindre explication, ou diffuser par le même biais mes convictions religieuses et politiques à des milliers de destinataires inconnus, sans pouvoir mesurer l'impact de cette démarche. La perfection ici atteinte est celle de la rapidité et de la quantité, non de l'individualisation et de la nuance. Loin d'être l'expression d'un humanisme "augmenté," cette approche nous installe donc plutôt dans la diminution spirituelle et réflexive. Elle fait obstacle au mûrissement humain autant qu'au développement d'un véritable communication. Et, si tu deviens pasteur(e), tu pourras assurément être fièr(e) de contribuer à la dépasser, comme d'autres, mais selon ta voie propre!

Que cela soit à l'hôpital ou au culte, au téléphone ou en visite, et même sur *twitter* ou sur *skype*, tu seras en effet appelé à être un véritable communicateur, digne de ce nom: tantôt passeur d'humanité, tantôt facilitateur de liens, tantôt guérisseur de solitudes ... Même en chaire, ta vocation ne se développera ni ne se réalisera jamais sans ce souci des "gens," ceux-là même que, voici trente ou quarante ans, l'on affublait systématiquement du nom un peu réducteur et étouffant de "communauté" - le terme ne faisant sens, en réalité, qu'à condition de bien préciser qu'il s'agit toujours d'une communauté de *personnes.* Des personnes uniques, singulières, à jamais transcendantes en leur humanité même.

Or donc, depuis que tu as envisages ta réorientation professionnelle, tu sens déjà que tu ne seras efficacement pasteur(e) qu'à travers la culture d'une perspicacité relationnelle incessante, d'une attention dynamique à ladite "communauté." Certes, ce ne seront ni le regard ni l'attente de ces paroissiens qui détermineront ton action, mais la perception que tu auras de leurs réalités profondes n'en sera pas moins essentielle. L'on n'est jamais pasteur(e) sans apprendre le vocabulaire et la grammaire de l'autre.

Tu en fis vivement l'expérience, un week-end, lors d'une excursion champêtre organisée par ta paroisse. Le pasteur en titre était absent ce jour-là, et, pour ta part, tu avais déjà annoncé à tous que tu te posais la question de ta nouvelle carrière. Tu étais donc perçu(e) comme … le titulaire par défaut. Imaginons-nous quelques instants dans l'autobus dominical … Lente montée du soleil, odeurs de terre passant par les fenêtres du véhicule asthmatique, sentiment très fort du jour non consommé, il est onze heures du matin.

Les participants à l'excursion ont prononcé quelques phrases. Mais assez vite les regards se tournent vers toi, de sorte que ta voix s'élève bientôt dans les ruelles. En préambule à l'Evangile, en guise d'acheminement vers lui, avant de lire et de commenter, tu formules alors quelques remarques toutes simples, nées aux détours de ces errances matinales: "Ce vieil homme digne, assis sur ce banc, combien d'années de plein air, au service d'autrui?" … "Les mains de cette femme âgée, si grave et si belle, tentons imaginer tout ce qu'elles ont donné ..." "Derrières ces coteaux, ou sur ces dalles, combien de pèlerins ont-ils inscrit leurs pas et passé leur chemin?" … Tu te souviendras sans peine que, pour approcher de l'essentiel, l'histoire et la poésie furent ce jour-là de bonnes alternatives à la langue de bois.

De sorte qu'au retour, rares sont ceux qui n'ont rien compris, rien senti. Et qu'un silence bienfaisant accompagne les excursionnistes, comblés pour longtemps d'images et d'émotions. Tu viens ainsi de faire une expérience-clef, toujours émouvante pour un communicateur quel qu'il soit: Les mots prononcés ont pris, parce qu'ils dérivaient d'une réelle intelligence humaine de l'auditoire, un poids particulier. Avant la nécessaire étude de l'art de prêcher, avant toute plongée dans la théorie du culte et de la communication, il y a là un fait à apprécier, et si possible une expérience à vivre.

INDULGENCE PLÉNIÈRE

A l'issue de cette fameuse excursion pourtant, s'agite à l'arrière du bus un homme désagréable, habillé comme un loubard, avec des *Nike,* un tee-shirt bariolé et une casquette à longue visière. Excité par les alcools, il passe de siège en siège, t'agrippe par le bras, et tu ne sais au juste s'il t'attire ou te repousse. Toutefois, bien plus que ses gestes de familiarité incongrue, ce sont ses commentaires et ses réactions caustiques qui brisent la magie du voyage. A la vue d'une façade superbe, il ricane: "Ha, ha, ha. C'est restauré!" Cartables à la main, de jeunes étudiants à l'air gai font de l'auto-stop sous un arbre: "Ha, ha, ha. Les pauvres gars, ils perdent leur temps." Une femme vend ses fruits sur le bord de la route: "Ha, ha, ha. Des paysans."

A son égard, l'agacement grandit rapidement. Des regards entendus s'échangent. Et, peu à peu, les nuques se tournent vers toi, pensif, perplexe, occupant une place en couloir à l'arrière de l'autobus. Que vas-tu faire? Mais tu t'abstiens de toute réaction. Et Tchernobyl va donc demeurer la plus grosse explosion nucléaire de l'après-guerre. Les choses se calmeront au contraire peu à peu.

Tu as ce jour-là commencé d'apprendre l'indulgence et la bienveillance *disproportionnées* - il s'impose de souligner cet adjectif. Ce sont des ingrédients distinctifs et des salaisons irremplaçables de la cuisine pastorale. A l'enseigne du Dieu créateur et sauveur, ton chemin ne sera pas celui du dualisme.

Temps pascal

La tranche la plus forte de ton activité, ou en tout cas l'une des plus fortes, sera le temps pascal. Sans l'avoir voulu, tu la vis déjà avec une intensité particulière, bien que tu ne l'entendes pas en un sens strictement chronologique. Vivre Pâques, tu le sais, c'est aussi y faire secrètement écho par toutes les résurrections inattendues qui traversent nos existences et nos échanges. Il n'empêche que le calendrier te parle de plus en plus.

Imaginons ceci. Nous sommes en avril. Et, pour la première fois cette année, tu as volontairement pris congé pendant cette période pascale. Tu as pu te promener, voir des gens, te rendre à des concerts. Ainsi, hier soir, tu es allé à la Fondation Jean-Sébastien Bach, écouter le choeur d'une ville voisine, et, demain, tu y retourneras sans hésiter, car tu as besoin de cela. L'année prochaine, il en sera de même. Tu auras peut-être quitté ton travail, et recommencé des études.

Bien sûr, parmi les trente choristes qui s'époumonaient dans le temple, hier soir, il y avait bien un certain nombre de personnes aux préoccupations très éloignées du message spirituel du génie d'Eisenach. Tu le sais parfaitement, car tu n'es pas dans l'exaltation de l'art pour l'art ... Mais ce n'est pas par estime de ces chanteurs que tu vas écouter la *Passion selon saint Jean* de Jean-Sébastien de Bach. En compagnie du compositeur qui fit mentir la réputation d'austérité du protestantisme, tu peux à loisirs repenser à ce que tu as vu de dur dans ta vie, pendant tes jeunes années: les faits divers, les suicides, les accidents graves, toutes ces choses qui t'ont rendu sensible aux forces négatives qui travaillent le monde.

Au fond, c'est pour cela aussi que la semaine sainte, cette année, te fait tellement vibrer. Tu y sens une vraie confrontation aux puissances du mal, matérielles et immatérielles. Une lutte entre la destruction et la vie, que les chœurs de Bach restituent indiciblement. Cela t'ébranle et te retourne. Rien n'est nié des duretés de l'existence, et, en même temps, il y a une trouée vers l'amour, l'inespéré, l'avenir. Ce sera peut-être ton privilège - un bien grand privilège au coeur de notre monde - de pouvoir le célébrer de manière non fugace, articulée, instituée, dans la durée.

Paradoxalité fondamentale des récits bibliques de vocation

Ta vocation recouvre des réalités multiples. N'étant pas l'expression d'un repli, d'une régression, elle est aux dimensions de notre vie complexe et difficile. Il en allait déjà ainsi dans la Bible. A bien y regarder, cette dernière déborde en effet de récits de vocations. Et, qu'il s'agisse des patriarches, des prophètes ou des disciples, ils sont toujours d'une puissante prosaicité. Toutefois, tu en conviendras, cela ne revient pas à dire que tout y soit directement transposable à la situation contemporaine. Quant aux éléments que l'on peut en reprendre aujourd'hui, tu as déjà compris que leur méditation concernerait *plus* que ta situation. Ils ne sont pas réservés à ton usage, car toute femme et tout homme ont une vocation, et non seulement les pasteurs

Le plus important est cependant d'observer que ces appels bibliques n'ont rien d'évident. Ils ne sont souvent pas reconnus par l'appelé, tenté de fuir ou de formuler des objections. Discernés bien après coup, ils accusent fréquemment quelque trait violent ou déstabilisant. L'on trouve par exemple cela dans les fortes narrations qui se trouvent au départ des cheminements d'Abraham ou de Jonas. Sans parler du fascinant et vertigineux Jérémie, qui a littéralement "souffert et frémi de la gravité de la parole qu'il était chargé d'annoncer."[1] Ainsi toute vocation contient-elle quelque chose qui la dépasse et qui conduit au-delà d'elle-même. Peut-être en fais-tu ces jours l'expérience, ton appel semble t'échapper au moment même où tu le discernes. A toi ni à personne, il n'est vraiment possible de le résumer entièrement, car il est né sous le signe de l'autodépassement.

C'est pourquoi la théologie réformée ancienne distinguait fondamentalement la vocation "externe," que circonscrivent tant bien que mal les commissions ecclésiastiques, de la "vocation interne" ou "secrète," qui, elle, échappe à l'institution mais aussi, en partie, à l'appelé lui-même. Manière de dire que ce dont nous pouvons parler ici n'est jamais que la pointe de l'iceberg.

Nécessaire souplesse d'organisation

L'appel que tu ressens a donc des accents de grand large qui font que l'on ne saurait confiner ton pastorat futur dans quelque communautarisme, en faisant simplement de toi l'animateur interne d'un petit noyau. A cet égard, le schéma

---

[1] Formule je reprends du livre stimulant de Jeanine Mukaminega, *Lettre au Immigés de tous les Temps, Réouverture de la "Lettre aux Exilés" du Prophète Jérémie*, Paris, L'Harmattan, 2012, p. 195.

couramment reçu dans les années 60: “idèles à la périphérie, pasteurs au centre de l’Eglise” apparaît beaucoup trop restrictif. Désormais, certains laïcs engagés ont en effet acquis un puissant rôle stabilisateur, tandis que des pasteurs dialoguent sans complexe aux confins de l’Eglise ou de la société. De fait, dans un corps, les deux mains ne collaborent-elle pas seulement lorsqu’elles ne sont pas immobiles?

L’idéal protestant du sacerdoce universel réclame lui aussi un effort de discernement. Le métier que tu envisages a en effet un caractère symbolique, à reconnaître et à assumer devant l’Eglise et la société. Et, comme tu le sais déjà, cela n’est pas toujours facile à vivre. En effet, seras-tu capable d’assurer cette charge symbolique sans t’enfermer en elle? Pourras-tu jouer le jeu de cette visibilité particulière, sans adopter des attitudes de gourou, ou des postures de rigidité contraires à la mise en valeur dynamique de tous? ... Voilà qui pourrait être un critère pour réfléchir à la réorientation que tu envisages.

Les historiens nous enseignent à ce propos que la tension entre sacerdoce universel et importance du pastorat semble en fait indépassable et a affecté le protestantisme depuis l’année 1530 environ. Tu n’es donc nullement le(a) premier(e) à remarquer la prégnance de cette difficulté. L’important est de ne pas la considérer comme un pur obstacle, mais aussi comme une stimulation, qui est susceptible d’indiquer à l’Eglise sa propre limite,[2] et de la tourner sans cesse vers sa source essentielle.

PROFONDEUR MÉTADOCTRINALE ET ONTOLOGIQUE DU PASTORAT

Utiles parfois, les définitions doctrinales du pastorat ne sont cependant pas ce qu’il y a de plus important. Et, si Albert Schweizer ou Martin Luther King pouvaient se rendre aujourd’hui sur les bancs d’une Faculté de Théologie ou d’un Synode en traitant, ils seraient peut-être pris de commisération, non à cause des questions abordées, mais de leur absolutisation. Il y a ici un rétrécissement à éviter. Ta vocation n’est pas d’épouser un graphique.

Tu te méfieras donc du dogmatisme ecclésiastique qui peut finir par faire écran à ce que j’appellerais la profondeur humaine et ontologique du pastorat. Et tu te souviendras également que, ces dernières années, le protestantisme est allé très loin dans la recherche de définitions et de schémas ecclésiastiques, sans pourtant ne jamais arriver à une conclusion unanime. On touche ici à l’intérêt de maintenir une ecclésiologie (ou vision de l’Eglise) sobre, limitée, modeste.

Il n’est certes pas raisonnable de prôner une totale absence de principes, mais bien une approche des problèmes ouverte et souple, qui laisse place à la générosité, à l’humour et à l’imagination.

---

[2] Cf. sur ce point, voir mon opuscule *Rêver l’Eglise. Un Projet pour des Urgences*, Genève, Labor et Fides, 1992.

LE CAS DE CHARLES WAGNER

Cette densité proprement humaine et même cosmique du pastorat, tu la rencontres peut-être déjà lorsque tu lis le *Cours de Théologie pastorale* d'Alexandre Vinet ou les *Lettres de Prisons* de Dietrich Bonhoeffer. Dans ce cas, je te conseillerais alors volontiers, pour compléter ce florilège, d'aborder *Devant le Témoin invisible* de Charles Wagner.[3] Car, à la justesse du ton, à l'évidente authenticité de la confession, s'ajoute encore ici l'extrême justesse et la grande profondeur du regard ministériel. Malgré les blessures de la vie et les coups reçus par l'auteur, cet ouvrage en effet respire une intuition pastorale libératrice. Au pasteur Charles Wagner, le monde paraît en effet porté par un principe toujours proche mais toujours caché, l'amour infiniment surprenant et décalé de Dieu.

Ce qui, dans ces pages à déguster peu à peu, te plaira et t'enrichira surtout, c'est le recueillement, ou l'intériorité, qui s'en dégage. L'accueil et l'écoute des choses de la vie, l'humble et ferme refus des surenchères convenues, l'attention à ce qui est latent en soi et autour de soi, sont en l'occurrence portés à un paroxysme fascinant. A ce titre, affranchi de tout calcul ecclésiastique, le propos rappelle souvent celui un autre berger encore méconnu du XXe siècle, le prêtre catholique suisse Maurice Zundel, un temps vivement ostracisé. En tout cas, ces deux auteurs se font mutuellement écho, car ils détonnent ensemble au sein d'une culture occidentale menacée par le fonctionnalisme.

Le regard pastoral wagnérien est ainsi inhabituellement ouvert. Il rime avec discerner, accueillir. Le pasteur du Foyer de l'Âme témoigne d'un sens fulgurant de la profondeur cachée et invisible des choses. Dans sa vie d'accompagnant, il fut donc attentif à ce qui est fragile, en attente de devenir, parce qu'il était toujours éclairé par le pressentiment de cette autre dimension. Ainsi, c'est à un déploiement du ministère pastoral nourri de l'appel évangélique à respecter pleinement les petits commencements que nous convie ce témoin de très grande force. Il est certes ancien mais il n'est pas démodé.

NÉCESSAIRE PROPHÉTISME

En plaçant ainsi ton ministère sous le signe de la sagesse, tu n'en excluras pourtant nullement la portée prophétique. Les besoins ici sont immenses.

Tu l'avais déjà pressenti, sporadiquement, en croisant l'un des nombreux sans-papiers de ton quartier. Pour toi, ce ne fut d'abord qu'une silhouette hésitante dans le lointain, qu'une esquisse d'ombre humaine progressant dans le matin pâle, qu'un mélange inouï de volonté et de douleur

[3] Paris, *Theolib*, 2008.

qui, peu à peu, se dessinait plus nettement au milieu des passants satisfaits et des voitures insolentes.

Ce ne fut d'abord qu'une altérité pure remontant l'avenue … ce SDF de ton quartier. Ce ne fut d'abord qu'une traînée de couleurs fanées, qu'une peau terreuse en pèlerinage parmi les blousons et les sacs clinquants, qu'une entorse indicible au confort ambiant, et qui cependant allait devenir un visage. Ce ne fut d'abord qu'une réalité dépassant la fiction, qu'une apparition fripée et fiévreuse, laissant loin derrière elle toute enquête sur l'exploitation, tout discours sur l'aliénation et tout traitement de données! Ce ne fut d'abord qu'une boule de privation et de hâte allant débuter sa journée en tremblant. Voilà en effet un humain qui, parmi bien d'autre, se trouve contraint de mendier, ou alors de travailler sans protections ni limites horaires. L'on profite de sa clandestinité. Et le fait qu'il soit souvent malade complique encore cette condition. Il est en effet de notoriété publique, et il se répète de rue en rue, que, sanitairement, "il a toujours quelque chose."

Il n'y a dès lors pas à se demander si, comme pasteur(e), tu prendras la parole à ce sujet, et si tu conduiras, avec d'autres, avec toute ton énergie et ton intelligence, les démarches requises pour combattre pertinemment cette spirale de l'adversité. Tu le feras.

Dimensions cosmiques et musicales

Comme tu es lucide, tu es conscient de faire partie d'une génération qui n'a eu que peu d'occasions de pratiquer l'étude de ses racines théologiques, philosophiques et spirituelles. Aussi, tu ne regardes pas les études de théologie qui t'attendent comme une corvée mais comme une chance, un privilège de plus en plus rare dans notre société toute managériale. Mais tu ne vas pas non plus les aborder avec sectarisme, en pur technicien et en Monsieur je-sais-tout, considérant désormais avec quelque hauteur les signes pérennes et magistraux de la Providence que sont la beauté toujours renouvelée du cosmos, et le livre qui recueille notre désir de Dieu et le réoriente, livre dans lequel sont rassemblées les paroles des anciens témoins. Oui, création et Bible, révélation générale et révélation spéciale, pour parler comme les vieux réformés dont l'approche s'impose encore, à cet égard, de façon non artificielle, continueront à nourrir ta sensibilité et à parler à ton esprit.

Et, toujours, tu sauras n'être au fond nullement supérieur à ces chrétiens "du bout du banc" qui, ayant été ballotés par la vie, conservent pour seuls viatiques théologiques l'harmonie du cosmos et les Saintes Écritures.

Ces intuitions deviennent les tiennes, tandis que le soleil se couche aux contreforts de la ville où tes contemporains vaquent à leurs occupations, à mille lieues de ces problèmes. Pour eux, pour toi, pour tous, dans ce monde atteint par les morsures les plus profondes du mal, l'accès à ces deux révélations reste donné, offert, possible. Comme la dernière lumière solaire qui perle dans le soir, la voix des prophètes et des évangélistes, plus forte que le brouhaha de l'histoire humaine, peut parvenir encore jusqu'à nous.

Enfin demeure la musique, la grande musique, qui souvent prolonge les deux dimensions ci-dessus évoquées à travers son univers infiniment varié d'actions de grâce ordinaires, extraordinaires et solennelles. De ce patrimoine cultivé jusque dans les régions les plus reculées, et parfois surtout en elles, s'élève comme un *Te Deum* continu, une louange appelant la louange.

Et voilà que soudain une mélopée arrête le cours de tes pensées. Car, à quelques maisons de chez toi, le modeste chœur d'une paroisse protestante interprète des hymnes de son répertoire hivernal, digest simple et sublime que les choristes n'arrivent tout simplement pas à abandonner, à oublier, malgré l'approche des beaux jours. Ce qui fait qu'à leur écoute, ta réflexion monte encore d'un ton et te conduit à une réelle énigme: qu'est-ce qui a permis à quelques-unes de ces personnes, si chargées professionnellement et familialement, d'avoir une telle ténacité dans leur engagement croyant? En tout cas, lorsqu'ils sortent de leurs bouches, les mots du *te Deum* prennent sens et expriment la puissance du courage.

RETOUR AU TERRAIN

Enfin, un soir, alors que tu sors des locaux où tu œuvres encore professionnellement, tu croises une cohorte de silhouettes silencieuses qui se dirigent vers des centres commerciaux et des galeries marchandes. Leur hâte et leur indifférence rappellent certains automates construits à grand renfort de patience par les artisans du dix-neuvième siècle. Ils évoquent ces appareils toujours émouvants lorsqu'ils se mettent à bouger de façon saccadée, dans les vitrines poussiéreuses de certains petits musées. Beaucoup se bousculent en effet et semblent avoir oublié les rudiments de la plus ancestrale politesse. De fait, rares sont ceux qui ne pianotent pas sur leurs téléphones mobiles ou qui ne consultent pas avec frénésie *twitter* et leurs courriels.

Non, tu n'as pas rêvé, oui, ton intuition se confirme, il arrive bel et bien que l'on tombe malade de son autonomie et de sa solitude technologiques. L'on débouche alors sur des parodies d'amitié et de communion, mais non encore sur de l'amitié et de la communion au sens fort. Car ces dernières impliquent que l'on se rencontre dans le monde réel et que l'on s'y dépasse en servant une cause plus grande ou en accomplissant une œuvre créatrice. C'est là l'expérience, précieuse entre toutes, de la communion humaine. Elle nous situe exactement aux antipodes de l'accumulation de connexions superficielles et éphémères.

Au moment où tu bifurques, par une fenêtre entrebâillée, tu entends d'ailleurs deux pianistes qui jouent à quatre mains dans l'air froid. Leur interprétation hésite et peine longuement puis, d'un coup, une harmonie puissante prend corps et se répand dans l'atmosphère. Un philosophe spiritualiste croirait lire peut-être dans de tels moments de concrescence un indice de l'existence de Dieu. Ils sont, en tout cas, la marque des promesses qui demeurent attachées à la vie humaine, lorsque celle-ci est reliée à des expériences de partage et de rencontre.

FAILLIBILITÉ

Mais, au-delà de ce qui précède, le plus important restera peut-être de savoir que tu peux te tromper. Cette conscience de faillibilité est comme inscrite dans l'identité du protestantisme. Elle fait partie en quelque sorte de ses gênes, et c'est ce que veut dire au fond l'adage célèbre *Ecclesia reformata semper reformanda, Eglise réformée, à réformer sans cesse.*

Oui, les ministres protestants exercent, par rapport à ceux des catholiques et des orthodoxes, dans un climat de moindre garantie.

Ce savoir de ta propre faillibilité pourra dès lors avoir deux conséquences. La première serait une intellectualisation infinie des problèmes, aboutissant tout naturellement à multiplier les programmes ecclésiastiques, à compliquer et à allonger indéfiniment les discussions, voire à décourager tes interlocuteurs. L'autre dérivé possible de cette faillibilité pourrait être par contre l'émergence d'une certaine sagesse, que j'appellerais *la sagesse théocentrique du protestant.* Cette modestie te conduira à te rappeler toujours que les membres de l'Eglise sont tous des dons de Dieu. Ton ministère - s'il advient - sera d'ailleurs aussi un don. Et si, au quotidien de la vie sociale, ce sont souvent les ministres qui "représentent" l'Eglise, on aimerait dire en l'occurrence que représenter ne veut justement pas dire "se substituer à" ni "prendre la place de." Il s'agit, contraire, en intervenant, de créer de la place pour qu'advienne une parole partagée, du relationnel revivifié.

Un(e) pasteur(e) n'a décidément rien d'un marionnettiste, pas plus d'ailleurs qu'il ne s'apparente à un joueur d'échecs. Ou alors, peut-être qu'à la réflexion il (ou elle) ressemble bel et bien à un tel joueur. Mais il faut alors parler d'un joueur opérant avec des pions libres et autonomes, au cœur d'une partie qu'il n'a pas commencée et dont il ne saurait prédire le terme, même si, d'ores et déjà, la joie lui est donnée d'en célébrer l'issue victorieuse.

Paul Tillich als Prediger am Soldatengrab

Heye Heyen

Abstract

During the First World War, Paul Tillich served as an army chaplain on the western front in France. In these years, one of his tasks was to hold funeral services for the soldiers who had fallen in the battle. In this article, thirteen of his funeral sermons are presented and critically discussed. The most striking thing is that in these sermons Tillich is glorifying the heroic death of the soldiers: what they have done, is very similar to what Jesus has done when he gave his life on the cross; therefore they have become God's friends. For a critique of such a nationalistic Protestant war theology, just the theology of the later Tillich can be helpful.

Von 1914 bis 1918 war der damals noch junge Paul Tillich als Feldgeistlicher an der Westfront in Frankreich tätig. Aus dieser Zeit sind dreizehn Grabpredigten zugänglich,[1] die im Folgenden kritisch dargestellt werden sollen. Sie werfen ein Licht auf die damalige Zeitsituation sowie vor allem auf eine frühe Phase der Entwicklung des Denkens von Paul Tillich. Es lassen sich unschwer Elemente seines späteren theologischen Denkens erkennen, zugleich aber auch Elemente, die den, der das reife Werk von Tillich kennt, befremden werden. Das gilt vor allem für seine Sicht auf den Krieg und das Vaterland.

Der Unheilshintergrund

Jede Heilsverkündigung ist gegen einen explizit oder zumindest implizit vorausgesetzten Unheilshintergrund[2] gesprochen. So setzt beispielsweise ein Prediger, der Vergebung verkündigt, voraus, dass Schuld ein Thema ist, das seine Hörer beschäftigt (oder auch: das sie nach der Meinung des Predigers beschäftigen *sollte*). Das Verhältnis von Unheilshintergrund und Heilsverkündigung in der Homiletik entspricht der Korrelation zwischen existentieller Frage und theologischer Antwort,[3] die im systematisch-theologischen Denken von Paul Tillich eine zentrale Rolle spielt.

---

[1] Paul Tillich, *Frühe Predigten (1909 - 1918)*, hg. von E. Sturm, Berlin u. New York: Walter de Gruyter 1994, die Predigten Nr. 161 - 173.

[2] Heye Heyen, *Heil verkündigen. Heilsbotschaften und Unheilshintergründe in heutigen Predigten,* Münster (LIT) 2004, insbesondere S. 65-86.

[3] Paul Tillich, *Systematische Theologie Bd. II*, Stuttgart: Evangelisches Verlagswerk, 1973, 19-22 und öfter.

Die Gestalt des “Unheils,” die in Tillichs Grabpredigten den weitaus größten Platz einnimmt, ist – wie nicht anders zu erwarten – die Betroffenheit durch den Tod eines jungen Menschen. Dieses Thema klingt in allen hier untersuchten Predigten deutlich an. Exemplarisch seien hierfür die folgenden beiden Ausschnitte angeführt:

> *Wir stehen vor einem zerbrochnen Leben, jung, stark, wertvoll, geliebt, voll Zukunft ... Und nun ist er hingesunken in der Blüte seiner Kraft, getroffen durch des Feindes tückische Kugel, und wir geben seinen Leib der Erde wieder und mit ihm die Leiber noch anderer treuer Kameraden, die auch hingerafft wurden auf des Lebens Höhe, geliebt und ersehnt von denen in der Heimat, besiegt von des Todes furchtbarer Macht. (161)*

> *Und am Grabe stehen Kameraden, die ihren Kameraden und Freund verloren haben, ein Stück ihres Lebens, stehen Soldaten, die ihren Führer verloren haben, und Wehmut bewegt das Herz, das keine Furcht kennt. Und fern im Vaterland beugen bejahrte Eltern ihr Haupt unter der Wucht der Trauerbotschaft, und Kinder beweinen den Verlust, den sie nicht fassen können, und Witwen beben in tiefem Schmerz, und neue Trauer kommt zu der Fülle der Trauer in allen Familien hin und her in der Heimat. (169)*

Doch auch der Tod als solcher (unabhängig von dem speziellen Kontext des Soldatenbegräbnisses) ist im Blick:

> *Die Macht des Todes (uns) durchzuckt (...) sein stechender Schmerz, und wir fühlen den Stachel des Mächtigen, der das Leben besiegt hat, des Todes. (170) Kein schönes Wort, kein Rausch der Begeisterung und auch keine Gewöhnung und Abstumpfung kann uns das Grauen nehmen, das jedes lebendige Wesen vor der Vernichtung empfindet. (161)*

An mehreren Stellen spricht der Prediger angesichts des (frühen gewaltsamen) Todes auch die Warum-Frage aus, die für ihn eine an Gott gerichtete Frage ist:

> *(...) bei allen empfinden wir mit gleicher Schärfe das Weh des Todes, bei allen fragen wir mit gleicher Unruhe: Warum mußte dieser von uns gehen, warum konnte er nicht erhalten bleiben seinen Kameraden, seiner Kompagnie oder Batterie, wo er so unentbehrlich war, warum nicht dem Vaterlande, warum nicht den Seinen, die ihn liebten, warum nicht dem Leben, das ihm noch viel versprochen und wenig gehalten hatte? Und dies Warum, es wird dringender und heißer bei dem Anblick der Gräber ringsumher, bei dem Donner der Kanonen, bei dem Gedanken, wieviele noch fallen werden vor Kriegsende, und tausend Herzen wenden sich nach oben und fragen: Warum tust du solches, Gott, an der Welt und Menschheit? Und tausend Herzen werden bitter und verzagt und verlieren ihren Gott, weil keine Antwort kommt auf dieses Warum? (163)*

Ein drohendes Gefühl der Sinnlosigkeit (des Kämpfens, des Krieges, des Soldat-Seins) wird an keiner einzigen Stelle benannt. Es ist allerdings zu erschließen aus der Tatsache, dass der Prediger an mehreren Stellen sehr deutlich Pflicht und Gehorsam gegenüber dem "Ruf des Vaterlandes" betont. Ein Beispiel mag an dieser Stelle genügen:

> *Das war ihr Heldentum, daß sie auch noch ihre Kameraden und Untergebenen mitrissen in heiliger Begeisterung für das Größte und Beste auf Erden, das Vaterland. Und solch Heldentum (...) ist Dienst und Liebe, nicht für sich sucht sie den Tod, nicht um ihrer Ehre willen, sondern um unser aller willen, um ihrer Brüder und Kinder und ihrer Lieben in der Heimat und der Zukunft ihres Volkes willen, nicht für sich starben sie, sondern für die Brüder und das heißt für Gott. (170)*

Auch das Thema Angst (angesichts der täglich gegebenen Gefahr, verwundet oder gar getötet zu werden) wird an keiner Stelle ausdrücklich angesprochen. Dabei ist damit zu rechnen, dass gerade am Grab eines gefallenen Kameraden diese Angst in besonderer Weise sich meldet. Statt die Angst anzusprechen, übertönt der Prediger sie eher durch Sätze wie die vorhin zitierten.

Auffällig ist, dass schließlich die Themen "Schuld" oder "(belastetes) Gewissen" in keiner einzigen Predigt als Unheilshintergrund im Blick sind. Das ist umso erstaunlicher, als die meisten der Gefallenen sowie ihrer hier angesprochenen Kameraden auch selbst auf französische Soldaten geschossen und möglicherweise gar mehrere von ihnen getötet haben werden. Wie mögen sie mit dem Wissen umgegangen sein, selbst Leben ausgelöscht zu haben, möglicherweise einer französischen Frau den Mann und französischen Kindern den Vater genommen zu haben? In meiner seelsorglichen und therapeutischen Arbeit habe ich Männer kennengelernt, die ihr Leben lang in ihrem Gewissen darunter gelitten haben, dass sie im Krieg auf Menschen geschossen hatten. Warum gibt Tillich in seinen Predigten am Soldatengrab an keiner einzigen Stelle – sei es auch nur indirekt – zu erkennen, dass er solche Gewissensnot im Blick hat? Möglicherweise war unter den Soldaten im 1. Weltkrieg das Benennen solcher Gewissensfragen gleichsam tabu, und Tillich wollte dieses Tabu nicht berühren. Darin geht er dann freilich so weit, dass er von Sündenvergebung – immerhin in der lutherischen Theologie eine zentrale "Füllung" des Heils – mit keiner Silbe redet. Beschreibt er Jahrzehnte später in seiner Systematischen Theologie Rechtfertigung bzw. Annahme mit den Worten: "Annahme heißt: Wir sind von Gott angenommen, obwohl wir nach den Kriterien des Gesetzes unannehmbar sind,"[4] so entscheidet er sich hier am Soldatengrab dafür, den Aspekt der "Unannehmbarkeit" nicht auszusprechen – möglicherweise, um konkretisierende Gedanken gar nicht erst aufkommen zu lassen.

---

4 Paul Tillich, *Systematische Theologie III*, Stuttgart: Evangelisches Verlagswerk 1966, 258.

Die theologische Botschaft

a) "Des Todes Grauen überwinden"

In einer Predigt am Grab eines Soldaten formuliert Tillich die Frage: "Woher die Kraft, des Todes Grauen zu überwinden?" Darauf gibt er sodann eine dreifache Antwort:

> *Drei Dinge gibt es, die sind stärker als der Tod. Das erste ist der ewige Gottesgedanke, nach dem ein jeder Mensch geschaffen ist. Etwas Unvergleichliches, Unersetzliches, ganz Eigenes hat jeder Mensch. Was er im Tiefsten und Innersten ist, was aus seinen Augen leuchtet und aus seinen Worten klingt und was wir doch nicht fassen und sehen können, das ist ewig, unvergänglich, das kommt von Gott und geht zu Gott zurück.*
>
> *Und das andere, was stärker ist als der Tod, das ist die Hingabe des Lebens für die anderen. Sterben müssen, das ist Schwachheit, aber sterben wollen, weil Gott und Vaterland es fordern, das ist Kraft. Die Kreatur muß sterben, der freie Mensch, der Held, der rechte Soldat, er stirbt aus Pflicht, und das ist der Sieg über den Tod. Und wer wie dieser unser Kamerad sein Leben einsetzte, rücksichtslos gegen sich, unerschrocken in jeder Gefahr, der kann sprechen: "Der Herr ist meines Lebens Kraft; vor wem sollte mir grauen."*
>
> *Und das dritte ist die tiefe, verborgene Gemeinschaft der Seele mit dem Ewigen, die kein Mensch sieht, nur Gott und die den Menschen ewig macht schon in der Zeit. Gott läßt nicht im Tode, die er liebt. Der Herr ist unsers Lebens Kraft. So bringt der Gedanke der Ewigkeit Licht in des Grabes Finsternis, und wir blicken dem Tod entgegen ohne Grauen und verlassen diese Gräber nicht verzagt. (161)*

Der erste und der dritte Punkt, die inhaltlich gar nicht weit von einander entfernt sind, wären mit ähnlichen Worten wohl auch auf der Basis der Systematischen Theologie Tillichs noch sagbar. Dagegen dürfte der zweite Punkt dem historischen Kontext geschuldet sein. Für den Gedanken, dass die Hingabe des Lebens, weil "Gott und Vaterland es fordern," das Sterben des freien Menschen und des "rechten Soldaten" den Sieg über den Tod bedeuten, ist im späteren Werk von Tillich kaum Platz. Wohl aber wird dort "die Forderung unbedingter Hingabe an den Staat, der sich selbst mit göttlicher Würde umkleidet"[5] als Beispiel für das Dämonische genannt.

In einer Grabpredigt über Ps 63:4 ("Deine Güte ist besser denn Leben") füllt Tillich zunächst das, was "besser ist als Leben," ausschließlich durch zwei Werte, die soldatische Tugenden umschreiben und nicht aus dem christlichen

---

[5] Tillich, *Systematische Theologie II* I, 126.

Glauben abgeleitet sind: Treue Pflichterfüllung und Gehorsam sowie heilige Begeisterung für das Vaterland:

> *Der Verstorbene wußte etwas, das besser ist als Leben:*
>
> *a) Treue Pflichterfüllung und Gehorsam (...) Wir empfinden an seinem Grabe mit doppelter Gewalt, etwas wie Geringes ein Leben ohne Pflicht ist, und geloben, ihm gleich zu werden.*
>
> *b) Heilige Begeisterung für 's Vaterland, den Inbegriff alles Großen. Und wir empfinden, wie jämmerlich ein Leben ohne Begeisterung ist, eingeschlossen in sein eigenes Ich, und neue Begeisterung erfüllt uns. (162)*

Hier ist also das biblische Wort "deine Güte" ersetzt durch die genannten soldatischen Tugenden, wobei zumindest auf den ersten Blick nicht ersichtlich ist, was denn das eine mit dem anderen zu tun haben soll. Deshalb schiebt Tillich folgende Begründung nach: "Was macht Pflicht und Begeisterung so wertvoller als Leben? Weil etwas darin liegt, das über dem Leben steht, etwas Ewiges, Göttliches (…)."

Offenbar sind es die "selbsttranszendenten" Akte, die Tillich hier als durch "etwas Ewiges, Göttliches" eröffnet sieht – ungeachtet der Frage, ob oder inwieweit denn die Werte, auf die sie gerichtet sind, als solche dem "Ewigen, Göttlichen" entsprechen. Für die Worte "Ewiges, Göttliches" wird sodann noch als Erklärung oder Begründung folgender Halbsatz nachgeschoben: "(...) weil wir Gottes Auge voll Güte leuchten sehen über jedem, der sich hingibt."

Dieser Halbsatz enthält erneut das Motiv der Hingabe des Lebens (für das Vaterland), über der Gottes Auge leuchtet. Dass hier die Worte "voll Güte" eingeschoben werden, soll wohl die Wahl des Psalmverses mit dem Motiv "besser denn Leben" rechtfertigen.

In einem neuen Anlauf dient dieser Psalmvers als Begründung für eine Verkündigung des ewigen Lebens in recht traditionellen Worten:

> *Und weil Gottes Güte besser ist als Leben, darum führt sie zu einem anderen Leben. Gott läßt nicht im Grabe, die er liebt. Gott läßt sich vom Tode nicht entreißen, was er zu sich ziehen will. Und darum scheiden wir von diesem Grabe nicht mit Traurigkeit, sondern mit der Gewißheit: Gottes Güte ist besser denn Leben.*

Ganz ähnliches sagt er am Schluss einer anderen Grabpredigt, die er mit einer Doxologie beendet:

> *Und darum bleibt unser Blick nicht hier unten im Machtbereich des Todes und an diesen Gräbern, sondern wir blicken nach oben und ahnend*

> *schauen wir ein Leben, das unendlich erhaben ist über alles Irdische, das wir nicht kennen und doch wissen, daß wer sein Leben verliert um Christi und der Brüder willen, es gewinnen wird in alle Ewigkeit. Gelobt sei Gott und Jesus Christus, gedankt und verehrt alle, die ihm gleich sind, daß dem Tode die Macht genommen ist, und Leben und unvergängliches Wesen ans Licht gebracht sind. (170)*

Auffällig (und sehr ungewöhnlich!) ist freilich, dass Tillich hier in die Worte der biblischen Doxologie (2. Tim. 1:10) neben Gott und Jesus Christus "alle, die ihm gleich sind" (d.h. die gefallenen Helden) einfügt: "es ist also nicht Gott bzw. Christus allein, der "Leben und unvergängliches Wesen ans Licht gebracht hat," sondern in ähnlicher oder gleicher Weise auch die gefallenen Helden.

Diese Nebenordnung, die die gefallenen Helden gleichsam in den Rang von (Mit-) Erlösern erhebt, spricht auch aus folgenden Sätzen einer weiteren Grabpredigt:

> *Auch an diesen Gräbern können wir es trotz aller Traurigkeit sagen: der Tod ist tot, ist verschlungen in den Sieg. Besiegt ist er um des Heldentums willen, das den Tod nicht gefürchtet hat, besiegt ist er um der Saat willen, die auch aus diesen Gräbern Frucht bringen wird, besiegt ist er durch die Barmherzigkeit Gottes, der selbst für uns in Christo sich geopfert und dem Tode die Macht genommen hat. (169)*

Die primäre Absicht dieser Sätze scheint (anders als in 1. Kor. 15:55f. "Der Tod ist verschlungen in den Sieg") weniger darin zu liegen, Trost und Hoffnung zu vermitteln, sondern vielmehr *Sinn*: das Sterben der Soldaten ist nicht umsonst!

b) "Niemand hat größere Liebe denn die, dass er sein Leben lässt für seine Freunde" - Die christologischen Bezüge und ihre Funktion

> *(...) wir wollen in ihm unsern Freund sehen, der die größte Tat getan hat, die Tat vollkommener Liebe für uns. Und wir wollen ihm danken und unsere Liebe bewahren bis über das Grab und wollen geloben, ihm gleich zu werden und, wie er für seine Freunde gestorben ist, auch zu sterben für die unseren. (166)*

Diese Worte sind nicht etwa über Christus gesagt, sondern über einen gefallenen Soldaten. Was hier als dessen "Tat vollkommener Liebe" gerühmt und verklärt wird, ist schlicht die Tatsache, dass er im Krieg gefallen ist – so wie viele hunderttausend andere auf beiden Seiten der Front auch. Diese und viele vergleichbare Sätze in Tillichs Grabpredigten lassen nicht den geringsten Raum dafür, auch nur als Möglichkeit zu erwägen, dass mancher Betroffene selbst vielleicht seinen Dienst an der Waffe und die Gefahr, dabei erschossen zu werden, keineswegs als "Tat der vollkommenen Liebe" empfunden und verstanden hat, sondern dass er sich eher als hilfloses Opfer von Entscheidungen der Mächtigen empfunden haben mag.

Die Argumentation, mit der Tillich den Tod auf dem Schlachtfeld als Tat der vollkommenen Liebe deutet, ist folgende:

> *In jeder Liebe, auch der feinsten und zartesten, ist ein Hauch von Eigennutz. In jeder Liebe ist nicht nur die Bereitschaft zu geben, sondern der Wunsch, etwas dafür zu bekommen. Wer aber sein Leben gibt für die anderen, der will nichts für sich haben, der ist ganz frei von sich; ganz rein, ganz erhaben ist seine Liebe. Niemand hat größere Liebe denn die, daß er sein Leben läßt für seine Freunde. (166)*

Dabei füllt er die Begriffe "Freunde" und "Liebe" aus Joh 15:13-14 ausschließlich im Sinne von "Soldatenliebe," "treuer Waffenhilfe" und dem Willen, sein Leben zu lassen für die "Brüder":

> *Sein Leben lassen für seine Freunde, das ist Soldatengeschick, das ist Soldatenehre, das ist Soldatenliebe. Es ist eine weite, umfassende Liebe und Freundschaft, von der hier die Rede ist. Freund ist jeder gute Kamerad, Freund ist jeder Mitkämpfer für die gleiche große Sache, Freund ist jeder Deutsche, der sein Vaterland mit uns liebt. Und diese Freundschaft ist hart und stark. Sie ist gemeinsamer Gehorsam gegen die gemeinsame Pflicht, sie ist treue Waffenhilfe für jeden Mitkämpfer, sie ist das heilige Band, das uns mit jedem eint, der mit Ehre den deutschen Namen trägt. Und diese Freundschaft besteht nicht in schönen Worten und Gefühlen, sie ist Tat und Wahrheit, sie ist das Stehen eines für alle, aller für einen. Sie ist der Wille, sein Leben zu lassen für die Brüder.*

Die christologischen Bezüge in diesen Predigen beschränken sich fast ausschließlich auf Christus als den Held, der sein Leben für seine Freunde gelassen hat – und dem die gefallenen Helden durch ihre Tat gleich geworden sind. Die folgenden drei Zitate mögen ausreichen, um das zu zeigen:

> *Man wußte nicht viel von der vollkommenen Liebe auf Erden, bis Gott den einen sandte, der am Kreuz sein Leben ließ für seine Freunde, für alles, was Menschenantlitz trägt. Und unter das Zeichen des Kreuzes stellen wir hier draußen unsere Soldatengräber in der Gewißheit, daß sie ihm ähnlich sind, da sie ihr Leben ließen für ihre Brüder, und daß er sie als seine Freunde anerkennt. (166)*

> *Gott ist ein Gott, der Helden liebt, und wer sein Leben zu opfern bereit ist, der steht ihm am nächsten (...) wir setzen ein Kreuz auf ihr Grab, weil sie dem gleich geworden sind, den Gott am meisten liebte von den Menschenkindern und der sein Leben geben mußte am Kreuz. (163)*

> *Und auch die in der Heimat sollen nicht klagen, auch in ihrem Dienste starb er. Das Letzte, Größte tat er für sie, er opferte sein Leben. Und das Vaterland wird ihm danken in Zukunft, wenn auch aus seinem Sterben und Dienen Friede und Herrlichkeit aufblüht. Und endlich der ewige Gott*

> *wird ihm wiedergeben, was er geopfert hat, weil er ähnlich geworden ist Jesu, weil er an Gott sein Leben geschenkt hat im Dienst Gottes, darum wird Gott ihn in seinen Händen halten und ihn zu seinem Kind und Freund machen in Ewigkeit. (164)*

Während in der Theologie Tillichs der Gedanke der Rechtfertigung bzw. der bedingungslosen Annahme des Menschen durch Gott einen zentralen und grundlegenden Platz einnimmt, wird in seinen Predigten an den Soldatengräbern Christus an keiner Stelle als der bedingungslos Annehmende gezeichnet: weder im Blick auf den Sünder noch im Blick auf den Zweifler oder den Ängstlichen oder Verzweifelten. Vielmehr erscheint dort Christus als das Vorbild, dem der Soldat gleich werden soll, indem er im Kampf sein Leben einsetzt und bereit ist, es zu verlieren. Hat er das getan, so heißt es: "*darum* (!) wird Gott ... ihn zu seinem Kind und Freund machen in Ewigkeit" (164).

Das lässt sich schwerlich anders verstehen denn als eine Rechtfertigung aus den Werken, wobei als einziges "gutes Werk" die Lebenshingabe des Soldaten im Blick ist. Offensichtlich besteht hier die wichtigste (wenn nicht einzige) Funktion der Rede von Christus darin, die Bereitschaft des Soldaten, sein Leben einzusetzen und ggf. zu verlieren, gleichsam religiös zu untermauern.

"Für Gott und Vaterland"

Dass auch eine Größe wie das "Vaterland" der Zweideutigkeit des Lebens unterliegt und dass ein Krieg, der Hunderttausende Opfer fordert, nicht von vornherein als "gerechter Krieg" gelten kann, davon ist in den Grabreden nichts zu erkennen.

> *Ich habe einen guten Kampf gekämpft. (...) Fast von Anfang an hat er ihn mitgekämpft, diesen Krieg, den wir mit reinem Gewissen und in der Kraft der Gerechtigkeit führen für Deutschlands Dasein, für unseres Volkes Zukunft, für unsere Heimaterde oder für Weib und Kind und alles, was uns heilig und teuer ist. Wir kämpfen einen guten Kampf, und er hat ihn mitgekämpft an den schwersten Stellen unserer weiten Front. Als der Hagel der Granaten auf Nouvron fiel, hat er ausgehalten mit seiner Kompagnie; und auf den Höhen von Soissons führte er sie zum glänzenden Siege. In dem blutigen Kampf bei Moulin sous Touvent hielt er mit seinem Bataillon stand, bis der Angriff erlosch, und in dem Grauen der Herbstschlacht in der Champagne und in dem Riesenkampf bei Verdun stand er an der Spitze seines Bataillons. Ich habe einen guten Kampf gekämpft, so kann er bekennen. Hab Dank, daß du ihn gekämpft hast, auch für uns! (171)*

Obwohl sich 2 Tim 4:7 natürlich keineswegs auf einen Kampf mit tödlichen Waffen bezieht, wendet Tillich diesen Vers eben darauf an. Die Kämpfe "an den schwersten Stellen unserer weiten Front," die er aufzählt, sind für ihn offensichtlich ausnahmslos Beispiele für den "guten Kampf" im Sinne des Bibelwortes. Dafür spricht er in direkter Anrede – gänzlich unüblich in evangelischen Trauerfeiern in Europa[6] – dem toten Feldherrn den Dank der Hinterbliebenen aus: "Hab Dank, daß du ihn gekämpft hast, auch für uns!" Im Blick auf "diesen Krieg" betont er, dass "wir" ihn "mit reinem Gewissen und in der Kraft der Gerechtigkeit führen für Deutschlands Dasein, für unseres Volkes Zukunft, für unsere Heimaterde oder für Weib und Kind und alles, was uns heilig und teuer ist." Für Zweifel an der Gerechtigkeit dieses Krieges oder gar seiner Sinnhaftigkeit lassen diese Worte ebenso wenig Raum wie für Fragen, die das Gewissen stellen mag.

Offensichtlich erhält für den Feldprediger Tillich der Krieg seine Legitimation durch den hohen Wert, den er – ebenfalls kritiklos – dem "Vaterland" zuerkennt. Die Ausdrücke "dem Vaterland leben" und "dem Herrn (= Gott) leben" verwendet er fast synonym:

> *Und dann hat Gott gesprochen und hat es gewaltig in uns hineingerufen. Nein, ihr gehört nicht euch selbst. Ihr gehört dem Vaterlande, ihr gehört dem Großen-Ganzen, ihr gehört eurem Gott. Und Gott sei gedankt: Sein Ruf ist verstanden worden. All die Heldentaten dieser Zeit und mehr noch all die Mühsal und Entbehrung, all das Große, was uns gebracht hat die Zeit, das spricht die gewaltige Sprache. Wir hörten auf, uns selbst zu leben. Wir lebten dem Vaterlande, dem Herrn. (168)*

Rühmende und verklärende Worte über das Vaterland und den Heldentod finden sich auch in folgenden Sätzen:

> *(...) das Vaterland wird leben und größer werden durch den Heldentod auch dieser Kameraden. Morgen feiern wir den Tag, wo vor 44 Jahren aus der blutigen Saat in eben diesen Schlachtfeldern das Deutsche Reich als herrliche Frucht zur Reife kam; und alles Große, was wir unserm Vaterlande seit unserer Jugend verdanken, alles Leben, das reich und machtvoll über die Grenzen Deutschlands hinaus die Welt umspannte, ist aus dem Heldentod unserer Väter auf Frankreichs Schlachtfeldern hervorgewachsen. Und alle künftige Herrlichkeit unseres deutschen Reiches, die wir ahnen und hoffen, sie ist die lebendige Frucht, emporgewachsen aus todüberwindendem Heldentum auch dieser Kameraden. (169)*

Beim Lesen dieser Sätze mag man sich fragen, was Tillich wohl gepredigt hätte, wenn er aushilfsweise einen französischen Feldgeistlichen bei einer Trauerfeier hätte vertreten sollen. Hätte der französische Soldat sein Leben für das falsche Vaterland und darum nicht für Gott geopfert? Wäre er nicht dem Gekreuzigten

---

6 Anders verhält sich das weithin in Afrika; vgl. Bernard Bamfo-Bosompem, *Fictional Dialogue with the Dead: A Comparative analysis and theological reflection*, in: Analecta 19, 80-103.

gleich geworden, da er zu den Feinden Deutschlands und dessen (von Gott gewollter?) künftiger Herrlichkeit gehörte?

An zwei Stellen umschreibt Tillich den Tod eines Gefallenen mit den Worten, dieser sei "durch des Feindes tückische Kugel" hingerafft. Während offenbar die Kugel eines Deutschen, die einen Franzosen trifft, Teil des "guten Kampfes" ist, ist die Kugel eines Franzosen, die einen Deutschen trifft, "des Feindes tückische Kugel."

Die Theologie, die sich hier offenbart, bezeichnet F.W. Graf zu Recht als "eine nationalprotestantische Kriegstheologie, in der die Heiligkeit der deutschen Nation gefeiert, der Sieg der moralisch überlegenen Deutschen über ihre Feinde fest erwartet, der Herr im Himmel als "unser" Alliierter verehrt, der einfache Soldat wie der Offizier zum Heldentod ermutigt und immer wieder unbedingte Opferbereitschaft eingeklagt wird."[7] Wie immer es um das innere Erleben von Tillich während seiner Jahre als Feldgeistlicher gestanden haben mag: aus den Grabreden ist bis zum Ende des Krieges keine Änderung dieser seiner zumindest nach außen hin vertretenen Einstellung erkennbar.[8] Hierbei ist freilich zu beachten, dass die hier besprochenen Grabreden – mit einer Ausnahme – nicht mit Datum versehen sind. Grundsätzlich wäre also denkbar, dass sie alle aus den ersten Kriegsjahren stammen. Es gibt in der Tat Anzeichen dafür, dass der "Wendepunkt," den der 1. Weltkrieg für sein Denken (u.a. laut Pauck[9]) darstellte, seit April 1917 auch in den Predigten sich abzeichnete (so R. Brouwer[10]). Allerdings darf nicht übersehen werden, dass auch aus der Zeit nach diesem Datum noch zwei Predigten Tillichs erhalten sind, in denen sich eine ähnliche religiöse Verklärung der Lebenshingabe des Soldaten findet wie in den Predigten früherer Jahre.

So sagt Tillich in einer Predigt am Sylvester 1917:

> *Stark (...) das sind die Männer, die am tiefsten verwurzelt sind in ihrer Pflicht, die am meisten bereit sind zu opfern, auch das letzte, schwerste Opfer zu bringen, das sind die Männer, die Leben und Ehre hingeben können, weil ihre tiefsten Wurzeln im Ewigen liegen. (156)*

Und in einer Predigt im April 1918 sagt er:

> *Das Größte ist von euch verlangt worden, das Leben zu lassen für die Brüder, und das Größte ist euch geschenkt worden, ihr seid Gottes*

---

7 Friedrich Wilhelm Graf, *Tillichs Durchbruch*, in: Zeitschrift für Ideengeschichte 2/2014, 43.

8 So auch F.W. Graf, a.a.O. 44: "Weder lässt sich ein Wandel seines Rollenverständnisses noch irgendeine Änderung in den theologischen Deutungsmustern beobachten."

9 Wilhelm u. Marion Pauck, *Paul Tillich: sein Leben und Denken*, Stuttgart (Evangelisches Verlagswerk) 1978, 53-67.

10 Rein Brouwer, *Paul Tillich als legerpredikant in de Eerste Wereldoorlog*, in: *NTT 70/4*, 2016, 261-279.

> *Freunde, da ihr seinen Willen tatet (...) Vollkommene Liebe war es, die da von euch verlangt wurde, vollkommen wie die Liebe dessen, der in Schmach an des Kreuzes Stamm verblutete (...) (158)*

ZUM SCHLUSS

Wer die hier vorgestellten und besprochenen Predigtausschnitte aus dem 1. Weltkrieg mit dem späteren theologischen Lebenswerk von Tillich vergleicht, erkennt zwischen beiden nicht nur einen Unterschied, sondern einen scharfen Widerspruch. Wo Bedingtem der Rang von Unbedingtem zugeschrieben wird, dort redet Tillich später vom "Dämonischen." Als ein Beispiel dafür nennt er ausdrücklich "die Forderung unbedingter Hingabe an den Staat, der sich selbst mit göttlicher Würde umkleidet."[11] Das wäre im Sinne des reifen Tillich wohl auch auf manche Aussagen in seinen frühen Predigten während des 1. Weltkrieges am Soldatengrab anzuwenden. Möglicherweise ist die biographische Erfahrung, selbst teilweise einer religiösen Verklärung von Vaterland und Heldentod erlegen zu sein, sogar ein Faktor (neben anderen), der den Nachdruck erklärt, mit dem Tillich das Unbedingte und das Bedingte unterscheidet. Von den hier besprochenen Predigten hat er sich allerdings später nicht ausdrücklich distanziert.

---

[11] Tillich, *Systematische Theologie III*, 126.

Die Schweizer und die Kurpfälzer
Zur Einwanderungspolitik des Kurfürsten Karl I. Ludwig

Doris Lambers-Petry

Nachdem die Kurpfalz im 16. Jahrhundert Zufluchtsort für verfolgte Hugenotten, Flamen und Wallonen geworden war, zog sie im 17. vornehmlich reformierte Schweizer und Tiroler an, die für sich und ihre Familien eine neue Heimat suchten.

Was war geschehen?
Die Schlachten des Dreißigjährigen Krieges hatten die Kurpfalz in Schutt und Asche gelegt. Städte, Dome und Burgen waren geplündert und zerstört, ganze Dörfer verlassen oder ausgestorben. Anbauflächen und Weideland waren verwüstet, weite Landstriche verödet. Die Bevölkerung war durch Gemetzel, Flucht, Auswanderung, aber auch durch die sich anschließenden Seuchen und Hungersnöte um 80, stellenweise um 90 % dezimiert. Es wurde nichts mehr angebaut, nichts produziert, kein Handel getrieben. Die Staatskasse war leer.

Der Westfälische Friede 1648 beschloss die Restitution der Kurpfalz. Dem im englischen Exil lebenden Kurprinzen Karl Ludwig (1617-1680) aus dem Haus Pfalz-Simmern wurden die geistlichen und weltlichen Güter seiner Vorfahren wieder zugesprochen. An Stelle der an die Bayerische Linie gefallenen Kurwürde allerdings erhielt er eine neu eingeführte Kurwürde mit geringerem Rang.[1] Die Grenzen seines rheinpfälzischen Erblandes sollten wieder hergestellt werden; lediglich die Festung Landau in der Südpfalz fiel zusammen mit weiten Teilen des Elsasses als Garantie für den Frieden an Frankreich. Die unter der bayerischen und spanischen Besatzung entstandenen katholischen Gemeinden sollten aufgelöst und in die wiederherzustellende reformierte Landeskirche zurückgeführt werden. Sie wurden in der Kurpfalz aber bald still geduldet, solange sie ihren Glauben nur im privaten Kreis ausübten.[2] Den Pfälzer Lutheranern wurden bereits hier- durch Einflussnahme der lutherischen Schweden- einige Sonderrechte zugebilligt.

Pfalzgraf Philipp (1627-1650), der Bruder des Kurfürsten, reiste mit einigen Ratsherren schon Anfang des Jahres 1649 nach Heidelberg, um die Übernahme der Regierungsgeschäfte und der behördlichen Archive aus den Händen der Besatzer vorzubereiten. Zur Seite stand ihm sein in Schweden aufgewachsener Vetter Pfalzgraf Karl Gustav, der älteste überlebende Sohn des

---

1 Er wurde "Erzschatzmeister des Römischen Reiches."

2 Lediglich in Oppenheim und Heidelberg war ihnen die öffentliche Ausübung ihrer Religion gestattet. Siehe Häberlein, M., *"Religiöse Minderheiten"*, in: R.G. Asch/ D. Freist (Hg), *Staatsbildung als kultureller Prozess. Strukturwandel und Legitimation von Herrschaft in der Frühen Neuzeit*, 2015, 161.

Herzogs Johann Kasimir von Zweibrücken-Pfalz und der schwedischen Prinzessin Katharina Wasa.[3] Karl Gustav war Generalissimus der schwedischen Armee und damit beauftragt, die Beschlüsse des Westfälischen Friedens in den deutschen Ländern durchzusetzen. So führte er die Verhandlungen zum Abzug der gegnerischen Truppen unter anderem aus der Kurpfalz, die zu diesem Zeitpunkt über keine eigenen Soldaten verfügte. Die letzte Truppe, die abzog, bestand aus über 1000 spanischen Soldaten, die von 1623 bis 1653 die Festung Frankenthal belagert und geplündert hatten.

KURFÜRST KARL I. LUDWIG

Der neue Kurfürst Karl I. Ludwig traf Oktober 1649 im zerstörten, aber mittlerweile besatzungsfreien Heidelberg ein. Die Bevölkerung, die sich nach Wiederherstellung der früheren Verhältnisse sehnte, empfing ihn mit Jubel.

Karl Ludwig war der älteste überlebende Sohn des pfälzischen Kurfürsten Friedrich V., des "Winterkönigs" (1592-1632), und seiner Frau Elisabeth Stuart (1596-1662). Mit zahlreichen Geschwistern war er bei Verwandten in der Nähe von Den Haag aufgewachsen und in höfischer Etikette und in calvinistisch-pragmatischem Geiste erzogen worden. Die regelmäßige und intensive Lektüre der Bibel war bereits dem Vater ein großes Bedürfnis. Der künftige Kurfürst kannte die Lehraussagen des Heidelberger Katechismus genauestens, die Kontroverspunkte zwischen Calvinismus, Luthertum und Katholizismus waren ihm mehr als geläufig.[4]

Karl Ludwig hatte an der Universität Leiden eine ausgezeichnete wissenschaftliche Bildung genossen, sprach mehrere Sprachen und war von den merkantilistischen Ansätzen seiner niederländischen Exilheimat durchdrungen. Seit 1635 hatte er gemeinsam mit seinen jüngeren Brüdern am englischen Königshof gelebt, wo er neben militärischen auch diplomatische Erfahrungen hatte sammeln können. Seine Erbansprüche hatte er stets verbissen verteidigt. Nun, in sein Erbland zurückgekehrt, wollte er dieses mit der gleichen Entschlossenheit zur alten Blüte zurückführen. Er verzichtete auf eine kostspielige Hofhaltung und stellte auch die Bedürfnisse seiner Brüder Philipp, Moritz und Ruprecht zurück, die sich in der wiedergewonnenen Heimat gerne eingebracht und den Untergang der Dynastie möglicherweise hätten verhindern können.

---

[3] Im Jahr 1654, nach der Abdankung der Königin Christine, wurde er als Karl X. Gustav König von Schweden.

[4] Steiner, P., *Die Aargauer in der Pfalz. Die Auswanderung aus dem Berner Aargau nach dem Dreissigjährigen Krieg*, Beiträge zur Aargauer Geschichte Bd. 16, 2009, 27f.

Wiederbevölkerung

Mit großer Hingabe und Umsicht widmete sich der junge Kurfürst der Wiederherstellung des zerrütteten Verwaltungsapparates und der erlahmten Wirtschaft. Die Grundlage hierfür bot eine groß angelegte, energische Populationspolitik, deren erstes Ziel es war, zügig den enormen Bevölkerungsrückgang auszugleichen: die geflohenen oder ausgewanderten Kurpfälzer zur Rückkehr zu ermuntern und neue Kolonisten anzusiedeln.

Viermal wurden zwischen 1651 und 1661 die Geflüchteten per "Generalbefehl" aufgefordert zurückzukommen. Obwohl damit gedroht wurde, dass ihre Güter eingezogen werden würden, blieb diesen Maßnahmen der Erfolg weitgehend versagt. Sie bildeten aber die Basis für den Wiederaufbau durch die Neuankömmlinge, denen nun die Sicherheit geboten wurde, dass später zurückkehrende ehemalige Besitzer keine Ansprüche mehr auf ihre Güter erheben konnten.

Die Werbung richtete sich zunächst an potentielle Siedler aus den reformierten Nachbarländern. Als Lockmittel dienten neben dem Versprechen von Grundbesitz sogenannte "Einwanderungspatente." Der Kurfürst sowie sein Vetter Karl Gustav, der inzwischen Herzog von Pfalz-Zweibrücken geworden war, ließen sie bevorzugt in deutschsprachigen Gebieten mit calvinistisch-reformierter Bevölkerung wie Württemberg, Tirol, Südtirol und der Schweiz anbieten, aber auch in katholischen Gegenden wie Flandern und Wallonien, deren dezimierte reformierte Bevölkerung mehr oder weniger gezwungen war im Untergrund zu leben. Zu diesen wirtschaftlichen Privilegien gehörten Steuervergünstigungen und Prämien für den Wiederaufbau von Häusern und Höfen (Mai 1650): Der Wiederaufbau verfallener Häuser wurde mit einer Steuerbefreiung von 2 Jahren belohnt, der Bau eines neuen Hauses mit 3 Jahren. Wer ein brach liegendes oder verwüstetes Feld anbaute, wurde je nach Aufwand 1 bis 3 Jahre von Abgaben frei gestellt, wer gar einen Weinberg anlegte, wurde 6 Jahre lang von der Steuerpflicht entbunden.

Um die Neubesiedlung stärker voranzutreiben, handhabten Kurfürst Karl I. Ludwig sowie auch sein Zweibrücker Vetter, Herzog Karl Gustav, bald eine ungewöhnlich tolerante Religionspolitik und gewährten allen Neuankömmlingen Glaubensfreiheit. Angehörige unterschiedlicher protestantischer Prägung sollten in der Kurpfalz Aufnahme finden, wenn auch nicht unter gleichen Bedingungen. Neben den privilegierten Reformierten und den Lutheranern durften nun – entgegen den Vereinbarungen des Westfälischen Friedens und in Verletzung des geltenden Reichsrechtes - auch Täufer in die Kurpfalz einwandern, während Pfalz-Zweibrücken sie noch einige Zeit ächtete.

Die größte Einwanderungsgruppe bildeten die Schweizer. Sie kamen zunächst vorwiegend aus dem Kanton Zürich, später aus dem Berner Land. Im Jahr 1680 betrug ihr Anteil an der kurpfälzischen Bevölkerung bereits ca. 40%. Anders als das verödete Mitteldeutschland litt die Schweiz, die am 30 jährigen Krieg nicht teilgenommen hatte, unter einer sehr hohen Bevölkerungsdichte, die in ländlichen Gegenden zu Verarmung und Verwahrlosung führte. Auch kam es immer wieder zu blutigen Bauernaufständen.

Bei den Schweizern stimmten Sprache und Konfession überein. Unter den ersten Schweizern, die in die Kurpfalz kamen, waren zahlreiche reformierte Schulmeister und Pfarrer aus dem Kanton Zürich, die in ihrer Heimat lange auf eine Stelle hätten warten müssen, in der Kurpfalz aber gleich eingestellt wurden.[5] Zwischen 1649 und 1653 waren 42 eidgenössische Prediger am Wiederaufbau der kurpfälzischen Kirche beteiligt, 12 von ihnen stammten aus Basel, 18 aus Zürich.[6] Viele Einwanderer kamen allein, hofften auf eine Anstellung als Knechte oder Mägde auf den Höfen oder in den Wirtshäusern. Auch junge Handwerksgesellen auf der Walz zog es nach Norden. In Neustadt an der Haardt (heute an der Weinstraße) wurden zwischen 1657 und 1669 nicht weniger als 22 Handwerksburschen aus dem Aargau konfirmiert.[7] Ein Drittel der Einwanderer etwa kam im Familienverband. Mehr als bei den Einzelwanderern darf man bei ihnen voraussetzen, dass sie sich dauerhaft und verbindlich in der neuen Heimat niederlassen wollten. Sie hatten zumeist einen handwerklichen oder landwirtschaftlichen Hintergrund und brachten einschlägige Kenntnissen und Fertigkeiten mit.

Dies gilt insbesondere für die Mennoniten, frühere Täufer beziehungsweise Wiedertäufer aus dem Kanton Zürich, die seit den späten 30er Jahren in der Schweiz nicht mehr geduldet wurden. Wer sich weigerte, die reformierte Staatskirche anzuerkennen, wurde des Landes verwiesen, seine Güter konfisziert. Viele Vertriebene siedelten sich noch vor dem Ende des Dreißigjährigen Krieges in ihnen zugewiesenen Dörfern in der Nähe von Colmar und Schlettstadt (Séléstat) im Elsass an. Auch das Elsass hatte unter den Kriegszügen und Verwüstungen gelitten und benötigte neue Bewohner, um das Land wieder aufzubauen. Allerdings war das Elsass – von einigen reformierten Orten abgesehen - vorwiegend katholisch oder lutherisch. Den Mennoniten aus der Schweiz räumten die elsässischen Autoritäten in der Regel nur eine befristete Aufenthaltserlaubnis ein, die selten sechs Jahre überstieg.[8]

Mittels einer Wiedertäuferkonzession wurde ihnen gegen Entrichtung eines Jahresgelds erlaubt, sich in der Kurpfalz niederzulassen. Ab ca. 1660 siedelten sich Hunderte von Mennoniten zunächst vorwiegend dort an, wo es bereits ältere, geduldete Täufergemeinden gab, nämlich in den linksrheinischen Orten Mutterstadt, Frankenthal, Freinsheim, Lambsheim, Obersülzen und Oggersheim.[9] Auch im rechtsrheinischen Kraichgau,[10] dem Gebiet zwischen

---

5 Pfister, H.U., *Die Auswanderung der Züricher Täufer in der Mitte des 17. Jahrhunderts*, in U.B. Leu / Ch. Scheidegger (Hg.), *Die Züricher Täufer 1525-1700*, 2007, 259.

6 Steiner, aaO, 140-144.

7 Steiner, aaO, 17.

8 Pfister S. 252.

9 Verzeichnisse der Mennoniten in der Kurpfalz, Generallandesarchiv Karlsruhe 77/4237 S. 151-153.

Heidelberg, Karlsruhe und Heilbronn, fanden mennonitische Siedler Aufnahme, vereinzelt bereits in den 1650er Jahren und auf individuelle Werbung durch Reichsritterfamilien hin. Sie beschäftigten sich ausschließlich mit Landwirtschaft, übernahmen oft gemeinsam mit anderen Familien große verödete Güter.[11] Durch beachtlichen Fleiß, Ausdauer und Offenheit gegenüber Neuerungen in der Landwirtschaft brachten sie es rasch zu einem gewissen Wohlstand und Ansehen. Auch wenn es in manchen Gemeinden zu Konflikten mit reformierten Pfarrern Züricher Herkunft gab und diese von der kurpfälzischen Verwaltung meist zugunsten der reformierten Positionen entschieden wurden, scheint der gute Ruf der Mennoniten harsche Verurteilungen verhindert zu haben.

Mannheim

Der Kurfürst erkannte schnell, dass er auf fremdkonfessionelle Zuwanderer nicht verzichten konnte, wollte er sein ehrgeiziges Ziel von der blühenden Pfalz Wirklichkeit werden lassen. Um den Wiederaufbau der mehrfach verwüsteten Stadt Mannheim zu beschleunigen, die der Kurfürst als künftige Residenzstadt sah, verlieh ihr der Kurfürst 1652 erweiterte Privilegien, die eine umfassende Religionsfreiheit garantierten. Diese zogen zunächst calvinistisch geprägte französische, wallonische und flämische Siedler an. Es folgten Anhänger protestantischer Minderheiten wie die in Gütergemeinschaft lebenden Hutterer aus Mähren und Socinianer. Auch Katholiken aus Österreich und den spanischen Niederlanden fanden in Mannheim Aufnahme. Um sein religionspolitisch tolerantes Programm symbolisch darzustellen, stiftete der für seine Sparsamkeit bekannte Kurfürst die sogenannte Konkordienkirche.[12] Sie wurde als Hofkirche in der Zitadelle Friedrichsburg konzipiert und sollte von allen christlichen Konfessionen genutzt werden.

1552 wurden erstmalig fünf jüdische Familien aus Worms-Pfeddersheim aufgenommen. 1660 fördert eine "Judenkonzession," dass weitere deutsch-jüdische Familien insbesondere aus Worms und Frankfurt sich in der Stadt niederließen. Sie wurden den Stadtbürgern gleich- und für 12 Jahre von Schutzgeldzahlungen freigestellt. Nach Aufhebung des Zunftzwangs wurde ihnen die freie Ausübung eines Handwerks zugestanden. Durch den Zuzug weiterer Juden, darunter auch sephardischer Juden mit besonderen Fertigkeiten in Gewerbe und Handel, wuchs ihre Anzahl so sehr, dass sie sich bereits im Jahr 1661 von der Wormser Synagogengemeinde trennte und mit der

---

10 Der Kraichgau gehörte zum Gebiet der damaligen Kurpfalz, doch befinden sich dort auch zahlreiche Dörfer, die reichsritterschaftlich verwaltet wurden. Pfister S. 160f.

11 Zum Beispiel 1661 den Hof Ibersheim bei Worms, zu dem 2000 Morgen Nutzland, fünf Rheininseln und Wiesen gehörten.

12 Ziegler, H., *Pfälzer Geschichte. Von den Anfängen bis zur Gegenwart*, 2008, 75f.

Ernennung eines eigenen Rabbiners, dem Bau einer Synagoge und der Errichtung eines Friedhofs eine neue, unabhängige Gemeinde gründete.[13]

1664 wurde der französische Architekt Jean Marot mit dem Entwurf einer repräsentativen Schlossanlage beauftragt. Damit wuchs die Bedeutung Mannheims, und obgleich der Bau des Schlosses wegen des Pfälzischen Erbfolgekrieges erst viel später durchgeführt werden sollte, entstand nun zügig ein neues Handelszentrum mit Hafen und Umschlagplatz am Rhein.

1652 Wiedereröffnung der Universität Heidelberg

Eines der ersten Anliegen des hoch gebildeten Kurfürsten war der Wiederaufbau eines tauglichen Schulsystems sowie die Wiederherstellung der weiterführenden Bildungseinrichtungen, unter denen der Universität als Ausbildungsstätte künftiger Pfarrer, Beamter und Ärzte eine besondere Beachtung zukam. Auch hierin sah er einen wesentlichen Beitrag zum dauerhaften Wiederaufbau seines Landes.

Zwischen der Eroberung Heidelbergs durch General Tilly im Jahre 1622 und dem Kriegsende hatten in Ermangelung von Studenten kaum noch Vorlesungen stattgefunden. Zeitweise gab es Versuche, die Universität zu einem jesuitisch geführten Bildungszentrum umzuformen und einen erneuerten rheinpfälzischen Katholizismus aufzubauen. Mit der Rückkehr des calvinistischen Kurfürsten war es damit vorbei. Nun sollten neue Professoren und Studenten angeworben und der Lehrbetrieb wieder aufgenommen werden. Um das Projekt zu finanzieren, bat Karl Ludwig die vier reformierten Städte Basel, Bern, Zürich und Schaffhausen um Darlehen von jeweils 1500 Gulden. Die Städte, interessiert an einem starken reformierten Nachbarland, beschlossen, ihm die Beträge zu schenken.[14]

Der junge Züricher Orientalist und Kirchenhistoriker Johann Heinrich Hottinger, der auch in Groningen und Leiden studiert hatte, übernahm 1655 den Fachbereich Altes Testament, stand später als Dekan der theologischen Fakultät vor und wurde schließlich auch Rektor der Universität. Mit ihm beriet der Kurfürst sich über eine mögliche Kirchenunion der beiden evangelischen Bekenntnisse.[15]

Da die berühmte Bibliotheca Palatina während des Dreißigjährigen Krieges vom Bayerischen Kurfürsten Maximilian als Kriegsbeute über München nach Rom gebracht und dort in die Vatikanische Bibliothek integriert worden war, galt es nun, nachdem Verhandlungen über eine Rückgabe gescheitert waren, eine neue Bibliothek aufzubauen.

---

13 Stadtarchiv Mannheim (Marchivum), Chronikstar 1655, 1660, 1661.

14 StA Zürich A 187.2, Nr. 162-165, 176, 178.

15 Ernst, A., *Die reformierte Kirche in der Kurpfalz nach dem Dreissigjährigen Krieg*, 1996, 108f.

Um den Lehr- und Forschungsbetrieb wieder anzukurbeln, berief der Kurfürst wissenschaftlich anerkannte Professoren und Forscher. Auch hier handhabte er seine liberale Religionspolitik. Für den Bereich Natur- und Völkerrecht wurde erstmals ein Lehrstuhl gegründet und mit dem lutherischen Rechtswissenschaftler Samuel Pufendorf bestückt. Für die Fachrichtung Medizin wurde 1652 der jüdische Gelehrte Jakob Israel gewonnen. Sogar mit dem niederländischen Philosophen Baruch Spinoza führte Karl Ludwig Verhandlungen, doch zögerte dieser, das Berufungsangebot anzunehmen.[16]

Das erste Personal- und Vorlesungsverzeichnis erschien 1655. Den Studenten wurde freie Wohnungswahl zugesichert sowie das Jagdrecht in den nahegelegenen Wäldern.

Um die großzügigen Neuerungen hinsichtlich der Konfession der Professoren rechtlich zu verankern, wurde es erforderlich, eine neue Universitätsverfassung zu formulieren. 1672 wurden die Ordnungen der Kurfürsten Ottheinrich und Johann Casimir entsprechend bearbeitet und ergänzt: Während die Lehrstühle der theologischen Fakultät Protestanten calvinistischer Prägung vorbehalten waren, standen die der anderen Fakultäten bei Bedarf (!) auch anderen Konfessionen offen.[17] Trotz des anfänglichen Erfolgs blieb die Universität klein und die Studentenzahl eher niedrig.

AUSKLANG

Als Karl Ludwig 1680 starb, hatte er sein Ziel, die Kurpfalz wieder erblühen zu lassen, wohl weitgehend erreicht. Das Land hatte sich wirtschaftlich recht gut erholt und befand sich auf bestem Wege, eine reformierte, aber weltoffene und tolerante Größe zu werden. Die Staatskasse hatte vom Aufschwung noch wenig profitiert und sein Sohn und Nachfolger Kurfürst Karl II. musste hohe Schulden zurückzahlen. Er erhöhte alte Steuern und führte neue ein. Auf religiösem Gebiet folgte er der Toleranzpolitik seines Vaters und gestattete zahlreichen Waldensern aus dem Alpengebiet sowie Hugenotten aus Sedan in Frankreich die Ansiedlung in dem eigens für sie geschaffenen Ort Friedrichsfeld bei Mannheim.

Als Karl nach nur fünfjähriger Regierungszeit starb, erlosch auch die Linie Pfalz-Simmern. Der Kurfürst hatte aus seiner Ehe mit einer dänischen Prinzessin keine Kinder, die Brüder des Vaters waren ohne legitime Nachkommen verstorben. So fiel die Kurpfalz an die katholische Linie Pfalz-Neuburg. Die Kurpfalz gewann mit Jülich-Berg und der Hauptstadt Düsseldorf, dem Stammland des neuen Kurfürsten Philipp Wilhelm (1685-1690), zwar an Gebietsumfang, änderte aber ihre Außen- und Innenpolitik. Katholiken wurden jetzt privilegiert, die Protestanten, insbesondere die Minderheiten, wurden

---

[16] Ziegler, aaO, 75./ Von Moers-Messmer, W., *Heidelberg und seine Kurfürsten. Die große Zeit der Geschichte Heidelbergs als Haupt- und Residenzstadt der Kurpfalz*, 2001, 321f.

[17] Von Moers-Messmer, aaO, 320-323.

benachteiligt. Die entstehende Verunsicherung und mehrere Unwetterkatastrophen wie Rheinüberschwemmungen und Missernten bewegten viele der Neusiedler, das Land in Richtung Nordamerika zu verlassen.

Nun erinnerte sich der französische König Ludwig XIV. an seinen Traum, sein Reich bis zum Rhein auszudehnen. Er gab vor, die Interessen seiner Schwägerin Elisabeth Charlotte von der Pfalz, der Schwester Karls II., zu vertreten und erhob Anspruch auf den Besitz des Hauses Pfalz-Simmern. Obgleich "Liselotte" vor der Eheschließung mit dem Herzog von Orléans im Jahr 1671 ausdrücklich auf ihre pfälzischen Erbansprüche verzichtet hatte, überquerte der Sonnenkönig im Herbst 1688 den Rhein und eroberte Heilbronn, Heidelberg und Philippsburg. Mannheim kapitulierte. Der pfälzische Erbfolgekrieg, der mit großer Grausamkeit geführt wurde, dauerte bis 1697, als die Reichstruppen der "Großen Allianz" den Frieden von Ryswijk durchsetzen konnte. Weite Teile der Pfalz waren nun niedergebrannt, die Bevölkerung durch Tod oder Flucht dezimiert.

Doch das Land und seine Bewohner erholten sich auch von dieser und anderen Katastrophen. Heute sind sich die ehemaligen Kurpfälzer und Zweibrücker ihrer bunten Herkunft bewusst. Die Ahnenforschung ist längst nicht nur ein Forschungsbereich des Instituts für Pfälzische Geschichte in Kaiserslautern; sie ist zum Volkshobby geworden und jeder hier weiß: In (fast) jedem Pfälzer steckt ein Schweizer, in jedem zweiten ein Hugenotte. Mindestens.

“En zij oogsten de tarweoogst”
Een intertekstueel onderzoek naar de betekenis van een “eenvoudige” opmerking in het verhaal van de terugkeer van de Ark (I Sam 6:13)

Arjan Knop

Abstract

The story of the return of the Ark of the Covenant in I Sam 6 is one with many different events and changes in the storyline. A lot happens and that is maybe the reason why some information is often overlooked. The remark in verse 13 that when the Ark enters Israel again - after being in hostile land for a long period of time - the people from Beth Shemesh were harvesting wheat, is usually neglected or taken as a simple statement of time. There is however much more that can be said about the mentioning of the harvesting of wheat. In this article we will explore seven “lines of associations” that are connected with “harvest” and “wheat.” We will give an overview of this set of meanings which will lead us “outside” the story. By bringing these associations into the story our interpretation of the meaning of the great Ark of JHWH returning to its homeland becomes much more deepened and profound.

INLEIDING

qme(b@f My+@ixi-ryciq; MyrIc;qo #$me#$e tyb@w%: “En de mensen van Beth Shemesh oogsten de tarweoogst in de vallei” (I Sam 6:13). Slechts een paar woorden, een schijnbaar eenvoudige opmerking in een verhaal rijk aan plotwisselingen. Door bijna niemand echt opgemerkt en meestal afgedaan als enigszins overbodige informatie. Zo lijkt het althans op het eerste zicht. Maar zoals dat met veel dingen het geval is, als wat dieper gegraven wordt, blijken er vele schatten verborgen te liggen. De meeste commentaren trekken wel voren over het verhaal van de terugkeer van de Ark en zaaien daarin enkele opmerkingen, ideeën en suggesties, doch vergeten hierbij om de tanden van de interpretatie diep genoeg in de vruchtbare grond te zetten. Het kan daarom gebeuren dat verhaalelementen, die door hun symbolische verwijzingen belangrijke informatie over de betekenis van het verhaal kunnen geven, over het hoofd worden gezien.

Zo kunnen we vaststellen dat áls er al iets gezegd wordt over de graanoogst van de Beth Shemieten op het moment van terugkeer van de Ark, de schrijvers van Bijbelcommentaren zich meestal beperken tot de vermelding dat de oogsttijd van tarwe in het bewuste gebied viel ergens “eind mei, begin juni” of "vroeg in de zomer."[1] Er is echter meer aan de hand dan een simpele vermelding van de auteur dat de Ark terugkeerde naar Israël in een bepaald seizoen. Deze opmerking bevindt zich op een omslagpunt in het verhaal. De Ark was buitgemaakt door de Filistijnen (I Sam 4:11), weggevoerd naar de tempel van hun god Dagon (I Sam 5:1-2), waarna de Filistijnen zwaar getroffen werden door de hand van JHWH. De Filistijnen hadden vervolgens besloten dat het beter zou zijn om de Ark terug te sturen en plaatsten het op een wagen, getrokken door twee kalveren. Deze brachten, geleid door JHWH, de Ark terug naar Israël. Op het moment dat de Ark aankomt, vijandig gebied verlaat en het land van Israël binnengaat, op dat moment zien de Beth Shemieten de Ark. En ook op dat precieze moment zijn ze bezig met de tarweoogst. Het kan inderdaad zo zijn dat de Ark terugkeerde naar Israël in de zomer, maar is dat een relevante opmerking in een zo kleurrijk verhaal van Gods macht en glorie? Staat een dergelijke uitleg in verhouding tot wat het verhaal wil uitdrukken? De Ark keert terug! De heilige Ark, verloren in de strijd tegen de Filistijnen, komt na zeven maanden opnieuw onder het volk. En juist op het moment dat dit gebeurt, wil de schrijver ons duidelijk maken dat dit niet gebeurde in de herfst, of in de winter, maar dat het in de zomer gebeurde? Wat draagt zo'n opmerking bij tot de erkenning van Gods grootheid? Zou het niet zo zijn dat deze vermelding meer inhoudt dan slechts het bieden van een temporele omkadering van een bepaalde gebeurtenis?

We zullen dieper moeten graven en op zoek moeten gaan naar de betekenissen die verbonden zijn aan begrippen als "tarwe/graan" en "oogst." Dat is wat dit artikel beoogt te doen. We onderzoeken zeven lijnen van associaties en brengen deze vervolgens in verband met het verhaal van de terugkeer van de Ark. Indien de opmerking dat de Beth Shemieten bezig waren met de tarweoogst inderdaad verwijst naar "diepere" lagen van betekenis, dan zullen deze associatielijnen het verhaal verrijken en ons helpen om de boodschap ervan beter te begrijpen.

[1] Zie bijv. G. Robinson, *Let Us be like the Nations. A Commentary on the Books of 1 and 2 Samuel*, Grand Rapids, 1993, 40 ("Perhaps some cultic event was taking place when this ("de tarweoogst," AK) happened."), R.P. Gordon, *1 & 2 Samuel. A Commentary*, Devon, 1986, 102 ("The reference to wheat harvesting (...) shows that it was early summer (May-June)."), W. Brueggemann, *First and Second Samuel*, Louisville 1990, 42 (hier enkel de opmerking: "They rejoice (v. 13)."), J. Mauchline (ed.), *1 and 2 Samuel* (New Century Bible), London, 1971, 80: "Wheat harvest (13) indicates that the time of year was June.", C. Conroy, *1-2 Samuel, 1-2 Kings. Old Testament Message, nr 6. A Biblical-Theological Commentary*, Wilmington, 1983, 36 (geen opmerking), P.D. Miller & J.J.M. Roberts, *The Hand of the Lord. A Reassessment of the "Ark Narrative" of 1 Samuel*, London, 1977, 56-57 (geen opmerking).

ZEVEN ASSOCIATIES BIJ HET OOGSTEN VAN TARWE

Met "associaties" bedoelen we die onderwerpen waaraan de schrijver van I Sam 6 de lezer of hoorder van het verhaal over de terugkeer van de Ark bewust wil laten denken. Het gaat hier om verwijzingen die zowel door de schrijver als de lezer/hoorder van zijn tijd begrepen werden. De lezer wordt in feite geacht bij het lezen over de tarweoogst buiten het verhaal te treden en "op zoek" te gaan naar de betekenissen die verbonden zijn aan het oogsten van tarwe. Met deze "set van betekenissen" keert de lezer vervolgens terug naar het verhaal om te concluderen dat de boodschap van de tekst in zijn geheel verdiept en verrijkt is. Wat wij nu trachten te doen is deze zelfde beweging te volgen en samen met de oorspronkelijke schrijver en lezers het beeld van de tarweoogst te vullen met betekenissen komende van buiten de tekst om zo het verhaal van de terugkeer van de Ark beter te kunnen interpreteren.

We moeten hierbij de kanttekening maken dat alle associaties uiteraard altijd subjectief gekleurd zijn. Welke beelden en verwijzingen een bepaald woord of begrip oproept kan van persoon tot persoon verschillen. Dit geldt voor mensen die in eenzelfde tijd leven en een bepaalde culturele achtergrond delen, maar zeker ook voor mensen die qua tijd en cultuur ver uit elkaar staan. Onze huidige associaties bij woorden als "graan" en "oogst" kunnen derhalve volledig verschillen van intrinsieke Bijbelse verwijzingen. Vreemd is dit uiteraard niet, want elke tijd en elke cultuur kent haar eigen invulling van betekenissen. Zo zal bijvoorbeeld het woord "water" voor een bedoeïen in de Sahara totaal andere betekenissen en associaties oproepen dan voor iemand in Bangladesh die voortdurend bedreigd wordt door overstromingen of voor iemand in Nederland die onder zeeniveau woont, maar waar de strijd tegen het water in het voordeel van de mens lijkt te zijn beslecht. En dat is alleen nog maar in onze tijd. In elke periode wordt een heel scala aan beelden opgeroepen met een willekeurig woord. Zo zal het woord "graan" voor ons wellicht idyllische beelden oproepen van een wuivend korenveld, van het boerenleven en misschien ook enige melancholie over "dingen die voorbijgaan." Voor een Israëliet in het Oude Israël betekende graan vooral "leven," want zonder graan, zonder een goede oogst, dreigde de hongersnood.[2]

We zijn ons dus bewust van het fluïde karakter van associaties, alsook van de feitelijke onmogelijkheid om "mee te kijken" in het hoofd van een ander mens. Dit geldt in sterkere mate als deze ander duizenden jaren geleden leefde met een totaal verschillend wereldbeeld, cultuur, taal en begrippenkader. Toch is dat precies wat we in de exegese van de Bijbel steeds doen: proberen te begrijpen wat die eeuwenoude teksten ons te zeggen hebben door ons in te leven in de gedachtewereld van de oorspronkelijke auteurs. De manier waarop we dit doen kan verschillen en de methodiek van het zoeken naar associaties is er daar een van.

[2] Zie o.a. Gen 41:56-57; Ps 147:14; Neh 5:2.

GRAAN EN DAGON

Nadat de Ark door de Filistijnen veroverd was, werd deze meegevoerd naar Asdod en aldaar in de tempel van Dagon geplaatst.[3] Het godenbeeld viel daarna met zijn gezicht op de grond voor de Ark. Nadat het weer op zijn plaats was gezet viel het nogmaals, maar brak nu in stukken uiteen (1 Sam 5:2-7). Dit was het begin van een lange periode van tegenspoed en rampen voor de Filistijnen. Dagon wordt in de Bijbel ook genoemd in het bekende verhaal van Simson die de zuilen van de tempel van Dagon omduwt tijdens een offerfeest voor de Filistijnse god, waarbij de Bijbelse held de vijanden een grote slag toebrengt (Richt 16:23-24).[4]

De naam NwOgd@f wordt veelal in verband gebracht met het Hebreeuwse woord voor "graan": Ngfdf@, hoewel deze connectie niet door iedereen wordt ondersteund. Hoewel de twee woorden dezelfde Hebreeuwse wortel delen wordt de vraag gesteld naar de herkomst van het woord voor graan. Onduidelijk is of de godheid die vooral bekend was in het Mesopotamische pantheon[5] vereerd werd als een typische "graangod" of dat de associatie van Dagon met graan pas een latere ontwikkeling was binnen het West-Semitisch taalgebied. Dit wil zeggen dat er al een woord bestond voor "graan" dat hetzelfde klonk als de naam van de god, die men pas later leerde kennen. Doordat de twee woorden homoniemen zijn is de god Dagon dan verbonden met het begrip "graan." Het is echter ook mogelijk dat de god reeds in verband gebracht werd met graan en dat daaruit het Hebreeuwse woord voor "graan" is ontstaan.[6]

Hoe het ook zij, door de naam van Dagon zelf als ook door andere aanwijzingen (zoals het feit dat de connectie oude wortels heeft in de werken van Philo van Byblos, waar Dagon geassocieerd wordt met Siton die het graan en de ploeg heeft ontdekt) mogen we concluderen dat het godenbeeld dat in de

---

[3] Het was de gewoonte in het Oude Nabije Oosten om godenbeelden van veroverde volken te plaatsen in de eigen tempel. Per slot van rekening ging de strijd tussen twee legers niet zozeer tussen de soldaten, maar tussen de verschillende goden. Zie Gordon, p. 35-36 en S.A. Wiggins, *Old Testament Dagan in the Light of Ugarit*, in: Vetus Testamentum, Vol. 43, 1993, 270.

[4] Zie ook 1 Kron 10:10 waarbij het omgekeerde gebeurt: na de nederlaag van koning Saul en zijn dood wordt zijn schedel als trofee aan de tempel van Dagon gehangen.

[5] In een belangrijke Akkadische godenlijst wordt Dagon gelijkgesteld met Enlil (Wiggins, 269) en in de Ras Shamra tabletten uit Ugarit wordt Baäl de "zoon van Dagon" genoemd, wat Bronner uitlegt als een uitbreiding van de vegetatieve eigenschappen van Baäl als "vruchtbaarheidsgod" naar in het bijzonder "graan": L. Bronner, *The Stories of Elijah and Elisha as Polemics against Baäl Worship*, Leiden, 1968, 79: "A reading of the Ugaritic texts clearly shows that Baäl was a vegetation and fertility god, closely connected with grain, as his name *bn dgn* indicates."

[6] Over de etymologie van de naam Dagon en de grote populariteit van deze godheid onder de omringende volken van het Oude Israël, zie K. Van der Toorn & B. Becking (eds.), *Dictionary of Deities and Demons in the Bible*, Leiden, 1999, 408-413.

tempel te Asdod in stukken neerviel voor de Ark van JHWH geassocieerd kan worden met "graan."[7]

OOGST EN OORDEEL

In een aantal profetische teksten wordt het beeld van de oogst gebruikt om het oordeel van JHWH over een volk te beschrijven. Zo roept JHWH in Joël 4:13 (3:13) op om "de sikkel erin te slaan, want de oogst is rijp" en "de wijnbakken stromen over, want hun boosheid is groot" (oordeel over de volken). In Hos 6:11 is ook voor Juda een "oogst weggelegd," nadat de wandaden van Israël zijn beschreven en veroordeeld. Het oordeel over Israël in Jes 17:5 spreekt van de maaier die de aren samenbrengt en deze afsnijdt. In het volgende hoofdstuk gebruikt de profeet opnieuw beeldende taal uit de landbouw, nu in een gericht tegen Ethiopië. Voor de oogst begint, voordat de druiven rijp zijn, "zal JHWH de ranken afsnijden en de loten afkappen" (18:4-5). Jeremia spreekt tenslotte over het oordeel tegen Babylon als de tijd van de oogst die wel zal komen voor haar: een onheilspellende uitspraak in de betekenis van "jouw tijd komt nog wel..." (51:33).

TARWE EN ARK

De Ark van het Verbond kan zelf ook direct geassocieerd worden met tarwe. De Verbondskist, vervaardigd in de woestijn, wordt in verband gebracht met het *manna* dat het volk moest verzamelen en dat hen gedurende 40 jaar gevoed heeft (Exod 16). Het was een substituut voor tarwe en het volk bakte er broden van. In de verzen 32-33 geeft Mozes in naam van JHWH de opdracht aan Aäron om een urn te vullen met *manna* en deze te plaatsen "voor JHWH." In vers 34 wordt beschreven dat Aäron inderdaad een urn vulde en deze plaatste bij de Verbondstekst. Volgens Exod 25:21,26 krijgt Mozes de opdracht om de Verbondstekst "die JHWH geven zal" in de Ark te plaatsen.[8] Zo mogen we dan concluderen dat de urn met *manna*, ook al is in Exod 16 de Ark nog niet gebouwd, bij (of zelfs in) de Verbondskist geplaatst was.

Na de instructies hoe de Ark gebouwd moet worden in Exod 25 volgt verder ook nog de instructie om een tafel te maken waarop het toonbrood geplaatst moet worden (v. 30). Deze maakt, samen met de Ark en andere voorwerpen, deel uit van het heiligdom dat Mozes bouwt voor JHWH. Het brood moest altijd op de "tafel des aangezichts" liggen, zoals naast Exod 25:30 ook in Num 4:7 wordt aangegeven.

---

[7] S.B. Noegel maakt dezelfde associatie in zijn artikel "The Egyptian Origin of the Ark of the Covenant" (in: T.E. Levy & T. Schneider (eds.), *Israel's Exodus in Transdisciplinary Perspective. Text, Archaeology, Culture, and Geoscience*, Heidelberg, 2015): "(...) Dagon was associated with new grain and fertility (...)," p. 233.

[8] Zie ook Joz 8:30-35 en H.J. Stoebe, *Das erste Buch Samuelis,* Kommentar zum AT, Stuttgart, 1973, 156.

De derde aanwijzing dat de Ark van het Verbond en graan een directe associatie oplevert is het feit dat enkele belangrijke verhalen over de Ark plaatsvinden bij een dorsvloer, oftewel de plaats waar het graan en het kaf van elkaar gescheiden worden na de graanoogst. 2 Sam 6:6 vertelt over het ongelukkige voorval van Uzza die de Ark wilde tegenhouden omdat de runderen uitgleden. Hij stierf ter plekke bij de dorsvloer van Nachon.[9] Salomo bouwde de Tempel op de dorsvloer van Ornan (2 Kron 3:1), die door David gekocht was (I Kron 21:21-28). Bij de inwijding van de Tempel werd de Ark in het Heilige der Heiligen geplaatst (2 Kron 5).[10]

GRAAN EN MUIZEN

De Filistijnen laden de Ark op een nieuwe wagen en leggen er ook gouden muizen bij en afbeeldingen van hun gezwellen, wegens de plaag die hen allen treft (1 Sam 6:4-5). Ze hopen door de gouden beeldjes JHWH zo ver te krijgen dat Hij ophoudt met het slaan van het land, zijn goden en zijn inwoners (v. 5).

Het woord voor "muis" (rb@fk;(a) komt niet vaak voor in de Tenach. Buiten de vier vermeldingen in 1 Samuel 6 wordt het genoemd in Lev 11:29 in een opsomming van onreine en dus oneetbare dieren en in Jes 66:17 in een afsluitende en zeer omineuze tekst over wie onder het oordeel van JHWH zal vallen. De verwijzing naar muizen in verband met de Ark is dus erg opvallend te noemen. Veel commentaren weten niet zo goed uit te leggen wat de rol van de muizen is bij de plaag van de Filistijnen.[11] Anderen veronderstellen dat wat muizen nu eenmaal altijd doen: overal aan knagen.[12] Muizenplagen zijn van alle tijden en overal waar mensen zijn leven ook muizen.[13] Van het eerste begin dat mensen hun voedsel opsloegen zochten ze naar manieren om muizen daarbij

[9] In I Kron 13:9 wordt dit voorval ook verteld, nu bij de dorsvloer van Kidon.

[10] Noegel ondersteunt deze Ark en tarwe/dorsvloer associaties: "(...) the Ark of the Covenant was associated with new grain and the threshing floor." (p. 233).

[11] Zie het artikel van J.B. Geyer, *Mice and Rites in 1 Samuel V-VI*, in: Vetus Testamentum 31/3, 1981, 293-304 waarin de auteur een overzicht geeft van de verschillende verklaringen die gegeven worden voor de (vijf) gouden muizen.

[12] Er is een bekend verhaal van Herodotus over Sennacherib die Egypte wilde binnenvallen, maar door een invasie van muizen de strijd moest opgeven. De muizen hadden alle boogpezen doorgebeten en ook andere wapens, waarna het Assyrische leger onder grote verliezen de aftocht moest blazen. Zie P.S. Evans, *The Invasion of Sennacherib in the Book of Kings. A Source-Critical and Rhetorical Study of 2 Kings 18-19*, Leiden, 2009, 1-2 en J. Blenkinsopp, *Hezekiah and the Babylonian Delegation: A Critical Reading of Isaiah 39:1-8* in: Y. Amit & E. Ben Zvi (eds.), *Essays on Ancient Israel in Its Near Eastern Context. A Tribute to Nadav Na'man*, Winona Lake, 2006, 107.

[13] In het artikel van Geyer wordt besproken waarom enkele onderzoekers de gouden muizen zien als een aanduiding voor een tweede plaag (p. 297). De auteur deelt deze mening overigens niet en beweert dat de muizen een offer zijn aan de godheid om een ziekte (de plaag van de tumoren) weg te nemen. Hoe dit verder ook zij, er is een duidelijke associatie te maken tussen muizen en graan. Gekoppeld aan de weinige keren dat in de Bijbel gesproken wordt van "muizen" mag het opvallend genoemd worden dat juist in een verhaal over graanoogst de auteur de aanwezigheid van (gouden) muizen aanhaalt.

weg te houden. Zeker de opslag van graan was erg aantrekkelijk voor muizen.[14] Een grote hoeveelheid muizen kan in een korte tijd zeer grote schade aanrichten aan gewassen en voedselvoorraden.[15]

GRAAN EN ZEGEN

Een goede oogst wordt in Tenach geassocieerd met de zegen van JHWH die regen geeft op tijd en het gewas laat groeien. Dat zonder de zegen van JHWH niets groeit wordt zeer duidelijk uit Gen 26:12, waarin wordt verteld dat Isaak het land bezaaide en honderdvoudig oogstte "want de Heer zegende hem." Dezelfde boodschap wordt in negatieve bewoordingen gegeven in Jer 12:13 waar de oogst als gevolg van Gods handelen uitblijft: "Ze hebben tarwe gezaaid, maar doornen geoogst, al hun moeite was tevergeefs. De opbrengst is beschamend door de ziedende toorn van JHWH."[16]

JHWH was verantwoordelijk voor de omstandigheden waaronder het graan (en andere vruchten) kon groeien of juist niet. Precies zo werden door andere volken hun goden aangesproken op hun zegen brengende kwaliteiten. Een slechte oogst betekende dat de god boos was op de mensen. Droogte (maar ook regen op de verkeerde momenten)[17] in het bijzonder en misoogst in het algemeen wordt in Tenach beschouwd als een straf van JHWH voor het niet naleven van het Verbond.[18] Een goede oogst is dan het teken dat de mensen zich wel aan de regels van het Verbond hebben gehouden en daardoor zich mogen verheugen in het zegenende partnerschap van de verbondsrelatie met JHWH: "(...) Hij zegent uw kinderen in uw midden; Hij geeft uw gebied vrede, Hij verzadigt u met het vette der tarwe."[19]

---

[14] Zie het artikel van Adamson over de moeilijkheden die de mensen in het Oude Nabije Oosten ondervonden om de oogst gedurende een langere tijd goed te bewaren: "(...) harvested crops remained only too accessible to marauding rats and mice." P.B. Adamson, *Problems over Storing Food in the Ancient Near East*, in: Die Welt des Orients 16, Göttingen, 1985, 8.

[15] Stoebe, p. 151. Eigentijdse voorbeelden van de enorme schade die een grote hoeveelheid muizen kan aanrichten is bijvoorbeeld te vinden op https://www.telegraaf.nl/nieuws/2711812/grote-killermuis-eet-miljoenen-vogels-levend-op?utm_source=google&utm_medium=organic en https://www.rtlnieuws.nl/nieuws/artikel/766076/miljoenenschade-door-muizenplaag-friesland (15/01/19). Dit zijn slechts twee willekeurige berichten uit een zeer lange reeks.

[16] Willibrordvertaling 1975. Andere voorbeelden van het verdwijnen van de oogst door het straffende ingrijpen van JHWH zijn: Jes 16:9, 17:11, 32:10-13; Jer 5:17 en 8:13.

[17] Voor de tarweoogst is een periode van droogte nodig. Regen op het verkeerde moment kon de oogst negatief beïnvloeden, zie 1 Sam 12:17-18 waar Samuël JHWH vraagt om donderslagen en regen te geven in de tijd van de tarweoogst, omdat het volk een groot kwaad had gedaan (het vragen om een koning).

[18] Het duidelijkste voorbeeld vinden we in 1 Kon 18 waar de jarenlange droogte verklaard wordt door de afgoderij van Achab. In vers 1 stuurt JHWH Elia naar de koning omdat "Hij regen wil geven op de aardbodem." Na de slachtpartij van de profeten van Baäl (en dus het einde van de afgodendienst) brak er een zware stortregen uit.

[19] NBG 1951, Ps 147:13b-14. Andere voorbeelden zijn Deut 32:14; Ps 81:16, 126:5.

Oogst en intocht

De "exodus" van de Ark wordt (in tegenstelling tot de exodus van het volk) direct gevolgd door een intocht in het Beloofde Land aangezien de kalveren doorlopen naar Beth Shemesh, net over de grens in Israëlisch gebied. Wanneer we het verhaal lezen over de intocht van het volk onder leiding van Jozua (Joz 1-5) vallen ons een paar interessante parallellen op. In de eerste plaats speelt de Ark een hoofdrol. In hoofdstukken drie en vier van Jozua wordt verteld hoe de priesters die de Ark droegen in het midden van de Jordaan bleven staan, welke droogviel op het moment dat de priesters in het water stapten, en hoe daarna het hele volk langstrok naar de overkant.

Opvallend is de vermelding in Joz 5:11-12 dat het *manna* ophield "daags nadat ze van de opbrengst van het land hadden gegeten": ongezuurde broden en geroosterd koren. God had zijn volk geleid naar het Beloofde Land en nu ze daar waren aangekomen was er geen noodzaak meer om met *manna* de mensen te voeden. Het land was vruchtbaar en gezegend door JHWH en bracht dus tarwe voort voor de nieuwe bewoners. De Ark keerde terug naar Israël na een lange periode in vijandig gebied te hebben doorgebracht en kwam aan te midden van de tarweoogst.

En als deze overeenkomsten nog niet voldoende zijn sluiten we af met nog een vermelding uit het intochtsverhaal van Jozua. Het water dat tijdens de overtocht door de Jordaan bleef stilstaan toen de priesters die de Ark droegen het water ingestapt waren, datzelfde water was voordat de overtocht plaatsvond "gedurende de gehele *oogsttijd* buiten de oevers getreden" (Joz 3:15).[20]

Oogst en het "Wekenfeest"

In het Oude Israël werden drie grote pelgrimsfeesten gevierd. Deze vonden plaats aan het begin van elke belangrijke oogstperiode. Zo werd met Pesach het "feest van de ongezuurde broden" gevierd dat samenviel met de gerstoogst (Exod 34:18-20). Vijftig dagen later (op de dag na de zevende Sabbat, Lev 23:16) vierde de Israëlieten het "Wekenfeest," met de oogst van de tarwe, de graansoort die het laatste rijpt (Exod 34:22, Num 28:26). Het derde feest volgde in het najaar bij de oogst van de druiven (het "Loofhuttenfeest", Deut 16:13-16). De tarwe die de Beth Shemieten oogstten bij terugkeer van de Ark doet denken aan het "Wekenfeest" dat ook "feest van de eerstelingen" wordt

[20] Ook opgemerkt door Noegel, p. 233.

genoemd. Op deze dag wordt de eerste opbrengst van het land aangeboden aan JHWH. Num 28:26 spreekt hierbij overigens enkel over een "meeloffer."[21]

Een tekst die in de joodse traditie sterk verbonden is aan het feest van de tarweoogst is Deut 26.[22] In dit hoofdstuk wordt gesproken over de opdracht om de eerstelingen van de oogst aan te bieden aan JHWH als dank voor zijn bevrijdende daden en de schenking van het vruchtbare land. We citeren hier de eerste elf verzen omdat deze tekst veel associaties oproept met de terugkeer van de Ark, welke we in het afsluitende deel zullen bespreken:

> *Wanneer gij zijt gekomen in het land dat Jahwe uw God u in eigendom geeft, wanneer gij het in bezit hebt genomen en er gevestigd zijt, dan moet gij de eerste veldvruchten die gij oogst in het land, dat Jahwe uw God u schenkt, in een korf doen en daarmee naar de plaats gaan, die Jahwe uw God zal uitkiezen om er zijn naam te vestigen. Gij moet naar de priester gaan die er in die dagen is, en hem zeggen: "Heden belijd ik voor Jahwe mijn God, dat ik in het land ben gekomen, dat Hij onze vaderen onder ede beloofd had."*
>
> *De priester neemt dan de korf van u aan en zet hem voor het altaar van Jahwe uw God. Dan moet gij, staande voor Jahwe uw God, zeggen: "Mijn vader was een zwervende Arameeër. Hij is met een klein getal mensen naar Egypte gegaan en, terwijl hij daar als vreemdeling verbleef, een groot, machtig, talrijk volk geworden. Toen de Egyptenaren ons slecht behandelden, ons verdrukten en ons harde slavenarbeid oplegden, hebben wij tot Jahwe, de God van onze vaderen, geroepen. En Jahwe heeft ons verhoord en zich onze vernedering, ons zwoegen en onze verdrukking aangetrokken.*
>
> *Hij heeft ons uit Egypte geleid met sterke hand, met uitgestrekte arm, onder grote verschrikkingen, tekenen en wonderen. Hij heeft ons naar deze plaats gebracht en ons dit land geschonken, een land van melk en honing. Daarom breng ik nu de eerste vruchten van de grond, die Gij, Jahwe, mij hebt geschonken." Dan moet ge die voor Jahwe uw God neerleggen, u voor Hem neerbuigen en samen met de levieten en de vreemdelingen die bij u wonen feestvieren, om al de weldaden die Hij aan u en aan uw huis heeft geschonken.*[23]

---

[21] Over de betekenis van *Shavuot* ("Wekenfeest") en de verhouding tussen de verschillende Bijbelteksten, het offeren van de verschillende "eerstelingen van het land" en de invulling van het feest in de joodse traditie, zie R. Goodman, *Teaching Jewish Holidays. History, Values and Activities*, Denver, 1997, 215-219.

[22] Goodman, p. 215.

[23] Willibrordvertaling 1975. Let ook op de opdracht om zich neer te buigen voor JHWH bij het brengen van het meeloffer: kan dit ook verwijzen naar het buigen van het graan bij het oogsten van de aren?

CONCLUSIE

We hebben aangetoond in de zeven lijnen van associaties dat een op zichzelf eenvoudige opmerking over het binnenhalen van de tarweoogst bij nadere beschouwing een complex geheel aan betekenissen oplevert. We zijn hiervoor eerst "uit het verhaal gestapt" en onderzochten de betekenissen die verbonden zijn aan "tarwe" en "oogst." We mogen veronderstellen dat de auteur op de hoogte was van (de meeste van) de associaties die deze begrippen opriepen bij zijn hoorders en dat hij hier bewust gebruik van maakte.

Veel commentatoren schenken weinig tot geen aandacht aan de opmerking dat de Beth Shemieten bezig waren met de tarweoogst op het moment van terugkeer van de Ark naar Israël. Noegel slaat de spijker echter op de kop in zijn artikel over de Egyptische achtergrond van de Ark van het Verbond waar hij samenvattend het volgende schrijft:

> *Such references suggest a correlation between the Ark's movement and the harvest and again demonstrate that the Hebrew 'aron (...) was intimately connected to threshing floors and their fructifying and chthonic associations.*[24]

We zullen de gevonden associaties nu weer "terug in de tekst brengen" en bekijken wat ze te maken hebben met de terugkeer van de Ark in Israël.

De terugkeer van de Ark na het verblijf in de tempel van Asdod en in de steden van de Filistijnen doet denken aan de intocht van het volk na de uittocht uit Egypte. Het is een verkorte versie die echter eveneens geleid werd door JHWH. Nu was het niet de "wolk" die voorging, maar twee loeiende kalveren. Het wonder wordt er niet kleiner door. De Ark, buitgemaakt in een oorlog omdat het volk dacht dat de kracht van JHWH voor hen ten allen tijden beschikbaar en oproepbaar was, keert terug op eigen kracht. De Filistijnen wilden van de Ark af door de vele plagen die het veroorzaakte onder hun volk. Het doet herinneren aan de farao die Mozes en Aäron vroeg om weg te gaan na de plagen van Egypte.

Bij de "grote intocht" stonden de priesters die de Ark droegen in het water van de Jordaan (dat tijdens de oogsttijd buiten de oevers getreden was). Het water werd stroomopwaarts tegengehouden, waardoor het volk langs de Ark naar het Beloofde Land kon gaan. De Ark van het Verbond speelt in het

[24] Noegel, p. 235.

intochtsverhaal dus een hoofdrol. Direct nadat het volk van Israël het land was binnengetrokken hield het *manna* op en at men van de opbrengst van het land: ongezuurde broden en geroosterd koren. De "kleine intocht" van de Ark in 1 Sam 6 vond eveneens plaats tijdens de oogst, een extra verwijzing naar Gods zegende kracht.
JHWH leidde zijn volk uit Egypte, zorgde voor *manna*-brood in de woestijn gedurende 40 jaar omzwervingen en bracht de nakomelingen langs de Ark in het Beloofde Land, waar ze direct aten van wat het Land opbracht. Er was eten in overvloed, de Heer bracht het volk immers naar een "land van melk en honing" (Deut 26:9). Maar ook al was het land zelf vruchtbaar en kon het vele vruchten voortbrengen, de oogst was niet vanzelfsprekend. Het is JHWH die laat groeien of verdorren. Een goede oogst betekende dat God zijn zegen geeft over het land en het volk. De Ark die terugkeerde staat daarom in het teken van deze zegen, want het keerde terug in de oogsttijd. De kracht van JHWH staat centraal in hoofdstuk 6 van het boek Samuël. We komen hier straks op terug.

De historie van de Ark die buitgemaakt werd door de Filistijnen begon met een overtreding van het volk die de Ark uit Silo haalde om voor hen te vechten (1 Sam 4). In vers 7 stellen de Filistijnen de Ark gelijk aan JHWH zelf (en leggen in vers 8 *en passant* ook nog een verband met de plagen waarmee "deze god" de Egyptenaren geslagen heeft) en het is logisch om te veronderstellen dat het volk hetzelfde dacht. Met de Ark hebben ze JHWH zelf in het legerkamp willen brengen. Toch werd het volk verslagen, vele van hen werden gedood en de Ark werd buitgemaakt. Een grote catastrofe was het volk overkomen en de logische conclusie is dat de Ark niet gelijkgesteld kan worden met de almacht van JHWH (het omgekeerde is ondenkbaar: het zou betekenen dat de Ark en JHWH wel een en dezelfde waren, maar dat de kracht van JHWH tekortschoot). Dit wil zeggen dat men niet de kracht van JHWH kon "sturen" naar eigen goeddunken. De Ark van het Verbond is wel verbonden met JHWH's kracht - zie maar wat de Filistijnen overkwam tijdens het verblijf van de Ark op hun grondgebied - maar het is JHWH zelf die bepaalt hoe, waar en wanneer deze kracht zich laat gelden.[25]

Een (ondertussen) duidelijke aanwijzing dat de Ark en JHWH's kracht wel verbonden, maar niet synoniem zijn is de opmerking dat de "Beth Shemieten bezig waren met de tarweoogst." In de tijd dat de Ark buiten Israël verbleef groeide het graan gewoon door. Zeven maanden is de Ark weggeweest en dat is ongeveer de periode dat tarwe nodig heeft om te groeien. We weten dat de oogst het gevolg is van de zegen van JHWH. Zonder deze zegen zou er niets zijn om te oogsten. Indien JHWH nu onlosmakelijk en volledig verbonden zou zijn geweest met de Ark, zou zijn kracht buiten Israël zijn en was de tarwe niet gegroeid. We kunnen de theologische implicaties van deze opmerking nog veel verder exploreren, maar in het kader van dit artikel volstaat het om vast te

[25] Gordon, p. 36.

stellen dat JHWH onafhankelijk van de Ark handelt en er niet mee vereenzelvigd kan worden.[26] Eveneens kunnen we vaststellen dat wat begon met een overtreding van het volk waardoor de Ark in vijandige handen terecht kwam, nu door JHWH zelf is rechtgezet en dat Hij zijn zegen niet weg heeft genomen van het volk. "Alles is goed", zou je eenvoudig kunnen stellen.[27]

Voor wie het niet goed gaat zijn de Filistijnen. Zij hebben te lijden onder plagen en hopen door de Ark te laten terugkeren met de gouden voorwerpen hiervan af te geraken. Ze dachten dat ze de overwinning hadden behaald door het leger van de Israëlieten te verslaan en de Ark, waarvan ze meenden dat het de godheid zelf was, als trofee in hun tempel te plaatsen. De Ark werd gezet bij het beeld van hun god Dagon, waarvan we hebben gezien dat deze geassocieerd kan worden met "graan." In I Sam 5:3-4 wordt verteld dat Dagon tot twee keer toe was gevallen. Met zijn gezicht naar de aarde lag het voor de Ark op de grond, de tweede keer helemaal in stukken. Het is duidelijk dat hiermee de onmacht wordt aangetoond van het godenbeeld en daarmee ook van de god die ermee gelijk werd gesteld, tegenover de werkelijke macht van de ene levende God. Dagon, de nationale god van de Filistijnen is machteloos gebleken. Hij is in brokken uiteengevallen.

Dit is het begin van een periode van rampspoed voor de Filistijnen, welke ze toeschrijven aan de Ark en de God die daarbij hoorde. Uiteindelijk besluiten ze dat er maar één manier is om van alle ellende af te raken en dat is door de Ark terug te laten keren naar "zijn plaats." Terwijl de Ark onderweg is naar Israël volgen de vijf Filistijnse stadsvorsten op een afstand. Ze zien dus wat de Beth Shemieten aan het doen zijn op het moment dat de Ark terugkeert uit ballingschap: ze halen de tarweoogst binnen. JHWH die gezegevierd heeft over de "graangod" Dagon en aangetoond heeft dat deze god slechts een machteloos, door mensen gemaakt beeld was, keert terug bij zijn volk te midden van de oogst. Hier wordt nogmaals bevestigd dat het JHWH is die het graan laat groeien en dat Hij de enige ware levende God is. Alle andere goden zijn maaksels van mensen en kunnen niets, zij laten het graan niet groeien.

Het verhaal maakt duidelijk dat het JHWH is die bepaalt of er een vette oogst zal zijn of een magere oogst (Gen 41:25, 28, 32) en dat Hij en Hij alleen de macht heeft over leven en dood. Zo kun je het feit dat het de Filistijnen slecht gaat terwijl de Beth Shemieten rustig hun graan binnenhalen ook zien in het kader van het oordeel van JHWH dat eveneens verbonden is aan (de afwezigheid van) oogst. JHWH, God van Israël, groter dan een voorwerp, machtiger dan een godenbeeld, oefent zijn kracht uit binnen Israël en erbuiten.

---

[26] N.N. Glatzer (ed.), *On the Bible. Eighteen Studies by Martin Buber*, New York, 1968, 132 en 135: "You do not have YHVH when you have the Ark; just when you think you have Him, you do not."

[27] Dit staat in schril contrast met wat er na de terugkeer van de Ark gebeurt met de Beth Shemieten: zij maken een fout (welke precies is onzeker) en een goddelijke plaag treft hen (1 Sam 6:19). De opmerking over de graanoogst krijgt hierdoor een nog groter gewicht als een scharniervers dat een duidelijk contrast aangeeft.

De Israëlieten halen hun oogst binnen en krijgen het leven, de Filistijnen haalden de Ark binnen en krijgen de dood.

De muizen die zo onverwacht het verhaal van de Ark binnensluipen kunnen we nu ook in verband brengen met de graanoogst van de Beth Shemieten. De Filistijnen leden onder een plaag die te maken had met builen of tumoren en wellicht ook met muizen. Een muizenplaag betekende een gevaar voor de oogst en voor de voorraden. Of de gouden beeldjes van de muizen nu wel of niet duiden op een aparte tweede plaag, de associatie met graan is onmiskenbaar. Een plaag voor de Filistijnen, dood en verderf brengend, de Ark die teruggestuurd wordt met gouden voorwerpen van tumoren en muizen om van alle ellende af te komen en een graanoogst in Israël terwijl de Filistijnse stadsvorsten toekijken. Hier wordt op een zeer speelse wijze opnieuw gezinspeeld op de zegen die enkel en alleen van JHWH komt: oordeel en dood voor de Filistijnen, zegen en leven voor de Israëlieten.

Er zijn nog veel meer associaties en "verborgen" betekenissen te vinden in het verhaal van de Ark. De beelden die de auteur tot zijn beschikking had zijn nog lang niet uitgeput. Ook de betekenissen die verbonden zijn aan de tarweoogst kunnen nog verder uitgewerkt worden, maar we menen dat het complexe en diepgaande karakter van het geheel van de associaties voldoende is aangetoond. Eveneens lieten we zien dat een dergelijk onderzoek, waarbij de onderzoeker uit de tekst stapt, op zoek gaat naar associaties en verwijzingen en dit geheel weer terugbrengt in de tekst, bij kan dragen aan een beter begrip van de tekst. De Ark van het Verbond heeft alles te maken met graan, met oogst en wat dit representeert, namelijk het zegende leven van JHWH zelf.

Het “kleine” verhaal en ons zoeken naar geloofwaardigheid.
Doen, horen, ver-staan of doen horen verstaan?

Jan Kouwen

Abstract

A dissertation has to be limited. Nevertheless some “not really fitting” stories we need to preserve. The article is one of those stories I’ve stumbled on, in the municipal archive at Zierikzee, worth to be told. It’s about making choices and the consequences of those choices then and in time. It’s a 20th century-story located on the isle of Schouwen-Duiveland. In those days still an isolated Dutch community in the province of Zeeland. In a brochure, dated august 1940 and called “Van partijman tot Nationaal-Socialist” (from party man till National Socialist), a local doctor explains his political change towards the N.S.B. (National-Socialist Party). Remarkably there’s also preserved an in 1941 published brochure, by the hand of J.H. Scheps called “Vrijheid en Volkseer” (Freedom and people honours), attacking the doctor’s choice and his justification. It’s a story with we can isolate exactly in time, and which seemed to be faded out of time, safely put away in a local archive. But it’s not just a “little history” of days gone by. Adopting the idea that Jewish religion is a religion of patience and living by the same book we have the obligation continuously to re-examine the text; any text. Thereby saving it from getting out of time. The old questions about motivation, right or wrong, ideas and ideals, moral and ethics are still relevant. It’s not only a memory that remains. Christianity, as a younger brother of Judaism, has in the light of the recent history still no answer on Levinas’ statement: “Nobody, not even God, can forgive what I've done to my neighbour.” Remorse and the telling of “little histories,” such as the one in this article, is what remains. In search of a new or maybe old theological identity we have first to listen to the text and eventually we may speak.

INLEIDING

Bij historisch onderzoek, maar misschien wel bij elk onderzoek, worden documenten die, hoewel ze zeer interessant zijn, toch opzij gelegd. Vaak omdat ze niet optimaal binnen het onderzoek te gebruiken zijn; soms omdat het document meer vragen oproept dan in het onderzoek kan worden behandeld. Soms omdat het document net “buiten de tijd” van de onderzoeksperiode valt.

Het begrip “tijd” en meer nog het ontsnappen van elke herinnering is bij de filosoof Lyotard onderwerp van onderzoek geweest. In zijn *La condition postmoderne* uit 1979 komt hij tot de conclusie dat er sprake is van een einde der "geloofwaardigheid" van verhalen die de tijd verstaan als een per definitie zinvol geheel.[1] De zin van de tijd was daarbij gekoppeld aan de idee van een hogere – al dan niet goddelijke – orde. Inspiratiebron voor Lyotard was deels het gedachtengoed van Emanuel Levinas. De appellerende kracht van het "gij zult" – van de tien leefregels die Mozes van de onzichtbare God op de Sinaï ontving – is daarbij voor Lyotard als een inslag die de orde van de tijd verstoort.

De joodse godsdienst ziet hij als "godsdienst van het geduld"; men heeft de plicht tot een nimmer aflatende interpretatie, waarbij men beseffen moet dat de definitieve interpretatie altijd op zich laat wachten. Tegen het "buiten de tijd" raken, maar vooral van de idee van het nimmer aflatend interpreteren is de motivatie van het hieronder "kleine verhaal."

Het verhaal begint bij het, in het gemeentearchief van Schouwen-Duiveland, gevonden document: "Van partijman tot Nationaal-Socialist," met als ondertitel: "Een brochure, geschreven door den heer C.J.M. Boogerd, arts te Zierikzee, waarin hijzelf, steeds vooraanstaand partijman en lid der Prov. Staten van Zeeland voor de liberale partij, een ernstig beroep doet op de vaderlandsliefde van het geheele Nederlandsche volk."[2] Het archief is in het bezit van een exemplaar uit de derde druk.[3]

Wat deze brochure zo interessant maakt is dat er in de tekst sprake is van een tweetal zaken. Ten eerste wil de schrijver zich verantwoorden voor wat men een bekering tot het Nationaal-Socialisme zou kunnen noemen. Bekering? Ja, omdat – en dat is de tweede zaak – de schrijver een duidelijk doel heeft. Zelf omschrijft Boogerd dat als volgt:

> *(...) om de zeer velen die in deze dagen, in volkomen geestelijke verwarring, zich onmogelijk een houding weten te geven tegenover de uiterst moeilijke vraagstukken waarvoor ieder denkend Nederlander zich ziet geplaatst, een soort leidraad te verstrekken (...)*

Boogerd meent dat hij in augustus 1940 - een kleine drie maanden na de Duitse inval in Nederland, België en Frankrijk – een uitweg heeft gevonden voor de "zorgwekkende toestand" waarin het Nederlandse volk zich dan volgens hem bevindt. Als arts gebruikt Boogerd daarbij het beeld van een doodzieke patiënt waarbij hij de N.S.B. als het medicijn ziet: de Nationaal Socialistische Beweging onder leiding van Anton Mussert. De aversie tegen het medicijn N.S.B. en de in de ogen van Boogerd uiteindelijk noodzakelijke acceptatie door hem - en door het Nederlandse volk - is het hoofdthema van de brochure.

---

1 De idee "einde van de grote verhalen" is een te grote versimpeling van de visie van Lyotard.

2 Gemeentearchief Schouwen-Duiveland, Handschriftenverzameling, brochure C.J.M. Boogerd. Toegang 489, inv. nr. 1092.

3 De totale oplage is vermoedelijk 12.000 stuks geweest.

Deze stellingname heeft geleid tot diverse schriftelijke reacties, waarvan er twee in het gemeentearchief van Schouwen-Duiveland terug te vinden zijn.[4] Eén van een sympathisant en medestander; de ander een uitgesproken tegenstander: een brief van 2 oktober 1940, van de heer H.A. Seijffardt, luitenant-generaal b.d.,[5] en een brochure van de heer J.H. Scheps met de titel: "Vrijheid en Volkseer. Het verdoolde Zeeuwsche Liberale statenlid arts C.J.M. Boogerd te Zierikzee het rechte pad gewezen," uitgegeven in 1941.[6]

De schrijvers

Voordat we aan de casus kunnen beginnen stellen we eerst de drie schrijvers in het kort voor. We beginnen met: Cornelis Jan Marinus Boogerd (Zuidland, 24 november 1905 - Neuenkirchen [Landkreis Steinfurt], 26 juni 1945). Hij is een landbouwerszoon die kiest voor het beroep van arts. Boogerd vestigt zich als zodanig begin 1930 te Zierikzee en is ook werkzaam in het zes kilometer verderop gelegen Ouwerkerk.[7] Naast zijn praktijk heeft hij verschillende bestuursfuncties zoals bestuursvoorzitter van het Groene Kruis afd. Zierikzee en voorzitter van de plaatselijke Oranjevereniging.

Op politiek terrein is Boogerd, in de periode van 19 juni 1935 tot en met 4 januari 1938, raadslid van de gemeente Zierikzee namens de Liberale Staatspartij.[8] Na de verkiezingen van 19 april 1939 wordt hij lid van Provinciale Staten van Zeeland; eerst namens diezelfde Liberale Staatspartij en vanaf augustus 1940 namens de N.S.B. tot 31 augustus 1941 toen de Provinciale Staten "in een stand van rust" kwam.[9] Naast zijn bekeringsbrochure heeft hij nog een aantal artikelen gepubliceerd in "De Zeeuwsche Stroom," een "uitgave van de nationaal-socialistische beweging (district 21 – Zeeland)" en een artikel in het "Ned. Tijdschrift voor Geneeskunde."[10]

---

4 In het archief van de NMBG bevindt zich een map "Boogerd" met daarin zijn brochure en een aantal ingezonden krantenartikelen. Nationaal Archief: Inventaris van het archief van de Nederlandse Maatschappij tot Bevordering der Geneeskunst, (1844) 1849-1942 (1957); Dossiers, geordend volgens alfabetische orde op onderwerp. 1905-1942, Boogerd, C.J.M., Zierikzee. Toegang 2.19.053.01, inv. nr. 166, map H 30 pp.

5 Gemeentearchief Schouwen-Duiveland, Handschriftenverzameling, Brief van H.A. Seijffardt aan C.J.M. Boogerd d.d. 2 oktober 1940. Toegang 489, inv. nr. 1113.

6 Gemeentearchief Schouwen-Duiveland, Bibliotheek, nr. 3529

7 *Vox Medicorum*. Orgaan tot het behartigen van de belangen der geneesheeren in Nederland. 5 en 19 februari 1930.

8 Zijn vader M.J.W Boogerd was, namens dezelfde Liberale Staatspartij "de Vrijheidsbond," lid van de gemeenteraad van Nieuwerkerk in de periode 1923-1931.

9 *Eilanden-nieuws*. Christelijk streekblad op gereformeerde grondslag, 10 augustus 1940. *Provinciale Zeeuwsche Courant*, 14 februari 1942.

10 *De Zeeuwsche Stroom*, d.d. 24 april, 17 juli en 16 oktober 1941 en 2 juli 1942. *NTvG*, "Periodieke onthouding in de practijk." 1935, IV, 4628.

Hendrik Alexander Seijffardt (Breda, 1 november 1872 – "s-Gravenhage, 6 februari 1943). In een militair milieu opgegroeid, kiest hij voor een loopbaan als beroepsofficier.[11] Vanaf 1900 is hij docent aan de Koninklijke Militaire Academie te Breda. Hij wordt, in 1929, uiteindelijk Chef van de Generale Staf en heeft daarmee het bevel over de Centrale Inlichtingendienst. In mei 1934 gaat hij met pensioen. Seijffardt is, in 1937, slechts zes maanden lid van de N.S.B. Vanaf 1941 is hij actief om, in opdracht van Arthur Seyss-Inquart, vrijwilligers te werven voor de strijd aan het oostfront. Hij wordt daarvoor benoemd tot nominaal commandant van het Nederlands Vrijwilligerslegioen. Mussert benoemt Seijffardt in zijn schaduwkabinet van "Gemachtigden" als Gemachtigde voor het vrijwilligerslegioen. Deze laatste benoeming zou de directe aanleiding zijn geweest voor de aanslag die op 5 februari 1943 door de verzetsgroep CS-6 op hem wordt gepleegd.[12] Een dag later overlijdt Seijffardt aan zijn verwondingen.[13]

Johannes Hermanus Scheps ("s-Gravenhage, 13 juli 1900 – Utrecht, 3 oktober 1993). Opgegroeid in een anti-revolutionair milieu toont hij al vroeg interesse in godsdienstige en maatschappelijke vraagstukken. Hij verricht evangelisatiewerk in "s-Gravenhage (vanaf 1919: Haagse Stadszending Immanuel) en Vlaanderen (1923-1928: The Belgian Gospel Mission). Over zijn Belgische ervaringen zegt hij: "Wie Vlaanderens armoede gekend heeft, gelooft in het volk als krachtbron."[14] In de periode 1923-1928 adopteert Scheps de groot-Nederland-gedachte.[15] Politiek gezien kiest hij eerst voor de Christelijk-Sociale Partij en vanaf 1931 voor de S.D.A.P.[16] Scheps staat in die dagen bekend als "de beste zeepkistspreker van Nederland sinds Troelstra."[17] Als hij later, namens de PvdA in het parlement het woord voerde "kwamen alle bodes van de Tweede Kamer luisteren."[18] Daarnaast is hij een ijverige publicist. Zo verschijnt er in 1940, onder eigen naam, een reeks brochures waarin hij zich keert tegen de N.S.B., het Nationaal Front en de Nederlandsche Unie. De

---

[11] Zijn vader, August Lodewijk Willem Seijffardt, was minister van Oorlog in het kabinet Van Tienhoven (1891 - 1894).

[12] De aanslagplegers zijn Gerrit Willem Kastein en Jan Verleun.

[13] Naar aanleiding van zijn overlijden besluit de Duitse overheid om een eenheid van Nederlandse vrijwilligers de naam "48. SS-Freiwilligen-Panzergrenadier-Regiment General Seyffardt" te geven. Zijn dood was onder andere een van de aanleidingen van de grootschalige Duitse represailles die bekend zijn geworden onder de naam "Aktion Silbertanne."

[14] Citaat Nederlands Dagblad: gereformeerd gezinsblad, 5 oktober 1993.

[15] De groot-Nederland-gedachte houdt in dat Vlaanderen en Nederland zouden worden samengevoegd.

[16] De in 1894 opgerichte *Sociaal-Democratische Arbeiderspartij* (S.D.A.P.) gaat in 1946 op in de Partij van de Arbeid (PvdA).

[17] Dagblad Trouw, 5 oktober 1993.

[18] https://socialhistory.org/bwsa/biografie/scheps

brochure tegen Boogerd en diens gedachtengoed is er één uit deze reeks. Naar aanleiding van het overlijden van Scheps schrijft dr. J.Z. Baruch: "Met hem is een van de *chasidé oemoth 'olam*, een van de zeer goede mensen uit de wereld heengegaan."[19]

De voorafgaande jaren

De situatie van Nederland in de dertiger jaren van de 20ste eeuw kunnen we karakteriseren als een tijd waarin de beurskrach op Wall Street van 24 oktober 1929 ook haar diepe sporen trekt in het economische en sociale landschap van Nederland. Zo zijn er twee jaar na de beurskrach ruim 250.000 werklozen op een bevolking van negen miljoen. Politiek is het land sterk verdeeld. En versnipperd; het stembiljet voor de Tweede Kamerverkiezingen van 1933 telt in totaal 54 partijen.[20] Men stelt steeds openlijker de vraag of de democratie als staatsvorm niet achterhaald is. Vooral vanuit de op 14 december 1931 opgerichte N.S.B. en iets later het Nationaal Front is er het streven naar een extreem nationalistische en totalitaire staat. Een idee dat vele mensen aanspreekt.

In Zeeland lijkt de N.S.B. in 1939 electoraal over haar hoogtepunt heen te zijn.[21] Het aantal zetels halveert; van twee naar één zetel.[22] Met de overstap van Boogerd in 1940 wordt dit dan wel weer gecompenseerd. Op het eiland Schouwen-Duiveland zijn het de plaatsen Haamstede en vooral Nieuwerkerk waar, door de jaren heen, de aanhang van de N.S.B. verhoudingsgewijs het grootst is.[23] In Zierikzee, waar zich een kleine joodse gemeenschap bevindt, is het aantal N.S.B-stemmers bij de Provinciale Statenverkiezing van 1939 toch nog 129; 3,6 % van het totaal aantal kiezers.[24] De kans dat deze 129 kiezers niet op de hoogte waren van de N.S.B.-houding ten opzichte van wat men in die tijd het "jodenvraagstuk" noemt, moet verwaarloosbaar klein zijn geweest. Dit N.S.B.-standpunt komt ook in de brochure van Boogerd ter sprake.

De brochure

[19] Nieuw Israëlitisch Weekblad, 15 oktober 1993.

[20] Op Schouwen-Duiveland was het biljet meer dan de helft kleiner, maar desondanks dongen er toch nog 21 partijen naar de gunst van de kiezer.

[21] Verkiezingen Provinciale Staten 1935 totaal 6556 stemmen (5,6 %) en in 1939 totaal 2687 stemmen (2,2 %).

[22] De Provinciale Staten van Zeeland telt in die dagen 42 zetels.

[23] Nieuwerkerk wordt zelfs "klein-Duitsland" genoemd. Jop Steenhof de Jong, *Collaboratie op Schouwen-Duiveland in de Tweede Wereldoorlog*. Goes, Het paard van Troje, 2017, 22-24.

[24] Zierikzee had, in de periode van 1816 tot 1922, de status van een officiële ring-synagoge. Vanaf 1922 vallen de Zierikzees-joodse inwoners formeel onder de Hoofdsynagoge Middelburg. Bij de Provinciale Statenverkiezing van 1935 was het aantal N.S.B.-stemmers 285 (8,5 %). Zierikzee telde in die dagen 6765 inwoners waarvan er 26 een joodse achtergrond hebben.

Allereerst wat statistische gegevens. De tekst bestaat uit 344 zinnen met in totaal 7547 woorden. Van deze woorden zijn er 1388 in kapitalen (18,4 %) en 451 vet (5,8 %) afgedrukt. Daarnaast komen er 30 vraagtekens en 81 uitroeptekens in de tekst voor. Het is zeker niet onjuist om te stellen dat de schrijver de opmaak van de tekst gebruikt om daarmee zijn argumenten te ondersteunen. Of dit geslaagd is? Het geeft voor de lezer een enigszins onrustige en rommelige indruk. Je kunt het met enige ironie een "echt vlugschrift" noemen. Boogerd tracht met zijn brochure een in zijn ogen actuele stand van zaken te geven waarmee hij de publieke opinie probeert te beïnvloeden.

De tekst verschijnt vrij snel na de Duitse inval van 10 mei 1940. Binnen drie maanden: op 4 augustus. In die tussenliggende periode is Boogerd, zoals hij schrijft, "van partij-man tot Nationaal-Socialist" geëvolueerd. In de opbouw van de tekst is de gehaastheid van deze evolutie dan ook terug te vinden. Van de zes delen is het onderdeel "Het verraad," daar waar hij de aanleiding voor zijn koerswijziging beschrijft, het grootst (3111 woorden). "De weder-opbouw van ons volk" daarentegen – de toekomstvisie voor Nederland volgens de N.S.B. en nu ook volgens Boogerd – krijgt 953 woorden. De vraag is of Boogerd alle consequenties van zijn keuze nauwkeurig heeft kunnen onderzoeken. Dat hij meent de goede keuze gemaakt te hebben laat hij duidelijk weten. Zijn mission statement luidt:

> *Wanneer ik er echter in zou mogen slagen, sommigen de oogen te doen opengaan voor het feit, dat er in deze ellendige dagen nog een andere denkwijze mogelijk is dan die welke de groote massa van ons Volk zich heeft eigen gemaakt, dan zou ik mijn verder te nemen moeite reeds rijkelijk beloond achten.*

TAAL EN TAALGEBRUIK

Kijkend naar het taalgebruik van Boogerd zijn daarin verschillende begrippen te ontdekken met een religieuze connotatie. Bijvoorbeeld het woord "wonder": "Het nationaal-socialisme heeft in het buitenland BEWEZEN dat het tot wonderen in staat is."[25] En wat te denken van de zin: "Wij burgers, die ons voelden en gedroegen als een kudde opgejaagde schapen zonder herder, zochten naar een verklaring." Dit taalgebruik appelleert daarmee - als we uitgaan van de idee dat de brochure in eerste instantie voor hen geschreven is - aan de religieuze gevoelens van de grotendeels christelijke bevolking van Schouwen-Duiveland. Woorden als "schuld," "onrechtvaardigheid," "trouw" en "verheerlijking" versterken dit religieuze taalbeeld. Het meest duidelijk komt de

[25] Bij het citeren van de diverse teksten wordt de originele opmaak (kapitalen, vet enz.) gevolgd.

verbinding die de N.S.B. met de christelijke religie maakt naar voren in de eerste van haar drie grondbeginselen: "Godsvertrouwen."[26]

Voor het vervolg van ons verhaal richten we ons op de derde vraag die Boogerd stelt in het onderdeel "Het Verraad": "Hoe gaat het dan met de joden?"

Zierikzee telt aan het begin van de oorlog 26 Zierikzees-joodse inwoners. De laatste "nieuwe" joodse eilanders was het gezin Spalter. Zij waren afkomstig uit Frankrijk en hebben zich in 1914, aan het begin van de Groote oorlog, in de stad gevestigd. Naast Boogerd waren er nog twee Zierikzeese huisartsen: dr. Carel Maayo van Hoorn en jonkheer dr. Pierre Henri Verspijck.[27] De kans dat Boogerd als huisarts joodse patiënten heeft gehad is aanwezig; zo niet, dan kwam hij zijn joodse stadsgenoten in het openbare leven zeker tegen. Zierikzee is geen "mokum"; daar was en is het veel te klein voor.[28]

Het antwoord dat Boogerd geeft op de vraag "Hoe gaat het dan met de joden?" is op z'n minst curieus te noemen: "Ieder, die dus met "de aanstaande Jodenmishandeling" reclame maakt voor eigen beginselen, pleegt daarmee bewust of onbewust bedrog."

De opbouw van zijn antwoord begint Boogerd met de verzekering dat alle Joden die voor 1933 al in Nederland woonden "GEEN HAAR [zal] WORDEN GEKRENKT!" Voorwaarde is daarbij wel dat zij "zich steeds als goede burgers hebben gedragen." Vervolgens komt hij tot de constatering dat er een "jodenvraagstuk" is. Een moeilijk probleem, maar het nationaal-socialisme heeft zich ten doel gesteld dit eeuwenoude probleem op te lossen. Niet door hen te vermoorden of uit te hongeren. "DAT HEEFT ONZE VOORMALIGE PERS ONS WIJSGEMAAKT!" Nee, de oplossing is anders. Gedragen door alle Nederlanders omdat "iedere Ariëer intuïtief de sterke RASVERSCHILLEN aanvoelt, duidelijker gezegd, dat wij elkaar hinderen." Hij grijpt voor zijn redenering terug op de idee van voor de gelijkstaat der joden. Het is het terugdraaien van de 1796-beslissing van Napoleon om de joden als burgers van zijn rijk te zien. "Joods-zijn" werd met zijn beslissing de facto een religie en er was niet meer sprake van een natie binnen de Natie: Een volk binnen een volk.

---

26 De beweging hanteerde de drieslag: "Godsvertrouwen," "Liefde voor volk en vaderland" en "eerbied voor den arbeid." Het lijkt daarmee een afgeleide te zijn van de leuze "Voor God, volk en vaderland." N. Bijleveld, *Voor God, Volk en Vaderland. De plaats van de hervormde predikant binnen de nationale eenwordingsprocessen in Nederland in de eerste helft van de negentiende eeuw*. Delft, Eburon, 2007.

27 Daarnaast telt Zierikzee nog drie tandartsen en een vroedvrouw. Gemeentearchief Schouwen-Duiveland, Archief van de stad en de gemeente Zierikzee 1840-1996, Organisatie van de gezondheidszorg 1941-1946. Toegang 23, inv. nr. 2730.

28 In Zierikzee had de familie Labzowski een manufacturenzaak. De heer van Dijk verdiende als kleermaker zijn inkomen voor het gezin. De eerdergenoemde Spalter was boekbinder bij de drukkerij Lakenman & Ochtman. De heer Frenk stond als veehandelaar bekend en dan was er nog de slagerij van de familie Wilkens.

Zelf schrijft Boogerd: "Het nationaal-socialisme staat op dit standpunt, dat een Volk alleen tot werkelijke innerlijke eenheid kan komen, indien dat Volk is samengesteld uit menschen VAN HET ZELFDE RAS." Vervolgens stelt hij dat een betrekkelijk kleine groep van joden in Londen en New York meester is van het internationale grootkapitaal. Dat de kranten de N.S.B. bestreden verwijt hij deze groep, want "Een krant is tenslotte een "zaak" (...) en heeft daarvoor kapitaal noodig." De kranten komen "DUS BIJ DE JODEN!" terecht. Tegelijk betekent dit dat Nederland nooit neutraal is geweest en dat we "volkomen afhankelijk waren van onze geldschieters in LONDEN!" Boogerd"s conclusie is dan ook *"(...) DE JOODSCHE INVLOEDEN ZULLEN MOETEN WORDEN VERWIJDERD."*

De afhankelijkheid van Engeland onderstreept Boogerd met de uitspraak: *"Sinds* 1928 bestond er een geheime overeenkomst tusschen onze Generale Staf en die van ENGELAND." Het is voornamelijk deze uitspraak die H.A. Seijfardt doet besluiten het volgende persoonlijk aan Boogerd te schrijven:

> *Ik, die van 1 mei 1929 tot 1 mei 1934 chef van den Generalen Staf ben geweest, kan u met stelligheid verklaren, dat dit onwaar is. Voor hetgeen nà 1 mei 1934 gebeurd is, kan ik niet instaan, al ben ik voor mijn persoon vast overtuigd, dat mijn opvolger, generaal Reijnders, volkomen mijn inzicht deelde, n.l. dat de chef van onzen G.S. zich nooit met eenige afspraak met den G.S. van een vreemde mogendheid mocht inlaten.*

Wel laat Seijfardt daaropvolgend weten:

> *Met uw uitspraak "Nederland is in dezen oorlog nooit neutraal geweest" blijf ik intusschen volledig instemmen. Onze regeering heeft een schijn-neutraliteit gevoerd, was in den geest volkomen onneutraal anti-Duitsch.*

Dat de focus voor Boogerd op Duitsland gericht moest zijn, blijkt uit zijn bewondering voor Hitler en diens strijd tegen de "vijanden van den arbeider." Boogerd is voor het stichten van "een zuiver Joodschen Staat" en daarbij zullen zij "die te goeder trouw hebben gezondigd, of niets hebben gedaan" op een "volkomen menschwaardige manier worden behandeld." Ten aanzien van de gebeurtenissen in Duitsland merkt hij op dat wij daar geen oordeel over moeten geven omdat we niet alle feiten kennen. Daarop volgt dan zijn eerder vermelde antwoord.

Dat de inhoud van zijn brochure "Van partij-man tot Nationaal-Socialist" reacties oproept is niet opmerkelijk.[29] Zo spreekt Scheps van een "bekeering tot de N.S.B." dat door arts C.J.M. Boogerd in een "geschriftje" is vastgelegd. Ook Scheps weet zich polemisch uit te drukken. Een voorbeeld:

---

[29] Wel, dat de reactie van Scheps nog in 1941 onder eigen naam kon worden uitgegeven.

In het koor der luid jammerende Nederlanders, jammerende over de slechtheid van het parlementaire stelsel, jammerende ook over de verderfelijkheid van den partijen-Staat, jammert ook geneesheer C.J.M. Boogerd bijzonder luid mede.[30]

Scheps diagnosticeert bij arts Boogerd "leiders-verdwazing." Het tekort aan eigen geestelijke waarden probeert men dan, volgens Scheps, aan te vullen uit de povisiekast van het leiderschap. Hij staaft dit door de opmerking over de door Boogerd bewonderde Mussert: "Hoe nuchter logisch Ingenieur Anton Mussert het Joden-vraagstuk bekeken heeft, kan leider Arnold Meijer ons gezapig vertellen."[31]

Het is opmerkelijk dat Scheps zo weinig woorden besteedt aan dit onderdeel van Boogerd's brochure, dit ondanks zijn stelling dat de strijd niet een materialistische maar een "geestes-strijd" is.[32] Hij onderbouwt deze visie door terug te grijpen op het verleden. "De (Noord) Nederlandsche Staat is de herschepping van het Protestantisme, het is door een zuiveren vrijen Evangelischen geest aangeraakt." Een land van Doopsgezinden, Remonstranten, Humanisten, Spinoza, Erasmus, Hugenoten en de Salzburger boeren. Hij sluit de opsomming af met "de uitgeweken Duitsch-Poolsche en Spaansch-Portugeesche Joden."[33]

Scheps ziet in de materialistische benadering van Boogerd de ideeën van de filosoof Leibniz terug. Dat deze optimistische nuttigheidsleer beperkingen heeft is door Voltaire in zijn "Candide" al aangetoond schrijft hij. Maar bovenal is de strijd een theologisch-geestelijke strijd. Dat blijkt uit de volgende citaten:

De God der Vrijheid die met ons is, is meerder dan de Satan der knechting die tegen ons is. Strijd op eerlijken grondslag is meer waard, dan de vrede der lafheid.

---

30 Een ander voorbeeld: "*De arts B. met zijn "afgrijselijken tegenzin om aan dit onderzoek te beginnen," heeft veel weg van een Vlaamsch begijntje.*"

31 Bij de "schepping der aarde" is zelfs rekening gehouden "om later ingenieur Anton Mussert, leider van de N.S.B. gelijk te kunnen geven. (...) Zo dankt Europa aan ingenieur Anton Mussert alleen de woestijnvlakten."

32 Door Boogerd wordt dit ook opgemerkt in zijn reactie op Scheps die in "De Zeeuwsche Stroom," een uitgave van de N.S.B., van 24 april 1941 verschijnt. "De heer Scheps weet ook van het Jodenvraagstuk niets af. Hij spreekt er zelfs in het geheel niet over, behalve dan in geniepigen trant als "Germanenwaan," "rassen-afgod," enz. op blz. 17. Hij is daarbij in gezelschap van de meerderheid van het Nederlandsche Volk, die het Jodenvraagstuk totaal negeert."

33 Niet duidelijk is waarom hij het hier heeft over "uitgeweken" een situatie die bijvoorbeeld ook in het verleden voor de Hugenoten speelde. Boogerd schrijft in "De Zeeuwsche Stroom" van 24 april 1941: "Nederland is een land van alle Nederlanders, ongeacht den godsdienst die zij belijden. Maar Nederland zal in de toekomst niet meer het land zijn van de Duitsch-Poolsche, noch van de Spaansch-Portugeesche Joden! Deze laatsten zijn hier totaal volksvreemd, zij behooren tot hun eigen, dus tot de Joodsche Natie en zijn dus geen bestanddeel van het Nederlandsche Volk. Zij zijn nu eenmaal anders dan wij."

Kan God den volkeren geen uitkomst schenken bij een bezet Engeland? Zal het land te gronde gaan als het eiland Engeland zou verloren gegaan zijn? Is de arm des Heeren verkort, nu Frankrijk gecapituleerd heeft? Zal God zelfs bij het naderen van den nationalen dood veler Europeesche volkeren, niet volkomen uitkomst kunnen geven?

Het Christendom stelt den adel van den geest. Het gelooft in de waarden van ziel en karakter. In deze dingen botst het Christendom op de N.S.B. en het Nat.-Front. Het Christendom bindt alle partijen aan dezelfde Goddelijke wetten. Het houdt alle volkeren dezelfde wetten voor. Zoo is het internationaal, zoo verscheurt het den superieuren Germanen-waan, zoo verbrijzelt het den rassen-afgod en ontmoet de N.S.B.-baäls-priesters als tegenstanders op zijn weg.

De verantwoordelijkheid voor de toestand legt Scheps niet alleen bij anderen. "Zonde en gerechtigheid doortrekken den mensch en het kwaad tast allen aan. Zoo staan wij allen schuldig aan de ontchristelijking onzer samenleving." Iets verder schrijft hij: "Een geestelijk sterk Nederland zal geen Ingenieur Anton Mussert, geen Arnold Meijer, geen N.S.B. en geen Nationaal Front, kansen bieden. Een geestelijk sterk Nederland zal niet terugzinken in dit barbaarsche heidendom."

Het slotakkoord van Scheps betoog is indrukwekkend:

De geschiedenis zal ook vragen naar de houding der Kerk. Haar trouw zal beslissend zijn voor de toekomst, ook voor de religieuze ontwikkeling der arbeidsklasse.

Onze tegenwoordige strijd is een geestes-strijd. Het is oneindig meerder dan een sociale worsteling. Ook al wordt die strijd concreet voor zoo'n belangrijk deel op staatkundig terrein gestreden. Wie de dingen geestelijk ziet, zal niet wankelen noch weifelen. Gegrepen door den Goddelijken Geest der Vrijheid, zal hij blijven staan, staan midden in den vloedgolf van modern heidendom. Hij zal zich verzetten, geestelijk en sterk ervaren: dit is het, dat het fascisme dezer booze wereld overwint, namelijk ons geloof in de kracht van den bevrijden en gereinigden geest.

Dat er sprake is van een geestelijke strijd erkent ook Boogerd. In zijn "Een woord tot afscheid" in *De Zeeuwsche Stroom* van 2 juli 1942 roept hij zijn kameraden op om toch de Nationaal-Socialistische lectuur, kranten en vooral boeken te lezen, geen enkele vormingsbijeenkomst over te slaan en een voorbeeld te zijn van plichtsbetrachting.[34] Dit laatste heeft Boogerd doen besluiten om de politiek vaarwel te zeggen en zich volledig te richten op zijn

[34] Dat Boogerd overtuigd is van de nieuwe orde blijkt bijvoorbeeld uit zijn aanbod om aan geïnteresseerden de doelstellingen van de Nederlandse S.S. uit te leggen. De Zeeuwsche Stroom, 16 oktober 1941.

eigen vak door weer te gaan studeren. Door "het maximum uit zichzelf" te halen werkt hij zo mee aan de nieuwe wereld. "Eerst wanneer ieder zulks doet, kan de nieuwe wereld, waarvoor thans zooveel bloed en tranen vloeien, ook werkelijk worden opgebouwd." Boogerd vertrekt vrijwillig naar Oldenburg en is vanaf 6 juni 1942 daar werkzaam in het Pius-Hospitaal. Zijn Zierikzees-joodse stadsgenoten waren eerder op 24 maart 1942 – verplicht – vertrokken naar Amsterdam.

Het voorgaande roept vele – waaronder theologische - vragen op.[35] Allereerst de vraag hoe iemand tot keuzes komt. Welk referentiekader gebruikt hij? Is het zo dat hij zijn handelen laat leiden, niet door wat waar is, maar door wat hij voor waar houdt? Is de werkelijkheid, zoals Boogerd die meent dat die bestaat, slechts een door hem geconstrueerde werkelijkheid? Daarnaast zijn er nog een aantal "persoonlijk gerichte" vragen. Welke invloed heeft het verlies van een van de twee zevenjarige dochters op 9 april 1940 gehad? Op welke wijze hebben zijn ervaringen met de plaatselijke kerk hem beïnvloed? Welke contacten heeft hij, buiten zijn professie om, gehad met de Zierikzees-joodse inwoners? Wat heeft hij gedacht toen zijn joodse stadsgenoten werden afgevoerd naar Amsterdam? En er zijn vele andere vragen te stellen.

Theologisch dringen de volgende vragen zich op. Als geloof stoelt op liefde en vertrouwen kan het juist daardoor dan niet worden vertaald in termen van wetenschap moraal of kunst? Als religie een bron van hoop is, waar is dan haar daadkracht? Is de kern van religie dat we moeten leren leven met de mysteries van schuld en dood? Begrijpt het christendom in essentie het jodendom wel?

Als we de vraag naar de daadkracht van het christendom – beter gezegd van de kerken – zouden willen onderzoeken komen we op twee hoofdmotieven uit.[36] Ten eerste is er het motief van het "eigen behoud." Mag het primaat liggen op het behoud van de eigen kerkleden? Is het motief van represailles steekhoudend in het al dan niet handelen van de kerken? Dit argument is bijvoorbeeld in het christelijk onderwijs gebruikt. Een Zierikzees schoolbestuur motiveerde het wel meewerken, aan de door de Duitse overheid opgelegde verplichting tot melding van joodse leerlingen op haar school, met het argument dat niet meewerken sluiting van de school kon betekenen. In de notulen van de "Vereniging voor Christelijk Nationaal Onderwijs "Rehoboth" te Zierikzee"

35 Zie hiervoor onder andere Leen den Besten, *Illusie of Verlichting. Kritiek op en betekenis van religie*. Vught, Skandalon, 2011.

36 L.A.R. Bakker, *Vijandige broeders?* www.tilburguniversity.edu/nl/onderzoek/instituten-en-researchgroepen/rjc/publicaties/leo-bakker/ Geraadpleegd: november 2018.

staat: "(...) sluiten der school, dus – ook niet meer het evangelie kunnen brengen aan al de andere kinderen, soms ook van ongeloovige ouders."[37]

Het tweede motief zou men "bevangenheid tegenover macht en kwaad" kunnen noemen. Wat dat betekent is af te lezen in bijvoorbeeld de open brief van de Nederlands Hervormde Kerk die op zondag 26 juli 1942 vanaf de kansels werd voorgelezen.

> *Wij bidden U, of Gij ons wilt bewaren, opdat wij niet alleen anderen aanklagen, maar allereerst onszelven. Beweeg ons door Uwen Heiligen Geest zóó, dat wij vóór alles en in alles klagen over onze zonden. Het zijn onze zonden, die van ons land en volk, onze Kerk en Gemeente, onze gezinnen en personen, die Uwe oordelen naar recht over ons hebben gebracht.*[38]

Opvallend in deze tekst is dat het hier lijkt te gaan om het lijden vanwege onze christelijke schuld, en niet het lijden dat door de daders wordt toegebracht. Terecht merkt Leo Bakker op dat door het verwijzen naar een algemene abstracte zondigheid het aanwijzen van het concrete kwaad en de effectieve moedige bestrijding ervan eerder werd afgeremd dan bevorderd. Hij laat hiermee zien dat de ideeën van Lyotard ten aanzien van de 'geloofwaardigheid' van verhalen relevantie hebben.

Het gaat mijns inziens om drie dingen: ecclesiologie. We kunnen dit het christelijk zelf verstaan noemen. Daarnaast is er de hermeneutiek; het verstaan van de bijbel. Maar waar het fundamenteel om lijkt te gaan is het verstaan van Jezus, dat wat veelal onder het begrip christologie wordt geplaatst. Verstaan we het jodendom of is de vraag meer hoe ver staan we van het jodendom af?

LEVINAS: EEN UITWEG?

Vooral deze laatste vraag heeft een hoge relevantie. Emanuel Levinas constateert, met enige regelmaat, dat de onkunde van het Jodendom in christelijke kringen groot is. Jansen schrijft:

> *Over het algemeen denkt men immers dat de waarden van het Jodendom al lang zijn opgenomen in grotere synthesen van het Christendom en de Islam en dat zij op zichzelf beschouwd niet veel meer zijn dan gestamel, wanneer men ze vergelijkt met de uitdrukking die deze waarden in geest*

---

37 Gemeentearchief Schouwen-Duiveland, Archief van de Vereniging voor Christelijk nationaal onderwijs "Rehoboth" te Zierikzee, 1906-1974 (1979), Notulen 1940-42, 1949. Toegang 270, inv. nr. 4.

38 Tekst op citaat bij Leo Bakker, Vijandige broeders?, 18.

> *en waarheid hebben gekregen in de godsdiensten die het Jodendom voortbracht.*[39]

Levinas ziet een existentiële kloof tussen de boodschap van Jezus en die van het jodendom. Het is niet het instituut Kerk maar het Evangelie van Jezus zelf die deze kloof veroorzaakt heeft. De idee dat Goddelijke vergeving geen voorafgaand berouw veronderstelt. Vergeving door God is daarbij niet afhankelijk van vergeving door het slachtoffer. Levinas wijst deze boodschap af: “Onze eigen verzen herkennen wij niet meer op zijn lippen.” De kritiek van Levinas is dat de theologie de religie heeft geabstraheerd, ontdaan van haar fundament: mijn verantwoordelijkheid voor de ander.

Als we met de kritiek van Levinas kunnen instemmen dan heeft de evangelietekst van Mattheüs 25:45 een vergelijkbare Tenachtekst in *Dewariem* 30:16. Het “Je zult achter de Heer je God wandelen” trekt dan op met “Wat jij aan de minste van mij hebt gedaan, dat heb je aan mij gedaan.” In *b.Sota* 14a leren we dat de goddelijke aanwezigheid in onze geschiedenis zich verborgen houdt achter de ander die honger heeft, dorst heeft, gevangen zit, ziek of rouwende is. Dat is de positie van waaruit Levinas, in het spoor van de vele rabbijnen voor hem, spreekt.[40]

> *Het kwaad is geen mystiek principe dat men door een rite kan uitwissen; het is een belediging die de ene mens de ander aandoet. Niemand, zelfs God niet, kan de plaats innemen van het slachtoffer. Een wereld waarin de vergeving almachtig is, wordt onmenselijk.*[41]

De teksten van Levinas lezen, ook al zijn ze in het Nederlands vertaald, is niet eenvoudig. Enigszins grip erop krijgen is enorm lastig. Het risico daarbij is dat we de complexiteit van zijn denken vaak versimpelen tot een “ik-voor-de-ander” en daarna vooral “aan de slag” willen. Maar zijn uitspraak “Niemand, zelfs God niet, kan vergeven wat ik mijn naaste heb misdaan” maakt dit aan de slag gaan op z’n minst erg ongemakkelijk.[42] Want we willen graag het *ius*

---

39 Hans Jansen, *Christelijke theologie na Auschwitz. Nieuwtestamentische wortels van het Antisemitisme. A1 Diagnose en therapie in geschriften van joden en christenen*. ‘s-Gravenhage, Boekencentrum, 1985, 386.

40 Hierin volg ik de visie van Marcel Poorthuis, *Het gelaat van de Messias. Messiaanse Talmoedlezingen van Emanuel Levinas*. Hilversum, B. Folkertsma Stichting voor Talmoedica, 1992, 9.

41 Emanuel Levinas, “Een godsdienst voor volwassenen,” in: *Het menselijk gelaat*. Baarn, Ambo, 1969, 46.

42 Emanuel Levinas, “Een godsdienst voor volwassenen,” in: *Het menselijk gelaat*. Baarn, Ambo, 1969, 45. Marcel Poorthuis schrijft: “Met deze uitspraak komt de Frans-joodse filosoof Emmanuel Levinas op voor de integriteit van het slachtoffer. Als God een misdaad zou kunnen vergeven terwijl de medemens die het slachtoffer van die misdaad is, onverzoend blijft, is dat pure gewelddadigheid. Alleen het slachtoffer zelf heeft het recht om aan te geven of en wanneer er sprake kan zijn van vergeving.” Marcel Poorthuis, “Vergeving van het onvergeeflijke” in:

talionis, de wederkerigheid van daad en vergelding. Daar zit het ongemakkelijke voor het christendom. Hoe om te gaan met de vraag naar vergeving van het onvergeeflijke ligt onder de schaduw van een donker verleden.[43] Levinas schreef hierover in 1934:

> *De wroeging – smartelijke uitdrukking van het radicale onvermogen om het onherstelbare te herstellen – kondigt het vernieuwende berouw van de vergeving aan die herstelt. De mens vindt in het heden hoe het verleden te veranderen en uit te wissen. De tijd verliest haar onomkeerbaarheid zelf.*[44]

Laten we vooralsnog de "kleine," persoonlijke verhalen blijven horen, vertellen en onderzoeken. Verhalen van menselijke keuzes en de gevolgen daarvan. Van daders en slachtoffers. Niet alleen de Bijbelse verhalen, maar ook deze van onze tijd. De wereld is er vol van. Want zolang er mensen leven in een samenleving waarin hun leven wordt bedreigd door armoede, ziekte en dood, is er de behoefte aan religieuze bevestiging. Het is aan mensen om betekenis te geven aan deze collectieve religieuze identiteit. Een identiteit als een tijdelijk thuis waarin de ramen en de deuren, misschien alleen maar op een kier mogen staan. Ook een theologische universiteit als die van ons mag zo'n thuis zijn. We mogen doen horen en uiteindelijk spreken.

Mededelingen van de Levinas Studiekring XV, december 2010, (18-29) 18. *b.Joma* 85a-85b: "...De overtredingen van de mens tegen God worden vergeven door Grote Verzoendag; de overtredingen van de mens tegen de ander worden niet vergeven door Grote Verzoendag behalve als hij het van tevoren goed heeft gemaakt met de ander..."

43 "De staat van oorlog schort de moraal op; ontdoet eeuwig geldende instellingen en verplichtingen van hun eeuwigheid en verklaart daarmee onvoorwaardelijke geboden voorlopig nietig. De staat van oorlog werpt zijn schaduw vooruit over de daden van mensen." Emanuel Levinas, *De totaliteit en het Oneindige-Essay over de exterioriteit*. Baarn, Ambo, 1987, 13.

44 Emanuel Levinas, 'Quelques réflexions sur la philosophie de l'hitlérisme' in: *Esprit,* 1934, no 26, (199-208) 200.

Le protestantisme suisse dans le monde missionaire francophone

Léonard Rwanyindo

INTRODUCTION

Nous voulons parler de la présence missionnaire du protestantisme suisse dans certains coins du monde, surtout francophones. Nous essaierons d'étudier et de montrer comment la Mission suisse a joué un rôle très important dans l'espace francophone. Son engagement reste d'actualité sur le continent africain avec un souci d'actualisation et de travail sans l'esprit paternaliste qui a marqué l'époque occidentale sur le sol des colonisés.

Nous parlons de son rôle prépondérant dans la création de la Société des Missions Evangéliques de Paris et de son travail en Belgique dans le corps pastoral belge et en Afrique, surtout au Rwanda. Cette étude permettra aux lecteurs de découvrir l'esprit supranational qui a été la marque des Sociétés missionnaires protestantes dans le monde aux XIX et XXème siècles. Cet esprit supranational a été un outil très important pour les protestants dans leur résistance contre l'oppression d'un catholicisme agressif bénéficiant de l'appui de la politique du gouvernement colonial. Celui-ci avait besoin des catholiques dans le domaine médical et scolaire afin de conduire les populations à coloniser vers ce qu'on a appelé la civilisation à l'occidentale. Tous les peuples hors Europe étaient considérés comme des gens vivant dans l'obscurité, sans culture ni lumière. C'est pourquoi le pouvoir colonial dans un pays dominé par le catholicisme était obligé de fermer les yeux sur certaines injustices dont les protestants étaient victimes. A titre d'exemple: Il était pratiquement impossible d'obtenir des terrains d'implantation s'il y avait une Mission catholique dans les environs.

Nous ne cesserons jamais de répéter que la minorité protestante a résisté grâce à cet esprit de collaboration inter-Missions qui a permis la mise en commun de ses moyens souvent limités en ressources humaines et financières. Nous verrons combien la Mission protestante belge au Rwanda a eu besoin des autres dont celle de la Suisse afin de pouvoir accomplir efficacement son engagement dans la Région des Grands Lacs.

L'ÉMERGENCE DES SOCIÉTÉS MISSIONNAIRES

Les Grandes Puissances occidentales se sont opposées les unes aux autres pendant des années jusqu'à la fin de la guerre de 1940-1945. L'esprit de conquête hégémonique dominait l'esprit politique et socioéconomique. Il suffit de lire l'histoire de l'Alsace Lorraine qui tantôt basculait vers l'Allemagne tantôt vers la France jusqu'à l'appartenance définitive à la France après la fin de la guerre de 1914-1918. C'est d'ailleurs cet esprit d'hégémonie qui fut l'une des causes de deux grandes guerres que le monde a connues et de la colonisation. Chaque pays voulait tirer plus de profits de la terre colonisée par la croissance de sa population et s'enrichir.

Les Portugais et les Espagnols sont les premiers dans la dynamique de l'exploration des terres lointaines et dans la colonisation qui a suivi après. Nous connaissons le rôle du navigateur Christophe Colomb. Né à Gênes en Italie (Certains historiens plus récents pensent qu'il serait né en Corse) en 1451, il apprend la navigation au Portugal où il élabore son projet d'exploration de l'Ouest. Il le soumet à Jean II, roi du Portugal, qui le refuse. Le rejet de son projet l'a poussé à frapper à la porte des souverains espagnols, Isabelle de Castille et Ferdinand d'Aragon.

Christophe Colomb part de l'Espagne à la découverte du nouveau monde avec la bénédiction des souverains espagnols. Les mouvements successifs des explorateurs et des géographes conduiront les puissances occidentales à créer des empires coloniaux à travers le monde. La colonisation s'accélérant, elle avait besoin de la présence missionnaire. L'idée à la mode était de faire sortir les autres peuples du monde de l'obscurité parce que seule l'Europe possédait la culture, la lumière et un Dieu à transmettre aux nations jugées comme peuplées de païens et de sauvages. Eugène Casalis, l'un des missionnaires de la Société des Missions Evangéliques de Paris, parle de ces populations sauvages dans son rapport de son premier contact avec Moshoeshoe, roi du Lestho:

> *Lorsque je fus parvenu à un quart de lieue de la montagne sur laquelle la ville est située, j'aperçu une foule immense qui cherchait à découvrir l'étranger dans la plaine. Mon coeur tressaillit à la pensée que ces sauvages allaient entendre, pour la première fois, le nom du Sauveur; je sentis l'immense responsabilité qui pesait sur moi, et je rendis grâces à Dieu de ce qu'il avait préparé la voie devant ses serviteurs.*[1]

Les défenseurs de la colonisation ont trouvé l'alibi de la lutte contre l'esclavage en général et contre l'Islam dans certains cas. C'est pourquoi la lutte contre le trafic des esclaves sera mise en avant dans un emballage de philanthropie plus acceptable pour convaincre les populations parfois opposées à la colonisation. La présence des Missions chrétiennes était justifiée par des raisons morales et évangéliques. Elle devint acceptable par les populations occidentales pour cette bonne cause qui aux yeux de beaucoup était une exigence morale urgente. Lisons ce que Jean-François Zorn écrit à ce propos:

> *Mais le mercantilisme et le régime de l'exclusif qui prévalait en matière de doctrine coloniale sont dépassés, l'esclavage est une absurdité et un*

---

1 Blanc, R., Blocher, J., Kruger, E., *Histoire des Missions protestantes françaises*, Editions Le Phare, Flavion, p. 50.

> *scandale. Les Britanniques s'en rendent compte les premiers. Les juristes, théologiens, économistes et parlementaires entreprennent alors une grande compagne anti-esclavagiste autour de deux thèmes : l'un insistant sur le caractère inique de la traite, incompatible avec les principes chrétiens, l'autre proposant de substituer à l'infâme négoce qui est la traite, un commerce légitime avec l'Afrique qui ferait pénétrer ce continent dans la civilisation, le commerce et le christianisme.*[2]

Le trafic de l'esclavage sera l'une des motivations mises en avant pour la création des Sociétés missionnaires et pour leur présence sur le sol des colonisés parce qu'il fallait un organe moral pour combattre ce que presque tout le monde, dans les Grandes puissances, considérait comme une plaie inacceptable. David Livingstone a sillonné les pays par des conférences en appelant le monde occidental à combattre ce qu'il taxait de plaie béante intolérable.

Les Grandes Sociétés missionnaires protestantes des XIX et XXème siècles

Il est bien de dire quelque chose sur l'avis des "missiologues" sur la Réforme protestante et les Missions. Beaucoup affirment que les Réformateurs n'ont pas eu l'intérêt missionnaire dans le concept de la Mission des XI et XXème siècles. Il est souvent dit et écrit que leur souci était de porter l'évangile en Europe sans se préoccuper du reste du monde. Certains vont jusqu'à écrire que les Réformateurs pensaient que la Mission en terre païenne ne concernait pas l'Eglise de leur temps. Nous faisons cette remarque parce que Genève était devenu la capitale du protestantisme qui nous intéresse dans cette étude. Il a fallu attendre quelques siècles. C'est le piétisme qui éveilla au sein du protestantisme la conscience du devoir missionnaire.[3]

Citons encore J-F Zorn pour être précis. Il nous donne l'idée du concept de la Mission chez Calvin:

> *C'est Dieu qui conduit son action et non l'homme. Calvin commente le texte de la IIème épître aux Corinthiens 2:12 où Paul raconte que, venu à Troas pour prêcher l'Evangile, il n'y a pas pu faire son travail et s'est rendu en Macédoine où il s'est senti appelé par Dieu. Calvin en conclut que c'est Dieu lui-même qui donne les occasions d'entrer dans un pays ou dans un milieu pour y introduire le Christ. Mais c'est lui également qui, selon l'expression du réformateur, "ferme la porte." Inutile donc, conclut Calvin, de se tourmenter pour néant et de travailler sans propos devant une porte fermée, il vaut mieux chercher une autre adresse. C'est ce que les missiologues et ecclésiologues nommeront "l'occasionalisme*

---

[2] Zorn, J-F, *Le grand siècle d'une mission protestante. La Mission de Paris de 1822 à 1914*, Editions Karthala-Les Bergers et les Mages, Paris, 1993, pp 23-24.

[3] Eric, P., Karl, H, *Précis d'Histoire de l'Eglise*, Editions Delachaux et Niestlé, Neuchâtel, p. 187.

missionnaire de Calvin" doctrine qui ne produit donc à l'époque ni stratégie ni organisation missionnaires.[4]

Cette citation donne une certaine idée de la pensée missionnaire des Réformateurs protestants du XVIème siècle et de la lecture qu'on en fait actuellement. C'est aussi parlant de citer la pensée de Théodore de Bèze, autre personnage de l'équipe des Réformateurs:

> *Je crois que nous ne devons pas rechercher curieusement si les apôtres ont atteint toutes les nations, ni non plus nous inquiéter grandement d'une mission auprès des autres nations les plus éloignées, car il y a chez nous et autour de nous bien assez de travail pour nous et nos descendants.*[5]

Sans vouloir ouvrir un débat ni rien justifier, il nous semble important de considérer la situation contextuelle des Réformateurs tant au niveau politique qu'ecclésial. Il est tout à fait discutable si on considère que l'implantation et l'enracinement du protestantisme encore fragile sur le sol européen pouvaient être pris comme une activité missionnaire. Il est à remarquer le travail extraordinaire du rayonnement de l'évangile parti de Genèse vers la France et les autres pays. Calvin y préparait les pasteurs pour les envoyer ailleurs. Genève est devenu un centre de rayonnement évangélique et socioéconomique vers les autres capitales et pays, notamment l'Ecosse avec la figure de John Knox. Cette préoccupation de la Mission en Europe est exprimée par Théodore de Bèze dans la citation ci-dessus.

Fermons la parenthèse sur les Réformateurs protestants et les Missions pour parler des grandes Sociétés missionnaires qui ont sillonné le monde pendant et après l'époque coloniale, qui souvent a eu besoin de se servir des missionnaires de tous les horizons pour casser les résistances des peuples colonisés et s'implanter. Les missionnaires avec leur message évangélique ont été porteurs d'une anesthésie qui a fermé les yeux et la bouche des colonisés devenus chrétiens. Julius Nyerere, le premier président de la Tanzanie indépendante, disait: "Les Blancs nous ont enseigné à prier les yeux fermés et quand nous les avons ouverts, ils nous avaient tout pris."

Sans la présence missionnaire avec l'enseignement scolaire, le catéchisme et l'introduction de la médecine à l'occidentale, la colonisation aurait eu bien plus de peine à s'éterniser sur la terre des colonisés.

---

[4] Zorn, J-F, *Un héritage perdu et retrouvé. La vision missionnaire des Réformateurs Luther et Calvin*, dans Revue SPIRITUS, no 227, juin 2017, p. 162.

[5] Braekman, E.M., *Histoire du protestantisme au Congo*, Editions de la librairie des Eclaireurs unionistes, Bruxelles, p. 24.

E. G. Léonard donne l'idée de ce qu'était la méthode missionnaire protestante: "La presse à imprimer, l'école et l'hôpital à côté de l'église sont les marques caractéristiques des Missions protestantes dès leur origine."[6]

Il continue en parlant du missionnaire protestant devenu un modèle pour l'évangélisé: "Le missionnaire protestant a donné le premier, et depuis longtemps, l'exemple de la famille telle qu'on l'entend dans l'atmosphère chrétienne. Il est le témoin que le service de Dieu s'étend à toute l'activité humaine."[7]

Là où assez souvent, le missionnaire catholique qui arrive dans un pays donné se dirige directement à la cour royale pour gagner l'autorité publique et par conséquent tout le pays, le protestant va vers la population du village pour annoncer l'évangile, lui apprendre à lire la Bible et à devenir un bon citoyen obéissant, responsable et respectueux des valeurs évangéliques, morales et éthiques. Le contraste est saisissant dans cette approche de l'évangile proche de la population et de celui qui veut gagner la cour royale. Les Sociétés missionnaires protestantes ont toujours privilégié le contact avec le peuple loin de toute considération politique. Elles ont appris à travailler ensemble à l'exemple de la Société des Missions Evangéliques de Paris (SMEP) qui a bénéficié du soutien de la Société des Missions de Bâle.

Prenons connaissance de ces grandes Sociétés missionnaires dont les unes ont été à la base de la création des autres. La Société Missionnaire Baptiste en 1792, Société missionnaire de Londres de 1795, la Church Missionary Society de 1800, la Société Missionnaire de Bâle 1815 et la Société des Missions Evangéliques de Paris créée en 1822 portent un grand intérêt au protestantisme dans le monde. La grande leçon que le protestantisme actuel doit tirer de cette période de la naissance de ces grandes Sociétés missionnaires protestantes est le degré de conscience très élevé dans la collaboration et dans le soutien mutuel. Leur unité a été leur force au niveau local, régional, national et international. Les divisions qui minent le protestantisme et le déforcent sur le plan sociétal, socioéconomique et politique sont des obstacles qui ne peuvent être surmontés que sous l'inspiration des avantages de cet esprit à la genèse missionnaire protestante. Les divisions actuelles rendent les protestants invisibles.

---

6 Leonard, E., G., *Histoire générale du protestantisme*, Déclin et Renouveau, Tome III, Editions Presse, Paris.

7 Ibid.

La création de la Société des Missions Évangéliques de Paris

On ne peut pas parler de la SMEP sans se sentir concerné par la Société de Missions de Bâle. Dès sa création en 1815, la Mission de Bâle s'est mise au service des Sociétés missionnaires protestantes existantes:

> *Ces Sociétés missionnaires sont le fruit de la critique contre la tiédeur de l'Eglise que certains voyaient régner dans les Eglises nées de la Réforme. Beaucoup de gens disaient ne pas être satisfaits de l'ambiance du culte dit officiel.*[8]

Ce fut le cas en Allemagne. Certains ont pris de nouvelles initiatives qu'ils estimaient de réveil pour l'édification mutuelle et l'accent mis sur les oeuvres de la mission intérieure. C'est suite à ces initiatives que naîtra l'idée de la création des Maisons de diaconesse dans le monde protestant à l'exemple de soeurs catholiques. Il s'en suivra la création d'autres services sociaux, notamment le service de croix-bleue, des orphelinats, etc.

Les chrétiens touchés par la foi du réveil intérieur deviendront les principaux soutiens des Missions dans les pays d'outre-mer.[9] Un mouvement de Réveil prend forme dans plusieurs régions d'Allemagne avec des prédicateurs itinérants. La Suisse protestante sera touchée par ce Réveil qui atteint la Suisse romande en 1810 et arrive en Suisse alémanique sans tarder.

Prêtons une certaine attention à la Mission de Bâle connue sous le nom de la Société Evangélique des Missions de Bâle (Basler Mission ou Evangelische Missionsgesselleschaft in Basel). Nous avons déjà dit qu'elle a été fondée en 1815. Elle a travaillé dans plusieurs pays, notamment en Russie, au Ghana, en Inde, en Amérique latine, au Soudan, etc. Depuis 2001, elle a changé de nom et s'appelle Mission 21. Elle est présente actuellement dans vingt pays dans le monde. Elle est dévouée au travail de développement socioéconomique et missionnaire.

Revenons sur son lien avec la SMEP. Vu le titre de notre article, nous portons un grand intérêt à ce lien. Dès sa création, la Mission de Bâle s'est mise au service des autres Sociétés missionnaires protestantes anglophones par la création d'une école avec la mission et l'objectif, affichés, de former les futurs missionnaires. Il fallait les préparer et les mettre au service de ces Sociétés suivant le besoin des unes et des autres.[10] Elle commence à envoyer les missionnaires sous sa responsabilité en 1820, soit cinq ans après sa fondation.

Blumhardt, son directeur, prit le contact avec le comité de la SMEP pour lui demander de s'occuper du logement des candidats missionnaires en

---

8 Karl, H, Peter, E., op.cit, p 238.

9 Ibid, p. 238.

10 Blanc, R., Blocher, J., Kruger, E., op. cit, p. 22.

préparation pour aller travailler au Proche-Orient. La Maison des Missions de Paris ouverte le 9 juillet 1823 accueille les premiers étudiants envoyés par Bâle. Il s'agit de:

> *Deux Allemands dont l'un fit une brève carrière en Inde au service de la Mission Baptiste anglaise, et l'autre fut au service de la Church Missionary Society en Grèce et en Syrie. Le troisième, Samuel Gobat, du Jura bernois, fut, au service de la Church Missionary Society, missionnaire en Abyssinie, puis, de 1846 à 1879, évêque anglican de Jérusalem.*[11]

C'est ce même directeur de la Mission de Bâle qui propose le nom de Grand Pierre au poste de direction de la Maison des Missions de Paris. Jean Henri Grand Pierre a fait ses études à Tübingen; suffragant à l'église française de Bâle, il occupera ce poste de 1826-1856.[12] Il est le successeur d'Antoine Galland, pasteur de l'Eglise française de Berne qui a assuré une direction de courte durée, pour des raisons de santé, à la Maison des Missions de Paris. Nous évoquons ce passé pour souligner le lien entre la Mission de Bâle et celle de Paris. Ce soutien de Bâle portera ses fruits parce que la *SMEP* sera fondée, aura son Conseil d'administration et enverra sa première équipe en Afrique australe, au Botswana et au Lesotho en 1833. La deuxième équipe composée de trois jeunes, Eugène Casalis, Thomas Arbousset et l'artisan Constant Gossolin, suivra peu après. La destination avait été conseillée par John Philip de la Société Missionnaire de Londres au travail dans cette région depuis longtemps. Il était un homme très apprécié dans les milieux missionnaires et humanistes parce qu'il s'opposait énergiquement aux mauvais traitements que les colons faisaient subir à la population noire. Il sera d'une grande utilité dans l'initiation et l'intégration de ces jeunes missionnaires français dans un pays étranger et, de surcroît, de langue anglaise.

Il est bien de noter que le travail de sensibilisation des protestants français a retenu une grande attention du comité de direction de la SMEP afin de s'assurer du soutien financier et en ressources humaines. Il a mis en place les outils de préparation dont le journal connu sous le nom "Archives du Christianisme." Nous évoquons ce journal parce que son directeur était Frédéric Monod, pasteur et fils du pasteur suisse Jean Monod, personnage important dans le protestantisme français marqué par le Réveil venu de Suisse. Nous faisons remarquer ici l'importance jouée par la Mission suisse dans le lancement de cette première Mission protestante d'expression française. La collaboration était franche et intense entre les deux Sociétés au-delà de l'esprit nationaliste sociopolitique et de divisions souvent fréquentes dans les milieux protestants dues aux divergences théologiques et à l'interprétation de la Bible

---

[11] Ibid, pp 26-27.

[12] Ibid, p. 25.

avec un esprit fondamentaliste chez les uns, réformé ou libéral chez les autres. La Bible a été et demeure la pomme de discorde chez les protestants. L'autre chance à relever est que l'esprit hégémonique qui dominait et divisait les nations européennes n'a pas été un frein à la collaboration sans frontières de ces Sociétés missionnaires à l'intérieur du continent européen et vers les autres continents, notamment l'Afrique.

LA PRÉSENCE MISSIONNAIRE PROTESTANTE AU RWANDA

Nous voulons rappeler d'abord les origines des premiers missionnaires protestants dans la Région des Grands Lacs qui bénéficieront du soutien de la Mission suisse. L'Eglise presbytérienne au Rwanda (EPR) est née de la Mission Luthérienne de Béthel. Son premier missionnaire, Ernest Johanssen, avait été préparé au travail missionnaire par la Mission de Bâle. Cette Mission de Béthel fut la deuxième à s'installer dans le pays des mille collines après les Pères blancs arrivés en 1900. Ces envoyés de Béthel arrivèrent au Rwanda en 1907 en provenance de Bukoba, en Tanganyika, sous administration allemande tandis que les Pères blancs venaient de l'Ouganda sous administration britannique d'où ils avaient été chassés par des persécutions très sévères. C'est avec l'accord de Musinga, roi du Rwanda, que Johansen et ses compagnons s'installent à Zinga à l'Est du pays. Le choix de Zinga était dicté par les impératifs matériels. Il fallait une certaine proximité avec leur Mission mère de Bukoba en Afrique de l'Est afin de pouvoir être ravitaillés et bénéficier de la main d'oeuvre sans trop de distance parce que les déplacements étaient très difficiles. Sans voiture ni autre moyen de déplacements et de transports, les missionnaires et les blancs en général étaient portés sur ingobyi[13] sur les épaules des paysans forcés à assurer ce service. C'est pourquoi ils n'ont pas été favorables à la proposition de Musinga de leur donner le terrain au bord du lac Kivu très fort éloigné de Bukoba. L'autorité rwandaise en fut contrariée car elle espérait que leur présence à l'Est du Congo et à l'Ouest du Rwanda empêcherait les attaques des Bashi et des militaires belges venant du Congo voisin. L'idée du terrain à l'Ouest ne sera pas abandonnée parce qu'il y aura la Mission de Kilinda et ensuite de Rubengera non loin du lac Kivu qui intéressait aussi ces missionnaires à cause du transport maritime, seule possibilité de voyager et de transporter le matériel lourd à cette époque. Leur première installation eut lieu en août 1907 à Zinga dans les environs du lac Muhazi pour répondre à la question du besoin de l'eau. Leur premier culte au Rwanda fut célébré le 3 août 1907.[14] L'objectif visé en moyen et long terme était de créer une chaîne de stations entre Bukora et l'île Ijwi dans le lac Kivu.

---

13 Ingobyi est un instrument traditionnel dont on se servait pour transporter des malades, personnalités importantes, etc.

14 Butselaar, J.V., Twagirayesu, M., Ce don que nous avons reçu, Editions De Jong, Bruxelles, 1985, pp. 29-30.

Ces missionnaires allemands travaillent avec zèle. Ils fondent trois stations: Kilinda le 28 août 1907, Ruberngera le 1er janvier 1909 au Nord-Ouest et Remera en août 1912 au centre du pays. Cette dernière station a été créée avec un double objectif: se rapprocher de la capitale du Rwanda qui venait d'être ouverte à Kigali en 1908 à une trentaine de kilomètres de Remera et permettre aux missionnaires de se reposer en venant de Bukoba ou de Zinga. Le travail sera d'une grande persévérance parce qu'il a fallu attendre sept ans pour enregistrer les premiers chrétiens rwandais acceptant enfin le baptême. Les relations étaient bonnes mais la population s'estimait profondément croyante en Imana (Dieu). Elle disait qu'elle n'avait pas besoin d'un autre dieu. La mentalité et la croyance rwandaises disent qu'on craignait de s'attirer les foudres de la colère d'Imana jaloux d'être détrôné par une autre divinité.

Cette activité missionnaire protestante a été victime de la brutalité de la grande guerre de 1914-1918. Les Allemands ont été chassés du Rwanda en 1916 par les militaires belges venus du Congo en conjugaison militaire de forces avec les Congolais de la Force publique. La défaite allemande a obligé tous les missionnaires de nationalité allemande à quitter le Rwanda définitivement. Les stations devenues orphelines ont été occupées pendant un moment par les adventistes du septième jour avec un certain Elie Delhove, aumônier militaire d'origine belge. Johanssen, en pleurant d'abandonner ses fidèles, quitte la mission en 1916 parce que la défaite allemande était devenue effective au mois de mai de la même année. Dès lors le Rwanda est devenu une occupation militaire belge jusqu'à ce que les alliés décident, par le traité de Versailles de 1919, à le placer sous mandat belge, mandat qui devient officiel sur le plan international en 1923. La Belgique devait rendre compte de sa gestion du Rwanda à la Société des Nations (SDN). Dans cette situation, il fallait chercher une autre Mission pour reprendre ce qui était la Mission allemande au Rwanda et ainsi mettre fin à l'occupation adventiste. Le roi Albert I choisit les protestants belges parce qu'il voulait éviter la présence des missionnaires britanniques à cause du contentieux des mains coupées entre la Belgique et les missionnaires protestants qui avaient dénoncé l'injustice que le régime de Léopold II exerçait sur la population congolaise par le travail forcé de la récolte du caoutchouc et de l'ivoire.

Même si Musinga regrettait beaucoup le départ des Allemands pour qui il a gardé une très grande affection et admiration, il a reçu la nouvelle de l'arrivée de la Mission belge avec enthousiasme. Il faut préciser que ce monarque rwandais était respecté par les missionnaires allemands qui reconnaissaient son autorité et le considéraient au même titre que le chancelier allemand. Voici ce que Musinga déclarait à Henri Anet:[15]

---

[15] Henri Anet, secrétaire de la Société belge des Missions protestantes au Congo.

> *Je désire de fortes missions protestantes pour contrebalancer l'influence des Pères. C'est comme une balance à deux plateaux. Moi, je suis au milieu et les missions de chaque côté. Si la balance penche tant d'un côté, cela ne va pas, et je ne puis maintenir l'équilibre.*[16]

Ce sentiment très favorable à la présence protestante belge au Rwanda stimule les protestants belges à trouver le champ d'action à la Société Belge des Missions protestantes au Congo (*SBMPC*) créée en 1910 avec l'intention d'aller travailler au Congo, ce qui explique la mention du Congo pour une société qui n'y a jamais posé le pied. La guerre de 1914-1918 a changé la destination. La reprise officielle a eu lieu le dimanche 24 juillet 1921 avec la promesse de soutien financier du roi Albert I qui visait à barrer la route à toute présence britannique pour les raisons évoquées précédemment. Ernest von der Hayden devient son premier missionnaire lors de cette installation dans la station de Kilinda. Henri Anet a officialisé cette reprise par sa présence au nom de la SBMPC. Celle-ci s'engage à la demande de la cour royale belge. Ce fut un engagement dans l'audace. Son manque de moyens financiers et en ressources humaines l'obligera à faire appel aux autres Sociétés missionnaires européennes ayant de l'expérience dans ce domaine et suffisamment de moyens matériels.

Non seulement la SBMPC manquait de moyens financiers et de ressources humaines, mais il faut savoir aussi que sa tâche n'allait pas être simple dans un pays sous l'influence des Missions catholiques dominantes dans tous les domaines. Et la Belgique avait besoin d'elles, dans le cadre de l'enseignement et dans le secteur médical, pour répondre aux exigences de la *SDN* de développement socioéconomique du Rwanda. Les prises de position de certains représentants catholiques démontrent que le terrain était miné pour toute présence protestante. Dès qu'ils ont appris l'arrivée des missionnaires protestants, les prêtres de Zaza à l'Est du Rwanda ont formulé cette prière: "Délivre-nous du mal Seigneur."

Ce mal n'est rien d'autre que cette présence protestante. Cette prière faisait suite au départ des missionnaires protestants qui avaient logé chez eux en venant de Bukoba. Mgr Hirth écrit à son supérieur Léon Linvinhac:

> *C'est le cas ou jamais de vous prier, vénéré Seigneur et Père, de nous envoyer des missionnaires. Tous nos efforts devront se partager sur ce pays; nous n'avons pas partout deux millions d'habitants réunis sous un chef qui nous reçoit si bien chez lui. Des protestants aussi ont passé le lac Kivu, trois mois avant nous. Nous les aurons bientôt dans ce pays du Ruanda si nous ne pouvons les prévenir dans les centres les plus peuplés.*

---

[16] Butselaar, J.V. Twagirayesu, M., op. cit. p. 82.

Les prêtres de la station catholique de Mibilizi parlent du malheur qui leur arrive: “Voici donc notre Ruanda attaqué par les apôtres de l’erreur.” Les pères de Mibilizi s’écrient à cette nouvelle: “Malheur! Prions pour le Ruanda.”[17]

Schumacher, prêtre à Nyanza, sud du Rwanda écrivait:

> *L’hérésie nous envahit de tous côtés du Ruanda. Grâce à Dieu nous avons le dessus jusqu’ici décidément; mais surtout la situation étant très grave, il faut bien songer à prendre les moyens les plus décisifs. Il me serait de la plus douce consolation de pouvoir relater dans le prochain rapport, la victoire définitive de la vérité sur l’erreur.*[18]

Ces différents rapports et écrits décrivent le contexte dans lequel les missionnaires protestants allaient travailler. Ils se sont retrouvés en face d’un catholicisme agressif et prêt à tout pour les faire échouer. C’est une situation qui nécessitait beaucoup d’initiatives et créativité en moyens financiers et en ressources humaines … ce que le protestantisme belge n’avait pas. C’est l’un des motifs les plus importants qui a poussé les protestants belges à la sagesse et la clairvoyance de chercher le soutien et la collaboration avec les autres Sociétés missionnaires européennes les plus expérimentées. Ils ont bénéficié de la bienveillance des Pays-Bas, de la Suisse et dernièrement de la Mission évangélique allemande.

Le rôle des missionnaires protestants suisses

Nous sommes déjà à la période pendant laquelle, les différentes stations missionnaires qui deviendront l’Eglise presbytérienne au Rwanda (EPR) attendent la mobilisation et la sensibilisation vers l’autonomie administrative. Jusqu’ici, elles étaient gérées par le Conseil d’administration de la SBMPC via les conférences missionnaires qui réunissent régulièrement tous les missionnaires en activité au Rwanda.

Il faut noter que le contact entre le protestantisme suisse et le Rwanda est parti de la Belgique où un bon nombre de pasteurs suisses exerçaient leur ministère pastoral au sein de l’Eglise Chrétienne Missionnaire Belge (ECMB). Celle-ci était de tendance théologique des Eglises nées du Réveil. Elle s’est créée suite au travail de colportage de la Société biblique britannique et étrangère fondée en 1804 avec l’objectif de traduire et de diffuser la Bible à travers le monde dans un esprit interconfessionnel. L’ECMB deviendra l’Eglise Réformée de Belgique, une des composantes de l’Eglise Protestante Unie de Belgique (EPUB) née en 1979.

---

17 Rwanyindo, L., *Le protestantisme belge dans la Région des Grands Lacs*, Editions Publibook, Paris, 2009, pp 269-270. Toutes ces citations sont sur ces mêmes pages.

18 Ibid, p. 271.

Parmi les Suisses les plus importants dans l'oeuvre missionnaire au Rwanda, nous voulons relever les noms de Pierre Regard et de Robert Chamot arrivés en 1954. Le premier avait exercé son ministère dans plusieurs paroisses de l'ECMB. Robert Chamot se voit confier la direction de l'enseignement et Regard remplace Josué Honoré, missionnaire de la SBMPC en poste depuis 1922 dans la station de Remera. Son culte d'envoi avait eu lieu à Mons dans le Borinage. Le rôle joué par Pierre Regard restera historique au sein de l'EPR. C'est lui qui a façonné la structure ecclésiale et donné une orientation théologique à la future Eglise indépendante. Il a préparé les chrétiens rwandais à la maturité d'autogestion en favorisant la formation en ressources humaines et l'autonomie financière. Il devint le premier président du synode général et ensuite le premier secrétaire général[19] de la jeune EPR. Ceci est intervenu après la déclaration d'indépendance faite par le Conseil d'administration de la SBMPC intervenue le 28 août 1959 et après la reconnaissance de sa personnalité civile par l'arrêté royal du 23 août 1960.[20]

Les missionnaires suisses joueront un rôle très important dans le domaine de l'enseignement. Un secteur très attendu et sollicité par la jeune EPR qui avait besoin de la formation de ses membres en général et des cadres pour tous les secteurs de la vie et notamment d'enseignants bien formés pour ses écoles. Il fallait répondre aux exigences du gouvernement sous l'influence du catholicisme qui faisait tout pour faire échouer les protestants et les faire plier bagages. La collaboration entre la SBMPC et les Eglises protestantes de Suisse romande devient active et mobilisatrice par la création d'un groupe de réflexion, de sensibilisation et de suivi baptisé "Amis du Rwanda" à l'intérieur de la Suisse.

Ce groupe était d'abord constitué par la famille de Robert Chamot et par quelques pasteurs exerçant ou ayant exercé leur ministère pastoral en Belgique. Il a scellé son partenariat avec la SBMPC en 1960. A côté des raisons déjà évoquées précédemment, l'EPR avait besoin de cette présence suisse pour des raisons financières et de visibilité internationale parce qu'elle était encore un bébé en besoin d'être accompagnée efficacement. Cette collaboration se poursuivra par l'intermédiaire du Département Missionnaire Suisse (DMS) des Eglises romandes créé en 1963.

L'architecture de la présence protestante suisse marque son empreinte par la remarquable ouverture du collège officiel de Kigali (COK) sur la colline de Mburabuturo à Kigali. Le COK fera sortir de l'ombre le monde protestant de toutes les dénominations. Il a été créé suite à l'échec du projet de Robert Chamot d'ouvrir un athénée protestant à Kigali en 1961. Jusqu'ici, les écoles protestantes étaient restées de niveau très bas à cause de manque de moyens en infrastructures et en ressources humaines. La modeste Eglise protestante était de

---

19 Le secrétaire général était l'équivalent du président de l'Eglise dans le langage actuel.

20 Rwanyindo, L., op.cit., p. 340

bonne volonté mais restait très pauvre pour assumer des responsabilités au-delà de ce qu'elle donnait déjà.

Le COK est le fruit de la collaboration entre les gouvernements rwandais et suisses et de l'EPR avec ses Eglises partenaires en Europe.[21] La direction a été confiée à un autre suisse du nom de Jean-Pierre Boillond. Ce collège du niveau des écoles secondaires a dispensé un enseignement de qualité et a attiré les étudiants de toutes les dénominations protestantes. Il les a préparés à entrer à l'université. C'est une innovation sans précédent parce qu'aucun protestant n'avait pu gravir les marches pour atteindre le niveau de formation universitaire. Il est devenu renommé et la seule institution protestante pouvant faire taire l'arrogance catholique habituée à diaboliser, dénigrer et mépriser tout ce qui était protestant.

Ses lauréats, après leurs études universitaires, feront sortir de l'ombre le monde protestant dans différents domaines (médecins, architectes, professeurs, scientifiques, etc.). Certains seront même nommés ministres, ambassadeurs ou secrétaires généraux. Ce qui peut être considéré comme un miracle parce que tous les secteurs étaient exclusivement réservés aux catholiques à cause de leur influence sur le monde politique rwandais hérité de la Belgique catholique dominée pendant longtemps par le Parti Social Chrétien en Belgique et par la Démocratie chrétienne dans le monde. Celle-ci a dominé l'espace politique en Amérique latine et dans tous les pays de la région des Grands Lacs (Congo, Burundi et Rwanda). Sa domination et ses dégâts ont laissé des traces dans un pays comme le Chili du dictateur Pinochet. Cet exemple du COK est une des marques de la Suisse missionnaire protestante francophone qui demeurent au pays des mille collines. Jusqu'là, la formation poussée dans le monde protestant, toutes dénominations confondues, était l'école de moniteurs de Shyogwe sur le terrain de l'Eglise anglicane au Rwanda. Elle a été créée en 1952 non loin de Kabgayi, une Mission catholique très importante, au centre du Rwanda. Les étudiants y passaient cinq ans de formation pédagogique après leurs études secondaires. Ses lauréats étaient connus sous le nom de D5. La plupart des enseignants étaient les missionnaires anglais de la Church Missionary Society (SMC). Un autre effort fait dans le domaine de la formation des enseignants était l'Ecole d'Apprentissage Pédagogique (EAP) créée par la SBMPC à Remera. Elle était de très bas niveau parce qu'elle ne dispensait que l'enseignement de trois ans après l'école primaire. Il fallait autre chose que cela pour fournir des protestants bien formés à la société rwandaise et capables de faire entendre la voix protestante.

D'autres personnalités suisses, notamment Victor Philidius, méritent d'être citées. Elles se sont distinguées dans le domaine de la théologie. L'EPR ayant besoin de personnel bien formé en théologie a fait appel au Département missionnaire suisse. C'est ainsi que Philidius a été envoyé et a créé l'école des Evangélistes à Rubengera, l'ancienne station missionnaire occupée pendant

21 Butselaar, J.V., Twagirayesu. M., op.cit., p.158.

longtemps par Edgard Durand qui avait obtenu son diplôme en théologie à la Faculté protestante de Genève. Il était le seul missionnaire au service de la SBMPC ayant fait des études de théologie de niveau universitaire et pasteur consacré tandis que les autres missionnaires belges de son époque, Arthur Lestrade et Josué Honoré, étaient de formation de l'école professionnelle. Il avait fallu attendre l'année 1949 et l'envoi d'Edith Coniot, une belge originaire de Mons au Bornage et liégeoise d'adoption qui avait fait des études universitaires, pour hausser le niveau des formations. Edith Coniot consacra toute sa vie au secteur de l'enseignement au Rwanda.

Philidius sera à la base de la création de l'Ecole de Théologie de Butare (ETB) en 1970 pour répondre au besoin de la formation des pasteurs dans le contexte et la culture rwandais. Jusqu'ici les étudiants étaient envoyés à Mweya au Burundi, à Ndesha au Congo ou à Ndoungué au Cameroun. Naasson Hitimana et Muzigamfizi, les premiers pasteurs consacrés de l'EPR en 1963 étaient des lauréats de Ndoungué. L'envoi des étudiants à l'étranger était très onéreux et causait des problèmes de contextualisation de leur formation dans la culture rwandaise. C'est pourquoi l'EPR et l'Union des Eglises Baptistes au Rwanda ont décidé l'ouverture de l'ETB dont la direction fut confiée à Philidius. Cette initiative sera couronnée de succès parce que les deux Eglises seront rejointes par les Méthodistes et les Anglicans. Ce lieu de formation théologique commune favorisera le dialogue entre ces différentes dénominations protestantes et cassera progressivement la méfiance qui existait à cause des tendances théologiques. L'ETB sera transformée en Faculté de Théologie protestante au Rwanda (FTPR) en 1990 sous l'affiliation de la Faculté universitaire de Théologie protestante de Bruxelles où le Suisse Bernard Hort vient de terminer sa carrière de professeur de théologie systématique. Cette affiliation était la condition sine qua non pour que les diplômes délivrés soient reconnus par le gouvernement rwandais. Relevons aussi le nom d'un couple suisse, Jacques et Hélène Kung qui ont enseigné la théologie à Butare et ont joué un rôle très important dans la relance de la Faculté après le génocide des Tutsi en 1994. Un autre Suisse du nom de Christophe a travaillé dans le domaine socioéconomique comme animateur d'un projet agricole qui concernait toute la population autour de l'ancienne station missionnaire de Kilinda.

Parlons aussi de la présence protestante suisse dans le domaine médical au Rwanda. Deux secteurs ont toujours retenu l'attention de l'oeuvre missionnaire à travers le monde. Il s'agit de l'enseignement et de la santé. Tout missionnaire du Nord, catholique ou protestant, devait quitter son pays vers la terre lointaine avec un trousseau, des outils et des médicaments à côté de la Bible. Dans les paroisses protestantes belges, des groupes de femmes étaient initiés au tricot des couvertures et à la confection de colis de vêtements à envoyer aux hôpitaux, dispensaires et centres de santé des Eglises en Afrique et partout sur la terre des Missions.

Si nous avons centré nos propos sur la présence suisse au Rwanda, il faut savoir que ses missionnaires ont aussi été envoyés ailleurs dans les autres pays. Nous pouvons mentionner les soeurs des diaconesses de Ländli, Lina Pfister, Berta Mongold, Hedwig Gut et Ruth Studer qui ont travaillé au Congo, l'actuelle République démocratique du Congo. Elles quittèrent le Congo et arrivèrent au Rwanda en 1956 où elles furent rejointes par Soeur Klara Gut et Christine Schipper d'origine hollandaise en rapport avec la Maison des diaconesses de Ländli. Elles seront très utiles et efficaces dans l'oeuvre médicale de l'EPR. Soeur Klara Gut marquera l'hôpital de Remera, au coeur du Rwanda, où elle a travaillé presque toute sa vie. Soeur Christine Schipper devient la fondatrice de la Maison des diaconesses sise et active à Rubengera depuis les années 1985 jusqu'à aujourd'hui. Elle assure la formation des jeunes filles désireuses de se former pour consacrer leur vie au Seigneur dans le domaine diaconal dans les hôpitaux, centres de santé et d'aumônerie dans les écoles de l'EPR. On rencontre ces soeurs dans différents domaines de la vie et dans les activités diverses de l'EPR y compris dans le ministère pastoral.

La Maison des diaconesses de Rubengera abrite un orphelinat très important. Il a joué un rôle très important dans l'accueil, l'encadrement et le suivi des orphelins après le génocide des Tutsi de 1994. Rubengera est l'une des stations qui ont été marquées par la présence d'Edgard Durand, théologien suisse qui a fait un petit séjour aux Etats-Unis avant de s'envoler vers le Rwanda le 07 août 1924. Son passage aux USA avait pour objectif de découvrir et de comprendre la vie des Noirs afin de pouvoir mieux les servir. Sa femme Decologny a fait ses études à l'Ecole de Ministères chrétiens féminins à Genève avant de suivre les cours à l'Ecole de Médecine tropicale et de faire un stage de garde-malade en Belgique pour s'envoler vers le Rwanda avec son mari.[22]

CONCLUSION

Beaucoup de choses restent à écrire sur cette présence de la Suisse protestante dans le monde protestant francophone voire anglophone. Il aurait fallu aborder sa présence dans les autres pays mais le nombre de pages à écrire ne le permet pas. Cet article ne peut pas tout aborder. Il y a encore une richesse à explorer qui mériterait aussi un récit. L'organisation missionnaire suisse a subi des évolutions et transformations. Il fallait s'actualiser et se contextualiser au fur et à mesure du temps.

De la Suisse à la Belgique, la Mission suisse s'est implantée au Rwanda où elle continue d'être active dans différents domaines. Elle se retrouve aujourd'hui dans l'enseignement, dans l'encadrement des enfants de la rue et dans la formation diverse.

Elle travaille ailleurs en dehors des frontières du Rwanda. Le synode missionnaire romand du 5 décembre 1970 a décidé une nouvelle orientation

---

22 Ibid, p. 86.

générale du projet de Communauté évangélique d'action apostolique (CEVAA) que lui a soumis le comité de la Société des missions évangéliques de Paris. Cette décision marque la volonté de la Mission protestante suisse d'être présente dans le monde.[23]

Elle est présente et très active au Cameroun depuis le remplacement de la Société des Missions Baptistes par la Mission de Bâle avant la guerre 1914-1918 et ailleurs à l'intérieur de l'Europe et vers les autres continents: en 2005, la CEVAA regroupait 47 Eglises protestantes: 29 en Europe, 15 en Afrique et dans l'Océan indien, 2 dans le Pacifique et 1 en Amérique latine.[24]

Elle a étendu son champ missionnaire dans le souci de travailler dans un esprit sans paternalisme mais d'être partenaire et Eglise ensemble dans une organisation de marque d'ouverture et de vision de l'universalité de l'Evangile. Elle se nomme aujourd'hui: Département Missionnaire-Echange et Mission (DM-Echange et Mission).

Terminons cet article par cette citation qui donne le sens de l'objectif et l'esprit de collaboration en partenariat de cette Mission suisse sur les terres étrangères:

> *Les Eglises de France, de Suisse et d'outre-mer constituent ensemble une Communauté évangélique d'Action apostolique (CEVAA). C'est à ce niveau international que sera menée la réflexion missiologique, que seront décidées les grandes orientations de l'action et que seront fixées les priorités dans les tâches entreprises quel que soit l'organisme, ou l'Eglise, chargé de les réaliser: au sein de cette communauté, les Eglises, qu'elles soient fortes ou faibles, pauvres ou riches, mènent leur action missionnaire sur un plan de complète égalité, les fonds fournis par les uns et les autres étant rassemblés dans un budget réparti en commun, et le placement des femmes et des hommes, mis par les Eglises à la disposition de la communauté, étant décidé en commun.*[25]

Cette citation témoigne de l'esprit d'ouverture et de la volonté du protestantisme suisse d'être Eglise ensemble avec les autres en Europe et avec les Eglises nées des anciennes Sociétés missionnaires au travail dans le monde. C'est encore une fois la marque de l'esprit d'un protestantisme suisse qui se veut volontaire dans la collaboration et dans la complémentarité.

---

23 Archives du Département Echange et Mission.

24 Ibid.

25 Ibid.

Fictional Dialogue with the Dead
A Comparative Analysis and Theological Reflection

Bernard Bamfo-Besompen

Abstract

This article seeks to bring to the fore a kind of communication that goes on when a person dies. The article will critically look at the subject in a comparative manner taking into account African and European/American cultures and its theological reflection. It tries to uncover the issue of communication that goes on during funerals in both primitive/indigenous and modern cultures. The article compares the relevance or otherwise of the kind of dialogue that takes place during funerals – both Christian and non-Christian. The process of the communication and the belief system associated with it coupled with its theological significance in the context of Christian funeral liturgy as portrayed in tributes, sermons and the practicalities or otherwise of it find space in this article. The article deals with whether or not the dialogue is just a communication, result-oriented or just a myth. All these are connected with the belief systems, traditions and religious beliefs of the persons involved.

INTRODUCTION

As part of African funeral practice and rites, from the day a person dies or is pronounced dead and processed for the morgue, during funeral and burial are all filled with customs and rituals full of fictional dialogues. Words of comfort, dirges, rituals, and customs are full of communicative languages spoken directly or indirectly to the deceased during traditional funeral celebrations. Christian funerals are not different when it comes to the issue of dialogue or communication with the dead. Such communication occurs in sermons, tributes and farewell speeches from loved ones, friends and family members.

Death, although a dreaded event, is perceived as the beginning of a person's deeper relationship with all of creation, the complementing of life and the beginning of the communication between the visible and the invisible worlds.[1] The deceased begins his/her journey to eternity with the assumption of a supernatural status and capacity over the living.

This subject is important and relevant because it unfolds the belief systems, culture and its theological significance even in this modern time of enlightenment. The subject contributes knowledge to the field of practical

---

[1] African religions in "Encyclopedia of Death and Dying." http://www.deathreference.com/A-Bi/African-Religions.html. Accessed on 5th December 2017.

theology, social anthropology and other aspects of belief in eternity in the area of systematic theology.

In treating this all-important subject, I will be taking some extracts from some few sermons and also deal with some tributes and if possible liturgical attributions that seek to communicate with the dead. Some cultural, customary and Christian rituals will also find space in this work.

This work tries to describe the full meaning and purpose of the so-called dialogue between the living and the dead. This work seeks to answer questions the following questions: To what extent is the issue of speaking to the dead real and relevant in African/western Christian funerals? Is there any motivation for speaking to the dead? Is the practice of speaking to the dead superstition, or part of the mourning process? What is the theological response or position?

The research work aims at unravelling the rationale behind the communication between the dead and the living and its associated rituals in both indigenous and Christian funerals. In dealing with the subject, the following sub-themes will be explored followed by the methodology:

- The genesis of the dialogue / various customs in retrospect
- The purpose and function of speaking to the dead
- Speaking to the dead as in christian funerals – in tributes, sermons, liturgy etc.
- Theological response
- Conclusion

METHODOLOGY

I will be treating this article using "Objective Hermeneutics" by Ulrich Oevermann and his levels of explanation as a research method. The hermeneutic interpreting of the textual material produces texts for exegesis, permanently available for reflection and criticism, and thus facilitates the development of the hermeneutic method by explication of the applied standards of interpretation (Manfred Lueger et al). This type of research brings on board a fair view of interpretations and explanations as opposed to a one-sided psychologically subjective presentations. The methodology of Objective Hermeneutics was developed by Oevermann in the context of studies on socializing interaction (Oevermann et al. 1977, 1979; Oevermann 1983, 1991, 1993). This type of methodological approach seeks to bring clarity to data and there is a kind of reconstruction and restructuring taking into accounts the contexts of the data. It is not the quality of data which is important, but the "conclusive reconstruction and explication of the coherence of a state of being structured, which can only be assessed in the sequential succession of reproduction" (Oevermann 1983, p. 269).

There are levels of interpretation called "Rules of Interpretation: Fine Analysis."

Fine analysis is an elaborated standard for the diachronic interpretation of units of interaction, which are examined embedded in a sequential succession (Oevermann et al. 1977; 1979). Several steps have to be observed in the course of analysis. First, the selection of a quotation in the text. This introduces the subject for coherent discussion. Second, the sections of the text are-broken down into the smallest units possible that still retain their significance and are subjected to extensive interpretation.

The relevant rules for the practical interpretation of such an extensive interpretation of meaning are described by Oevermann et al. (1979) in terms of eight levels summarized as follows:

- Explication of the context directly preceding an interaction ..., from the point of view of that person who, in fact, interacts next.
- Paraphrase of the importance/meaning of an "interact" with respect to the accompanying wording verbalization.
- Explication of intention of the interacting subject.
- Explication of the objective motives of the "interact" and its objective consequences; in contrast to the explication of the speaker's intention. Explication of the function of an "interact" with respect to the distribution of interaction roles.
- Description of the linguistic characteristics of an "interact."
- Extrapolation of the interpretation of the "interact" to general figures of communication ... and summary assessment of the interpretations that, in the light of the evidence of the interpreted "interact," have been consistent with the material so far; reconstruction of the scene's objective latent structure of meaning" (Oevermann et al. 1979, p. 400).
- Explication of general connections.

As part of Oevermann's rules, there should be coherence emerging from the analysis of the case chosen as far as the subject area is concerned. It has to be examined with respect to possibly transferring the results to a generalized consideration of the topic.

The Genesis of fictional dialogue and some historical antecedent

I call it "fictional" in that it suggests a kind of imaginative tendencies that arise out of custom or tradition. It is a dialogue which takes place between two persons or things. It becomes a dialogue when there is a communication and a response or a message and feedback. In this process of dialogue between the living and the deceased, there is a message from the living to the dead person but no apparent response from the deceased. In this process of communication, by inference, it is believed, there is a kind of response from the dead which might not be verbal but either by what happens later or it is entirely imaginative. There are some strange testimonies to the affirmation of the former. My conversation with a Ghanaian woman in Antwerp attests to this fact. In her testimony as to when a person dies, whatever is said to him/her is heard has this to say:

> *My brother was a drunkard all the days of his adulthood. And when he died, all of my siblings gathered around the body and told him (the deceased) that the one who was the cause of his drunkenness that has resulted to his death should not live for a year. Lo and behold, in less than a year the sister who never liked the brother while he was alive died mysteriously.*[2]

So, in Africa, the conversation begins with so many notions and suspicions. This kind of dialogue is backed by a notion of after-life. Thus, the notion and perception which see life beyond the grave according to the practitioners. There is a reverential fear for the dead irrespective of the lifestyle on earth. And this fear might not only be limited to Africans. The fear to even get close to a dead person cuts across cultures.

Communication processes are done in so many ways with gestural expression attached to it. In some way, there is a verbal communication with feedback, and in some, there is nothing verbal, but communication is supposedly effected in whatever way it is done.

The issue of fictional dialogue as has been called in this article goes back to the age before civilization. In the primitive period of human existence, speaking to the dead was said to be paramount. Even in the biblical days, speaking to the dead was a common practice. That is why the bible speaks about it. It was a forbidden area of operation in the days of the bible. Anybody found culpable of such heinous crime so to speak was tantamount to capital punishment. The people of Israel were admonished not to resort to such practice so as not to incur the wrath of God.[3] Theologically, there is no direct incident in the bible that occurred which saw the living speak to the dead. Indirectly, Saul's inquiry with a medium cannot be said to be fictional. It could be said to be a practice of necromancy. The issue of fictional dialogue with the dead as it functions in this article is different from the practice of invoking the spirits of the dead.

Although some historians claim that ancient Egyptian society was a "death cult" because of its elaborate tombs and mummification rituals, it was the opposite. The philosophy that "this world is but a vale of tears" and that to die and be with God is a better existence than an earthly one was relatively

---

[2] An interview with a Ghanaian woman in her middle age who opened up to my conversation on such a subject in 2017 when I visited her at home.

[3] In Leviticus 19:31 and 20:27, there is a call not be involved in such acts and anyone found guilty of such act should be put to death by stoning.

unknown among the ancient Egyptians. This was not to say that they were unacquainted with the harshness of life; rather, their ethos included a sense of continuity between this life and the next. The Egyptian people loved the culture, customs and religion of their daily lives so much that they wanted to continue them in the next [world]. Mummification was a way to preserve the corpse so the ka (soul) of the deceased could return to receive offerings of the things s/he enjoyed while alive.[4]

It is important to note that all these beliefs system arose out of love and bond between the dead and the living. It is believed that the dead assume a supernatural status which makes him/her intercede on behalf of the living. It means God (The Supreme Being), is closer to the spirit world and for that matter the world of the dead than the living. According to a recent study by the Baylor Institute for Studies of Religion, 20 percent of Americans believe that the living can communicate with the dead. In an online survey of 10,000 Beliefnet members, 77 percent said they had felt the presence of a spirit, angel or dead soul. Both the survey results and the TV statistics indicate that women are more likely to believe it is possible to interact with the spirit world. Forty-six percent of women surveyed believed that "the souls of the dead protect the living as spirit guides," compared with 27 percent of men. Women were also more likely than men to believe that "the dead can hear our prayers or intercede with God on our behalf." Most interesting, people tend to view these spirits as protectors who may intervene to help in their daily lives. Forty-two percent in the Beliefnet survey said the souls protect the living by acting as guardian angels or spirit guides.[5]

According to almost every religion, past and present, we somehow live on forever with the ability to see, hear and think. Our senses, along with our thoughts, are all linked to the workings of our brains.[6]

The issue of speaking to the dead sometimes is borne out of love and the vacuum created by the departure of the deceased in question. In Africa, it happens spontaneously when a person is pronounced dead. The deceased's close relations and allies would start the dialogue like, "Sara (not real name) you can't do this to me"; "you can't die at this time"; you haven't finished your course, wake up!" All these and many of such statements are communicated to the dead person in a mourning mood. This is rare in Europe and the western world, knowing that when a person is pronounced dead, even though close relation may weep or cry but would not consider the dead as worthy of

---

4 https://en.wikipedia.org/wiki/Veneration_of_the_dead. Accessed on 30th November, 2017.

5 http://www.beliefnet.com/faiths/2006/10/talking-to-the-dead.aspx. Accessed on 30th November, 2017.

6 This is one of the cardinal teachings of the Jehovah Witnesses. They have their own way of interpreting the kind of life that goes on after death. It is so many in most religious teachings. https://ph.answers.yahoo.com/question/index?qid=20091030093643AAsY0xg. Accessed on 5th December, 2017.

responding to any word. Some family members with the expectation that their deceased relation would come back to life would refuse consenting to sending the body to the morgue.

This kind of emotional dialogue described in this article as fictional, especially as it happens in most African cultures, arises from the strong bond or ties with the deceased. The living by this act refuses to accept the reality of death when it happens especially when the deceased is in his/her prime age. Conversely, in Europe and other western cultures, when the reality of death dawns on them, the acceptance becomes obvious but not without being sorrowful in a mourning state because of the departure of the loved one.

SPEAKING TO THE DEAD AS IN CHRISTIAN FUNERALS – TRIBUTES/SERMONS/LITURGY

This segment seeks to bring to the fore some speeches purported to be directed to the dead during funeral and to analyze them using Oevermann's levels of explication especially funeral tribute(s), sermon(s) and if possible some liturgical prayers or words spoken to the dead will be cited with analysis. Some Christian denominations do not necessarily encourage eulogy or tribute during funerals. A particular reference is here given to Lutherans. Because Lutherans stress salvation by grace and not by works of the deceased, they generally avoid eulogies.[7]

As part of this research, a special funeral programme that was recently held in Ghana fits into our discussion and therefore will be analyzed in segments. The deceased happens to be a member of The Methodist Church in Antwerp.[8] The member of this church whose mother"s funeral is under consideration is called Atwima Yaw. The mother whose funeral attracts such analysis is called Obaapanyin Adwoa Addai.[9] And the funeral took place on 30th September 2017 at Bantama (House number BA 111) in Kumasi, in the Ashanti Region of Ghana.

Part of the biography reads, "Dayie, Onyame mfa wo nko yen Agya [nkyen] asomdwe mu. Maame, Nyankopon mfa wo nhye Abraham kokom." To

---

7 "Lutheran Funeral Traditions." https://www.everplans.com/articles/lutheran-funeral-traditions. Accessed on 15th December 2017.

8 Antwerp Methodist Church is a branch of Methodist Church Ghana. The author of this article is the Superintendent Minister of all the Methodist Societies in Belgium. Antwerp Society worships at their own purchased chapel at Frans Erlingerstraat 12, 2100 Deurne.

9 At the back of the souvenir brochure containing the order of service, biography, tributes by children and grand-children etc. So the title of the brochure says, "In loving memory of the late Obaapanyin Adwoa Addai," with a portrait picture of the late mother with her age at the time of her death, 96. Obaapanyin in Akan language means an old lady. So Obaapanyin is not part of her name. In Africa, especially Ghana, old people's names are not just mentioned without an indication of respect. A high premium of utmost respect is expected from all young people to their elderly counterpart especially when addressing an elderly person.

wit, "sleep well, [may] God send you to our father in peace. Mum, may God keep you safe in the bosom of Abraham."

SEGMENT 1: "SLEEP WELL – DAYIE"

These words are deep in meaning and also call for analysis. To say "sleep well – dayie" comes with a lot of meanings. In the first instance, it suggests life after death as a place of serenity and peace where sleep in made possible. It is also a denial of the fact that the person is actually dead but asleep. This corroborates Pauline teaching on the dead as asleep. Paul in most of his writings refers to the dead as asleep.[10] Jesus also told the disciples to go to Bethany to wake Lazarus who the former described as sleeping. Same was said about the daughter of Jairus, the leader of the synagogue at the time.[11] There are two significant words in the Greek New Testament for the English term "sleep." Each of these is used both literally and figuratively, that is, for natural sleep, and also as a symbol for death. Jesus the Christ used the term "sleep" figuratively, in view of the fact that this death was to be a temporary heartache. He then raised the twelve-year-old girl from the state of death.[12]

The metaphorical use of the word "sleep" is not only limited to the New Testament, the Old Testament has an example, "And Jehoash slept with his fathers and was buried in Samaria with the kings of Israel ..."[13] Theologically, it is used in like manner as expressed in African context. In the words of Martin Luther in describing the journey of death and resurrection talks about "a deep and dreamless sleep without consciousness and feeling" (Althaus, 414-416). Lutherans like other protestant traditions commonly believe that after death a person either spends everlasting life with God in Heaven or without God in Hell.[14]

So the issue of speaking to the dead as being considered in this work deserves careful look. For the family to speak directly to the deceased as though still alive is apt. The word, "dayie – sleep well" as being discussed in this work suggests death as a transition and the temporal nature of it. As already indicated, indigenous Africans see death as a sleep in a sense as a transition. Africans are not the only people to see death as a transition. The main intent of saying this to

---

10 1 Thessalonians 4:13.

11 Lazarus' issue can be found in John 11:11 and Jairus' issue also can be seen in Luke 8:52; Mark 5:39; Matthew 9:24. In the latter's case, the name Jairus is only mentioned in Luke's gospel. In the case of the other gospels, the person whose daughter was dead is described as "the ruler of the synagogue."

12 Wayne Jackson, "*Are the Dead Asleep?*" https://www.christiancourier.com/articles/663-are-the-dead-asleep. Accessed on 14th December 2017.

13 This can be found in 2 Kings 14:16.

14 "Lutheran Funeral Traditions" https://www.everplans.com/articles/lutheran-funeral-traditions. Accessed on 15th December, 2017.

the deceased is to show a deep affection for the mum for the role she played. In the western culture such belief might not be too pronounced since the deceased does not hear whatever they say.

The statement, "may God send you to our father in peace" deserves explication. It is believed that the deceased joins her departed husband and their father. It suggests that the children had a hand in the writing of the biography not just the family. The family normally does the writing of their relative"s biography in time of bereavement. The family in African context normally goes beyond the siblings and parents. It involves the whole clan or accredited descendants of a particular grandparent. It is the family that mostly do the planning of the funeral and the writing of the biography.

The meaning of "in peace" means safe and sound – without any hurt on the road to eternity. To them the statement, "may God send you to our father in peace" which is either a mere wish or prayer for the deceased to enter into the eternity without any hindrance. The statement could also mean none of the things happen to the living, for instance sickness, calamity, disaster, accident etcetera, might not happen to the deceased as she transits to another world. And that the deceased would enter into eternity safe and sound – "in peace." It is believed that something might happen to disqualify or debar a deceased person from having access to the next world after death. This journey is seen as a journey of reverence which cannot be trivialized among the indigenous Africans. This is not the case in Europe or America. In the western world, death seems to be an end to life not a beginning of another journey as in African belief system.

The statement, "Mum, may God keep you safe in the bosom of Abraham" also passes the test of speaking to the dead. The message was addressed to their mum directly like the others indicated in this work. It seeks to sort of commend the mother to God in a symbolic or allegorical manner by referring to the "bosom of Abraham."

The phrase, "in the bosom of Abraham" as used in this tribute is a unique phrase found in a parable of Jesus about the rich man and the poor Lazarus, describing the place where Lazarus went after death.[15] It is a figurative phrase that appears to have been drawn from a popular belief that the righteous would rest by Abraham's side in the world to come, an opinion described in Jewish literature at the time of Christ. The word "kolpos" literally refers to the side or lap of a person.[16] This place might be likened to paradise as promised by Jesus.[17]

It is believed among most religious persons including perhaps the writers or framers of this tribute that God is the keeper of the soul and so they

---

15 This can be found in Luke 16:19-31.

16 Baker's Evangelical Dictionary of Biblical Theology. https://www.biblestudytools.com/dictionary/abrahams-bosom/. Accessed on 14th December 2017.

17 In Luke 23:43, Jesus promises the criminal to be with him in paradise.

commit the deceased to God's keeping – "Mum, may God keep you safe." This belief varies from culture to culture. The Africans believe that when a person dies, the soul returns to its owner – The Supreme Being (God). The soul never dies. In the western world, not too far from the African belief, among religious persons particularly Christians, the soul returns to its original state.

SEGMENT 2: "IT'S NOW TIME FOR YOU TO REST AND WATCH OVER US"

> *You will never be forgotten by us all, you may not be with us on Earth but our memory of you will be with us forever. You lived a long and glamorous life [though], it's now time for you to rest and watch over us. We are here because of you grandma as without you there [would] be no us.*

This is part of the tribute by the grandchildren. At the end of the tribute, they speak directly to their grandma in these words. The statement, "you will never be forgotten by us ..." seems to be foldly spoken by the children to express their grief and loss in the absence of their grandma. It seems naturally possible not to entirely forget a loved one. In applying alternative action, the statement seems to suggest a constant memory of her. In a way, she continues to live in their minds and hearts because of the love they had for her while she was with them.

This is how they continue the statement: "you may not be with us on Earth but our memory of you will be with us forever." This raises some concerns here. They believe that the deceased is dead and gone and may not be with them physically. Then another interesting question arises here, why then do they speak to someone who cannot be with them directly? It could mean that their belief in the afterlife makes them speak this way to the deceased directly. The issue of memory comes to diffuse the notion of speaking as if she hears. Sometimes, the way the dead is spoken to, one could be tempted as if s/he hears what is being said. In this statement is the memory that is here emphasized.

This statement, "You lived a long and glamorous life [though], it's now time for you to rest and watch over us." It is a fascinating statement which calls for thorough discussion and explication. Living a "glamorous life" is a fact since almost all her children and grandchildren and great grandchildren are all living abroad. This speaks volumes in terms of the kind of lifestyle one lives. In Africa, having such a number of children living abroad in itself goes with a certain prestige. It affects one's lifestyle; the kind of dress one puts on; the type of food she ate and many more expectation from family members and the community at large. A person lives a "glamorous" lifestyle must have one or more of his/her children living abroad (Outside Africa particularly in Europe, Canada or America). It is "glamorous" in the sense that she might have lived in affluence or without any material need.

Another fascinating aspect of this is the statement: "it's now time for you to rest and watch over us." This also calls for explication. Now that the deceased enters into eternity, they call it a time to rest – "it's now time for you to rest." This belief of resting after death is common among most Africans, both old and young. The old lady now enters into a place of serenity where life is made perfect and can rest from her labours as already indicated in the revelations of John the apostle. The description of rest at where she goes to also suggests death and burial as the end to all sorrows and pain in this world.

Another aspect of this statement is the fact that the deceased assumes a supernatural position of existence and power – "it's now time for you to rest and watch over us." The ability to "watch over us" goes to enforce the point that life after death gives another level of seeing and being. It a state of seeing that which normal humans cannot see. It I a state of hearing what no normal person can hear and to become who a natural person is not. In other words, it makes the dead become a spirit being having the ability and capability to "watch over" people.

This kind of belief does not exist at all in the western world. The dead cannot be conceived as possessing a supernatural ability to watch over the living. But in Africa, mention is made of the dead to intervene in certain situations especially when there is trouble or disaster. Names of some close relatives like mother or father are sometimes referred to explain certain things when there is misunderstanding or truth to be uncovered. In other words, in Africa, there is over emphasis on mystification of the dead and the supposed role(s) they play in society. In Europe for instance, there is a great demystification of the powers of the dead. In Europe, the dead cannot simply "watch over" the living.

The grandchildren acknowledge the fact that had it not been their grandma, they would not have come into the world. In other words, their grandma became the channel through which they were born. The statement, "We are here because of you grandma as without you there [would] be no us" says it all.

SEGMENT 3: TRIBUTE BY IN-LAWS: "YOUR TRANSITION HAS LEFT A GREAT VACUUM"

> *Your in-laws have contributed about Twenty Seven (27) grandchildren who are all here to mourn with us. Eno Adwoa you are blessed, raise up your head high for you have fought a good fight and finished your race in a grand style. As the only child of your mother, you took your in-laws and children as your siblings. Today you can boast of over (70) off-springs. W'aye bi Eno Adwoa. Your transition has left a great vacuum, we are consoled because our creator and Lord whom we serve has called you home, where there is neither pain nor sickness but pure joy. Asew Konofuo, yebe kae wo daa! Asew pa, Eno Nyame nko nkosi se yebehyia mu bio. Wo Nsewfuo ma wo nante yie. Dabi yebe hyia mu bio.*

In-laws play vital roles during funerals in Africa. In Ghana for instance, when an in-law dies particularly mother-in-law or father-in-law, there are some rituals their children-in-law perform. At the same time, in-laws give tributes during funeral celebrations. The in-laws addressed their mother-in-law directly, "your in-laws have contributed about Twenty Seven (27) grandchildren who are all here to mourn with us" as if the deceased could hear and see. Getting married and having grandchildren are crucial stages in life in African cosmology. So to give the number of grandchildren at a funeral goes to showcase the good life of their mother-in-law. It comes with a kind of prestige and legitimacy. Applying alternative action is to say, "you have produced as many grandchildren to celebrate your good life."

The in-laws continue their tribute: "Eno Adwoa, you are blessed, raise up your head high for you have fought a good fight and finished your race in a grand style." They mention the name of their in-law, "Eno Adwoa" which means "Madam Monday born." In Ghana, natural names are given to people based on their days of birth depending on the sex of the person. A woman born on Monday is called Adwoa while her male counterpart is called Kwadwo. The in-laws mention this name to show a kind of cordiality or affection that existed between them and their mother-in-law. They go on to say, "you are blessed." Having more children in an African perspective is regarded a blessing. A person who dies and leaves no child is regarded accursed. This notion is not held in the western world particularly in Europe where people choose not give birth at all for personal reasons. It is a necessity in Africa. Failure to give birth goes with a kind stigma. It is in such spirit they call her "blessed."

So, they continued, "raise up your head high for you have fought a good fight and finished your race in a grand style." Another aspect of a denial of her death – as if she could literally raise up her head. This suggests how they wished the mother-in-law could see the number of people as grandchildren for her to take pride in it. The statement that follows it explicate the meaning of the former: "Today you can boast of over (70) off-springs." Having numerous descendants is a source of pride for all adult persons in Africa. An interview with an old lady in Ghana attests to this fact. The old lady said, "when I die, and they line up my children and grandchildren around my coffin, my spirit will rejoice."[18] This is the wish of most African elders when they are in their full age. In such a stage in life, a befitting burial and funeral become their wish. The issue of having "fought a good fight and finished the race in a grand style" raises much concern. Such statements feature prominently in most tributes particularly when the deceased happens to be of good behavior or lived a well pleasing and most fulfilling lifestyle. Applying alternative action here, the in-laws imply or invoke a Pauline statement that says, "I have fought a good fight, I have finished my course, I have kept the faith."[19] The issue of having fought

---

18 An interview on phone with a woman in Eastern Region of Ghana on 9th December 2017. An old woman of about 95 years of age. All that she will be proud of is to have all his descendants celebrating her life after her demise.

19 2 Timothy 4:7 (King James Version).

and finished her race in a "grand style" adds value to the discussion. It means success, peace and tranquility having attained her full age. It connects to the blessing already intimated. The "grand style" perhaps means having been successful in life through thick and thin and overcoming all odds of life and having left a generation or descendants who are well to do and sound. Perhaps it also suggests dying in her old age for her descendants to burry her makes her a good parent or in-law. In an African perspective, children should rather burry their parents not the reverse. So for them to bury their mother-in-law means fighting a good fight and finishing the human race in a grand style.

Speaking to their -in-law, they now turn to praise her, "w'aye bi Eno Adwoa" – "you've done well madam Adwoa." Such direct speeches to the dead are common in Africa but rare in Europe. It is not common to read direct words from in-laws or children to a deceased in Europe. One would rather say, "Maria [not her real name] has always been a good person to us." Such statements are also said in tributes in Africa but to address the deceased as if s/he were still alive is acceptable and friendly unlike Europe or America.

The in-laws could be said to be full of words described as parting words to the deceased: "Your transition has left a great vacuum, we are consoled because our creator and Lord whom we serve has called you home, where there is neither pain nor sickness but pure joy." This is a clear statement that seeks to echo the vacuum created and also consolation to the in-law heading towards home. The description of "home" also echoes the biblical language of place prepared for mankind.[20] Such a home, according to the belief of the in-laws who might be Christians is described as, "where there is neither pain nor sickness but pure joy." This statement directly taken from the Bible seeks to define African belief of eternity or the cult of ancestors where life seems to be in perpetuity. Applying alternative action here, it is place of safety where life is made perfect. No pain, no worry, no work, but full of pure joy. It also echoes John apocalyptic writings of a new heaven and earth. In the words of John the revelator about how the Lord will treat His elect in eternity, "He will wipe every tear from their eyes. There will be no more death' or mourning or crying or pain, for the old order of things has passed away."[21]

"Asew Konofuo, yebe kae wo daa! Asew pa, Nyame ne wo nko nkosi se yebehyia mu bio. Wo Nsewfuo ma wo nante yie. Dabi yebe hyia mu bio" which can be literally translated "excellent in-law, we will remember you all the time! Good in-law, may God go with you till we meet again. Your in-laws wish you safe journey. We will meet one day."

Such statements are also equally meaty when it comes to speaking to the dead which is called fictional dialogue in this article. The first statement, "Asew Konofuo, yebe kae wo daa!" meaning "excellent in-law, we will remember you all the time" might sound pleasant in the ears of the immediate

---

20 This can be found in John 14:1-6; 2 Corinthians 5:1-2.

21 John 21:4. From the New International Version (NIV).

family, the mourners and sympathizers. Sometimes beautiful words are spoken to the dead to sort of deify, eulogize or showcase the kind of cordiality that existed between the one giving the tribute and the deceased. The deceased might not directly hear what they say, there is strong belief that the deceased's supernatural instincts will feel honored and exalted to some extent. To the typical indigenous persons, the deceased understands all that they hear during the funeral. According to some of them, the deceased gets elated at the kind of words spoken about them when people gather. Sometimes, as already indicated, some living elderly persons talk about what they expect to be said during their funeral. My grandmother always tells me what she wants her funeral to look like, that which will make her happy in her coffin/casket. She wants me to bring more ministers/pastors/priests since I am a minister, so as to help her access eternity so easily. In effect, such words spoken to the dead during funerals are not just mere words but carry a kind of weight or value. Such practice is rare or scarce in the western world particularly Europe.

Seeing death as a transition or journey is something that cannot be overlooked. The in-laws in an attempt to end their tribute would say, "Asew pa, Nyame ne wo nko nkosi se yebehyia mu bio" meaning "Good in-law, may God go with you till we meet again." To them, the earthly journey ends and gives way to the next world. And going into the next world to them will be possible when Yahweh (God) takes care of the deceased for safe entry into the other part of the world. So they commit their mother-in-law into the hands of God to take care of her "till we meet again." It is also believed that the new entrant into the cult or the world of the dead joins his/her relatives to continue their relations. So the in-laws were not far from the natural belief of the people in that part of the world called Africans or Ghanaians.

The statement "till we meet again" also establishes a point which acknowledges that they will also die. Africans have some proverbs to describe such a transition or journey as they call it. Some of them are: "death is a journey each and everyone will embark on"; "death is like a rope hanging around everybody's neck"; "death does not knock before he enters"; "death is like a dress that, at some point or another, everyone has to wear."[22] Such statements are speaks about the reality of death which to both Africans and Europeans or western world is indescribable, inescapable or inevitable. Such proverbs compliment the words of the in-laws to their mother-in-law. The last statement, "your in-laws wish you safe journey, we will meet one day" says it all. It means they will one day join the deceased to spend eternity together.

22 "African Proverbs & Saying" https://www.inspirationalstories.com/proverbs/t/african-on-death-dying/. Accessed on 26th December 2017.

AS IN SERMONS

As already noted, funeral sermons particularly ones preached by African preachers, are sometimes full of either directly or indirectly speaking to the dead. In this article, I have chosen as part of my analysis a portion of the sermon at the funeral of Nelson Mandela preached by Irvan Abraham.[23] In the closing remarks of his sermon, these are the words the preacher said to the deceased (Mandela):

> *Blessed are the dead who die in the Lord for they rest from their labour and their deeds will follow them!* (see Xhosa translation)
>
> *Nelson Rolihlahla Mandela, servant of almighty God we salute you.*
> *Hamba Kahle, Tata Mandela!*
> *Sleep well in the sure and certain hope of the Resurrection!*

The preacher decides to end his sermon by paying homage to Mandela. He does it in such a way as to communicate with the deceased. While Speaking to the dead might be rare in Europe particularly among Belgians, as already noted, it is a common practice in most indigenous African traditional settings. The preacher does it simply by pronouncing blessings on the dead. He starts by quoting a portion of scripture from Revelation 14:13 to describe Mandela as having died in the Lord and for that matter will rest from his labour and his deeds follow him. Even though the preacher does not refer to where this statement could be found in the Bible, he quotes it to describe what the deceased did and the reward that could be expected.

The preacher quickly turns to eulogize the deceased by speaking to him directly as if Mandela were still alive and could hear him. It is as if he denies the fact that Mandela is dead. This is typical of African preachers when delivering funeral sermons unlike their European counterparts or the Western preachers. This is a common practice in Africa and also sounds acceptable and permissible. In Africa, when a person dies, the rituals performed to the dead looks like a diviner or necromancer speaking to the spirit of the dead. In most of Ghanaian cultures, the dead is communicated to before burial takes place. When a person dies, before he/she is taken to the morgue, a libation or prayer is said for the deceased and also to the cult of ancestors to prepare a place to receive a

---

[23] Bishop Irvan M. Abrahams has served the World Methodist Council in various capacities since 1986. He is a graduate of Rhodes University, The University of Cape Town, The University of Kwa-Zulu Natal and Pacific School of Religion. Bishop Abrahams is the fourth person and first South African to serve as General Secretary of the World Methodist Council. http://worldmethodistcouncil.org/about/headquarters-office-staff/. http://worldmethodistcouncil.org/sermon-transcript-for-mandela-memorial-service/. Accessed on 10th December 2017.

new entrant.[24] From the time of mortuary to the laying in state before burial are full of rituals, common among them are: Asking the deceased for forgiveness if someone particularly in the family has wronged him/her; pleading with the deceased to pay regular visit home to help in difficult matters; greetings are sent to the loved ones already departed through the deceased; petitions are put before the deceased to intervene – petitions like child birth or fruit of the womb, averting premature deaths, ending of poverty, calamity and disasters in the family, healing of certain diseases considered to have been caused by malevolent powers or curse invoked by evil spirits on the family and many more.

The belief in the spirits of the dead is bound to the African life in such a way that even day to day activities are full of rituals to the dead. Sometimes, it happens during dinner. The departed souls of the family are invited to the meal and sometimes they go at length to serve them food with the intention of finding something to eat when they visit home. When a person drinks water or an alcoholic beverage, some are poured on the ground for the dead to also take part even before the water is drunk. This influence of the dead on the living is so huge that, a dead person no matter what status he/she occupied in society becomes a spirit to be revered and feared.

The burial items mentioned earlier as in the case of the in-laws and the certain rituals they perform are all part of the communication link between the living and the dead. These items are given to the dead with specific instructions and assignments. Pouring of drinks on the ground and the invitation to take part in the affairs of the living especially during customary rites like marriage, puberty, funerals, etcetera, are all to embolden the communication links between the living and the dead.

Speaking to the dead during funerals seems very common not only to the indigenous traditional persons but also the elite, Christians, Muslims and other religious persons. There was a funeral which I witnessed, the young lady was given a cutlass in her hands while lying in state being prepared for burial. The sisters believed her death was as a result of spiritual manipulations caused by some family members. And the cutlass was given to her to avenge the perceived assailants or killers. Such words are spoken to the dead most especially when it is time for the body be put into the casket. This practice is very common and happens quite often with various reasons.

---

[24] Libation is the prayer said by the traditionalists with alcoholic drink (or sometimes water) poured on the ground as the powers of the spirits and ancestors are invoked. If the deceased happens to be a Christian, an elder or a priest of the church prays for the deceased and pleads for forgiveness for him/her so as to get a place in the bosom of the Lord. In the same way, there are traditional rites performed to pave way for the deceased to have access to the ancestral kingdom. In a typical traditional setting, both religious activities might take place simultaneously or separately. Thus a person might be a Christian but the family most at times would perform such customary rites even if the Christian rituals are performed.

This practice might be rare in advanced countries like Europe even though there are some semblances of such communication between the living and the dead. Acts of planting flower at the graveyards of dear ones, occasional laying of wreath and requiem mass having been originated from the Western world can also be described as communicating to the dead which might be different from Africans. This is so because all such activities are not done in a vacuum. There are some rituals associated with them. Certain words are spoken when such activities are going on. If not, what goes on when flowers or wreaths are being laid? What is the motive of such activities?

The preacher being an African might sound so passionate about speaking to the dead, but he was fulfilling culture and custom. An European preacher might not necessarily bother himself/herself speaking to the dead since there is no life when a person is declared dead. But it does not sound strange in the context of African audience when a person speaks to the dead especially during sermon. It happens normally at the end of the sermon or when the preacher speaks about the good works of the deceased. In Europe or the western world, it might look odd and weird.

The words of the preacher like: "we salute you"; "go/sleep well - Hamba Kahle" are very common features of funeral sermons in Africa especially when the person by his deeds was a hero.

This additional statement can be said to be a wish or prayer for the deceased. This does not come near Catholic teaching of purgatory. But to add to it "sleep well in the sure and certain hope of the resurrection" suggests an assurance or a kind of certainty which cannot be missed. As to when such event of resurrection takes place, the preacher does not directly talk about in the sermon. His only concern is to draw the attention of his hearers that the work of the servants of God does not go to the drain or left in vain and that there will be a resurrection of the dead one day.

SERMON: BY AN AMERICAN PREACHER - BYRON PERRINE

The sermon is an extract from a sermon preached entitled "A Life Well-lived" by American preacher which also calls for similar analysis.

> *And to Arlene, today we share in your joy. Well-done good and faithful servant! Receive the place of honor and joy prepared for you! Thank you for being a blessing to us. Thank you for helping us to see the way and the truth. Thank you for your life and for your faith and your witness to the life well-lived. You have been a great blessing to us. You have enriched our life. We thank the Lord for Arlene, for her precious heart and soul, and for the time that we were privileged to share together, now and forever. Amen.*[25]

---

25 Byron Perrine is Methodist preacher in America. His sermon published on 26th January, 2013 and taken from John 14:1-6 entitled "A Life Well-lived."

These words spoken an American preacher deserves explication and comparison. One could argue out as not being representative enough of the western world. But it also gives us another level of belief of a western preacher relative to the subject under consideration. Speaking to the dead can be said to have a space in most religious practices. In the Christian tradition, one cannot isolate this practice from Christianity also. Visiting a grave, laying flowers at the base of a tombstone, and even chatting with the deceased is something Christians also do. There are intuitive reasons for this: belief in the everlasting human soul and the coming resurrection of the dead – with a certainty that the loved one lies interred in a kind of sleep.[26] This practice of speaking to the dead transcends cultures, religions and customs both western and African. Such activities of laying of wreath, opening of tomb and chatting might not only be limited to the practice of Africans even though the practice might be more profound in the custom of the latter.

According to John S. Mbiti, "For the Africans, death is a separation and not an annihilation; the dead person is suddenly cut off from the human society and yet the corporate group clings to him [or her]. This is shown through the elaborate funeral rites, as well as other methods of keeping in contact with the departed" (Mbiti, 1970:46).

It is believed in African context that the dead joins a company of forebears and therefore assumes a supernatural status and so could be petitioned to help the living in their day to day activities. When someone dies, some friends and relations of the deceased come and send messages through the deceased to their loved ones who have departed. Messages like greetings; money (especially coins) and other recognizable materials are given to the deceased. It is also important to note that certain customary rites are performed to the deceased all in a communicative manner. In addition, "it is customary to place the deceased's personal property, including eating utensils, walking sticks, blankets, and other useful items, in the grave."[27]

The preacher does not mince words at this point when he speaks to the deceased, "And to Arlene, today we share in your joy. Well-done good and faithful servant." The preacher speaks as if Arlene could hear him. This might not be too common to the hearers who might not be Africans. To African congregants, this might not be strange. The preacher commends her for her good service. But what kind of joy does he talk about here? Does he talk about earthly joy or eternal joy? This I think can connect us to the previous

---

https://www.sermoncentral.com/sermons/a-life-well-lived-byron-perrine-sermon-on-happiness-173015. Accessed on 21st December 2017.

26 Brad Miner, "Talking to the dead." Article published on October 25, 2010 on https://www.thecatholicthing.org/2010/10/25/talking-to-the-dead/. Accessed on October 20, 2017.

27 The African Concept of Death in Encyclopedia of "Death and Dying." http://www.deathreference.com/A-Bi/African-Religions.html. Accessed on 24th October, 2017.

submissions by the preacher about the joy in being obedient to the law of God. It means all that the preacher seeks to do in this sermon to point to eternal joy which he strongly believes that the deceased qualifies to receive.

The death of Arlene as at the time of speaking can only be described as a transition which according to the preacher takes her to a state of joy. How does the preacher and the congregation share in the joy of the deceased?

The statement, "Well-done good and faithful servant" goes to re-echo the words in the parable of the talent as recorded in the Gospel. The preacher might be saying same to Arlene. In the parable of the talents or minas, similar words were used for the first and second persons who received five and two talents. They were commended by their master. In their commendations, the master said to each one of the two who made profit: "Well done, good and faithful servant. You have been faithful over a little; I will set you over much. Enter into the joy of your master."[28] The preacher uses this statement of commendation to the deceased for her good work known to all.

The preacher continues his commendation to the deceased and says, "Receive the place of honor and joy prepared for you!" The preacher here declares a place which he describes as "honor and joy" for the deceased as if he has the power to give it out to the deceased. This declaration is in certain terms. It presupposes the preacher's conviction of the faith of the deceased which to him guarantees "a place of honor and joy" for her. It emphasizes his belief in life after death. This image by the preacher might mean paradise or simply eternal life or Kingdom of God as promised in the scriptures. The preacher reaffirms and reassures the deceased of "a place of honor and joy." The joy the preacher talks about in this sermon which precedes this statement can be said to be a capstone of this statement. It can be deduced that all that the preacher seeks to portray in terms of his description of joy and happiness point to this fact. His point on joy. According to the preacher, the "place of honor and joy" is "prepared for you [Arlene]." This also seems to invoke the promise made by Jesus in John. In the words of Jesus, "In my Father's house are many rooms. If it were not so, would I have told you that I go to prepare a place for you?"[29] So the preacher in his commendation to the dead, he mentions what has been promised by Jesus – "I go to prepare a place for you." And this place the preacher calls "a place of honor and joy" which according to him is prepared for people like Arlene.

The preacher continues his message to the deceased by thanking her. According to the preacher, the deceased was a blessing. This is how the preacher tells the deceased, "Thank you for being a blessing to us." In his appreciation and expression of gratitude, the preacher expresses how beneficial

---

28 Matthew 25:21, 23. This can also be found in Luke 19:17, 19. In the parable of the Minas, the Master gave ten Minas to his servants unlike the talents.

29 Jesus said this in John 14:2 to his followers. This promise is a promise of eternal joy as the preacher seems to suggest.

the deceased's presence was to them. Apart from becoming "a blessing to [them]," the preacher praises the deceased by saying, "Thank you for helping us to see the way and the truth." The words in the appreciation can be said to have been chosen from the words of Jesus in the same portion of scripture quoted above. In effect, he was quoting from the words spoken by Jesus which says, "I am the way, and the truth, and the life. No one comes to the Father except through me."[30] This means the deceased taught or helped the church including the preacher to know Jesus. Because this statement by Jesus referred to himself as the way and truth. And by referring to this as having been done by the deceased which the preacher makes mention to, means there is an acknowledgment of the role of the deceased. This suggests that the preacher observed and knew the deceased very well and so could talk about her private faith perhaps from the zeal and enthusiasm with which the deceased used to work for the church and for that matter God. Service to mankind as service to God perhaps he means. This is how he puts it, "Thank you for your life and for your faith and your witness to the life well-lived." This issue of appreciation to the deceased finds space in African Christian liturgical and homiletical parlance.

The preacher even though not an African did not do anything different from what Africans do when their loved ones dies. Sometimes family members also petition the deceased to prevent calamity, disaster and untimely death from the family. Sometimes they are given items as elements of preventing malevolent spirits from causing harm to any member of the family. This practice is very common among Africans especially indigenous Ghanaians. And such indigenous Africans even when they travel to western countries like Europe, that belief still lingers on. The tradition and customs still remain. There was a funeral recently held in Antwerp, Belgium which the deceased was knocked down by a car when crossing a traffic light with bicycle and died instantly. During the burial at the cemetery, the brother of the deceased when he was given the opportunity to thank all who were present and participated in the funeral had to speak to his deceased brother thanking him for all that he did and then gave him a piece of cloth and then tasked him to make sure that the kind of death he died should not happen again in the family.[31] In a sense, the deceased has been given a duty to prevent untimely or "bad" deaths like his from among the family members.

At this same funeral, another striking thing about the issue of speaking to the dead happened during the laying of wreaths and flowers which was done

---

30 John 14:6. Jesus said this after talking about a place prepared by His Father.

31 This funeral took place in Antwerp on the Saturday 22nd October, 2017. The nature of his death attracted many mourners from among all the Ghanaian communities in Belgium including some Belgian friends. The funeral and Burial services were held in Hoboken, Antwerp on 26th October, 2017 from 9:00u to 11:00u.

by one of the African priests.[32] He had messages for the deceased anytime he presented a wreath or flower. And the flowers and wreaths were many. The priest presented it one by one telling the deceased how much those who presented the wreaths loved him and that even as he is dead, he is still loved and cherished, and that he will continue to be part of their lives even to eternity. The language of "till we meet again" never departed from such discourse between the living and the deceased.

These and many as observed might not be so pronounced and profound in the western culture particularly in the words of their Christian preachers, but this preacher makes it clear that he is speaking to Arlene. As to whether the deceased could hear the words of the living, only those who speak can attest to it. Many people believe that death is the loss of a soul, or souls. Although there is recognition of the difference between the physical person that is buried and the non-physical person who lives on, this must not be confused with a Western dualism that separates "physical" from "spiritual." When a person dies, there is not some "part" of that person that lives on—it is the whole person who continues to live in the spirit world, receiving a new body identical to the earthly body, but with enhanced powers to move about as an ancestor.[33]

Some of these communicative rituals are also intended to let the world of the living know the good works and the legacy of the deceased. The preacher's motive is made clear here: "You have been a great blessing to us. You have enriched our life. We thank the Lord for Arlene, for her precious heart and soul, and for the time that we were privileged to share together, now and forever."

After speaking directly to the deceased whose mortal remains lie before him, he quickly moves to the audience to say, "We thank the Lord for Arlene." This affirms the point that in stating the good work of the deceased, the preacher as part of his intentions to celebrate the life of the deceased and to eulogize her, recounted her service to humanity hence the commendation.

As in Christian Liturgy and its Theological Response

In the liturgy of the protestant denominations both in the western and African context, there is no direct communication with the dead. However, as part of the funeral celebrations and order, in most African protestant denominations, there are pre-burial service when the casket or coffin is open in church and people file past the body. During this period, the ministers/priests of the deceased's church would be the first to file past and to pray for the dead.

---

32 Rev Albert Asomaning performed the burial ceremony at the grave-yard. Rev Asomaning is the pastor in charge of one of the African Immigrant Charismatic churches in Antwerp.

33 "Encyclopedia of Death and Dying." http://www.deathreference.com/A-Bi/African-Religions.html#ixzz4wWcADA6v. Accessed on 24th December 2017.

Mostly, during such sessions of the liturgy, the prayers are not directly said to the deceased but to God on behalf of the deceased. But some of the benedictions read, "Jerry (not the real name), may the Lord whom you served be merciful to you and grant you pardon to have entry to eternity." This normally happens. This kind of benediction also takes place during the interment. The dead is spoken to but by the priests to God on his/her behalf to be able to enter into eternity without any hindrance. Such statements is believed to pave way for the deceased like the catholic belief of gaining access to purgatory. In the former's case, the deceased's service is sometimes mentioned in prayers or benediction for people to know what s/he did on earth. The efficacy of the benediction, it might not have any direct influence on the destiny of the deceased per se. But sometimes the priests speak this way to appease the bereaved or the congregants, or better still encourage the mourners to recognize the kind of service rendered to God by the deceased.

Theologically, benedictions pronounced on the dead might not have any significant impact relative to his/her destiny. Some people might argue theologically that it is absolutely forbidden to speak to the dead. Since there are some biblical injunction of speaking to the dead and conversing or consulting mediums as to even attract the wrath of God. It also becomes odd if not unchristian to be seen as being involved in practicing necromancy of a sort. The bible detests such practice of speaking to the dead. This how it puts it, "or casts spells, or who is a medium or spiritist or who consults the dead."[34] Speaking to the dead is tantamount to practicing syncretism or being involved in another thing different from that of what Christianity teaches.

Theologically, the destiny of a person is only determined by God and not in the hands of any human being. Moreover, the assumption of a supernatural status as believed to happen when a person dies is theologically inaccurate in the sense that only God is Supreme. He does not share his glory with any man whether living or dead. Saul the king was not accepted when he got involved in medium consultancy. Thus how it has been written about Saul and with regards to his death for consulting the dead, a sign of unfaithfulness to the Lord: "Saul died because he was unfaithful to the LORD; he did not keep the Word of the LORD and even consulted a medium for guidance." This means that Saul died as a result of being involved in the business of consulting the dead.[35] So speaking to the dead even though a practice might not necessarily go well with Christian school of thought.

[34] Deuteronomy 18:11. New International Version (NIV).

[35] 1 Chronicles 10:13-14. New International Version (NIV).

CONCLUSION

This article has sought to discuss how the living communicates with the dead and its cultural and theological significance to the deceased, the bereaved and mourners. The purpose of this discussion is to reveal the bond and affection between the living and their dead relations.

The discussion centered on the origin or genesis of the dialogue tracing it to the pre-civilization days. Moreover, speaking to the dead as it happens in tributes have been well articulated. Two sermons have been discussed showing similarities and affirmations of communicating with the dead. And lastly, theological response taken from the biblical point of view has been articulated.

Even though speaking to the dead which is called "fictional dialogue with the dead" in this article has gained popularity in African context, there are some also in the western culture who are either directly or indirectly involved in such a practice. The question is, "do the dead hear what the living say?" One thing stands out. Speaking to the dead or fictional dialogue seeks to comfort the bereaved and gives hope to the living also.

Finally, it could be deduced that there are two positions as far as speaking to the dead is concerned. Firstly, the indigenous persons who believe in the supremacy and the supernatural ability of the dead to influence the lives of the living. To such school of thought, the dead are believed to exist but in the spiritual realm and occasionally intervene in the world of the living either to prevent calamity or punish wrongdoing. The afterlife existence makes the practitioners communicate and petition the dead. The woman and her siblings who invoked the powers of their dead brother as cited in this work, did so because of their belief in the afterlife existence. The second school of thought are the elite and the western community who also postulates that a dead person is dead and cannot have any affair with the living. To them, it is a fiction or human imagination that arises out of customs and traditions of the people.

BIBLIOGRAPHY

- African religions in "Encyclopedia of Death and Dying," http://www.deathreference.com/A-Bi/African-Religions.html.
- Althaus, Paul. (1966). *The Theology of Martin Luther*. Fortress Press: Philadelphia, PA.
- Baker's Evangelical Dictionary of Biblical Theology. https://www.biblestudytools.com/dictionary/abrahams-bosom/.
- Brad Miner, "Talking to the dead." Article published on October 25, 2010. https://www.thecatholicthing.org/2010/10/25/talking-to-the-dead/.

- "Lutheran Funeral Traditions" https://www.everplans.com/articles/lutheran-funeral-traditions. Accessed on 15th December, 2017.
- Manfred Lueger and Jurgen H.P. Hoffmeyer-Zlotnik (Eds.), (1994). *Hermeneutic Interpretation in qualitative Research: Between Art and Rules.* "Rules of Interpretation: Fine Analysis."
- Mbiti, S. John. (1970). *African Religion and Philosophy*. New York: Doubleday Books.
- Oevermann, U., T. Allert, E. Konau, J. Krarnbeck (1979). Die Methodologie einer "objektiven Hermeneutik" und ihre allgemeine forschungslogische Bedeutung in den Sozialwissenschaften. In H.-G. Soeffner, (Ed.). *Interpretative Verfahren in den Sozial- und Textwissenschaften* (pp.352-434). Stuttgart: Metzler.
- Oevermann, U., T. Allert, E. Konau (1980). Zur Logik der Interpretation von Interviewtexten. Fallanalyse anhand eines Interviews mit einer Fernstudentin. In T. Heinze, H.-W. Klusemann, H.-G. Soeffner (Eds.). *Interpretationen einer Bildungsgeschichte*. (pp. 15-69). Bensheim: p. id. extra.
- Oevermann, U. (1983). Zur Sache. Die Bedeutung von Adornos methodologischem Selbstverstbdnis fur die Begründung einer materialen soziologischen Strukturanalyse. In L.v. Friedeburg, J. Habermas (Eds.), *Adorno-Konferenz 1983* (pp.234-289). Frankfurt/M.: Suhrkamp.
- Oevermann, U. (1990). Exemplarische Analyse eines Gedichtes von Rudolf Alexander Schröder mit dem Verfahren der objektiven Hermeneutik. In *Kulturanalysen,* 1990/3 pp.244-260.
- Oevermann, U. (1991). Genetischer Strukturalismus und das sozialwissenschaftliche Problem der Erklärung der Entstehung des Neuen. In S. Müller-Doohm (Ed.), *Jenseits der Utopie* (pp.267-336). Frankfurt/M.: Suhrkamp.
- Oevermann, U. (1993). Die objektive Hermeneutik als unverzichtbare Grundlage für die Analyse von Subjektivität. Zugleich eine Kritik der Tiefenhermeneutik. In T. Jung, S. Müller-Doohm (Eds.), "Wirklichkeit" im Deutungsprozeß. *Verstehen und Methoden in den Kultur- und Sozialwissenschaften* (pp. 106-189). Frankfurt.: Suhrkamp.
- Wayne Jackson, "Are the Dead Asleep?" https://www.christiancourier.com/articles/663-are-the-dead-asleep. Accessed on 14th December 2017.

All Biblical quotations have been taken from either New International version or King James Version.

Verborgen waarheid
Een methodologische verkenning van het hermetische christendom

Johan Temmerman

Abstract

In this article J. Temmerman looks at the remarkable imagination of early gnostic and hermetic writings. With the theoretical groundworks of philosophers like Ernst Cassirer (*Sprache und Mythos*) and Horkheimer & Adorno (*Dialektik der Aufklärung*) in mind, we see an inclusive method, aimed at experiencing the truth. Hermetic practice is constructed around ritual, with initiation in truth as center of union. It shows in a premodern way that belief and raison can be complementary.

INLEIDING

Een diepe kloof kenmerkt het hedendaagse levensbeschouwelijke debat. Het gaat daarbij niet om gelovig versus ongelovig – deze kloof is voor het grootste gedeelte gedicht – maar om de nieuwe spagaat tussen open en gesloten of inclusief en exclusief denken. We zien in het maatschappelijk debat zowel bij gelovigen als ongelovigen een toenemen.de tendens tot afgrenzing en zelfbehoud. In religieuze kringen loopt dit uit op integrisme en zelfs fundamentalisme. Een positionering die zich kant tegen wetenschap en tegen vrijheid van denken binnen de eigen groep. Het verlichtingsdenken plooit evenzeer terug op de absoluutheid en superioriteit van haar bevindingen. Andersdenkenden zijn dom en naïef, voor sommigen ook gevaarlijk, waardoor het ideologisch debat over uitwendigheden andermaal acuut hoog scoort. Daartegenover staan culturele gelovigen, die zowel de erfenis van de Verlichting als deze van de religies kunnen waarderen. Het onderscheid tussen inclusief en exclusief is het grootst in de wijze waarop men de verhouding tussen rede en geloof beschouwt. Het exclusieve denken dat terugvalt op het eigen gelijk en de absoluutheid van haar bevindingen, zij het religieus of seculier geïnspireerd, vertoont een onderwaardering voor de verbeelding. Ficties zijn "onwaar," vals en misleidend. Vandaar dat verlichtingsfilosofen de maagdelijke geboorte van Jezus hooghartig wegwuiven als belachelijk, net zoals integristen dezelfde geboorte als feitelijke gebeurtenis geloven en de interpretatie dat het een voorstelling is als "ongeloof" van de hand wijzen. Allebei hanteren een exclusieve retoriek. Inclusief is dat de maagdelijke geboorte een voorstelling is van de gedachte dat, als de nood het hoogst is de redding het meest nabij is. Maar deze gedachte kan net zo goed op een andere wijze worden doorgegeven, maar gezien dit beeld in de Hebreeuwse traditie al een lang leven achter de rug had, werd het gebruikt om de bijzonderheid van het hoofdpersonage in het Evangelie te onderstrepen. De nabije redding kan evenwel onmogelijk afhankelijk zijn van een exclusieve houding ten aanzien van andere mensen, gezien de context van het mythologische beeld. Er is bijgevolg een grens aan inclusief interpreteren, namelijk daar waar het exclusief wordt.

Het christendom worstelt met de eigen erfenis. Al te vaak word ik erop attent gemaakt dat het verleden van uitsluiting en kruistocht, maar ook de actualiteit van fundamentalisme en homofobie in talloze kerken, de christelijke traditie ernstige schade toebrengt. De geloofwaardigheid wordt daarbij in vraag gesteld en dat is naar mijn inzien ook terecht. Het verste dat men vaak komt is gespeelde vriendelijkheid of de ethische kramp dat niet de persoon maar de handelingen van de homo worden verworpen. Als antwoord houd ik dan een vurig pleidooi voor de inclusieve interpretatie en als de gesprekspartner erop doorgaat en insisteert op duidelijkheid, ga ik over tot de historische en hermeneutische context van de antieke Hebreeuwse traditie, met de melding dat de rigoureuze tekstpassages in de Bijbel over genocide en haat niet langer geactualiseerd moeten worden maar in het archief mogen rusten. Dan fronst de gesprekspartner vaak en zegt dat ik ofwel geen gelovige ben ofwel een van kerk en traditie afwijkende mening hanteert. Mijn respons is dan duidelijk: fundamentalisme is een afwijking. Het is een afwijking die sinds de eerste eeuwen als een doorn in het vlees van de christelijke kerk prikt. Niet alleen in het christelijke corpus ten andere, ook de Joodse, islamitische, Boeddhistische en andere religies hebben hun fundamentalisten. Met de verkenning van een inclusief christelijk denkkader wil ik aantonen dat we in alle geledingen van het levensbeschouwelijk spectrum werk moeten maken van een herwaardering van verbeelding. Het is redelijk om zingevende verbeeldingen te onderzoeken. Daarom werpt de ondergesneeuwde christelijke traditie van het hermetische denken, dat door tekstvondsten na de Tweede Wereldoorlog volop in het vizier van de theologie is gekomen, een helder licht op de problematiek van exclusief versus inclusief. Daaraan wil ik deze bijdrage wijden.

MYTHOLOGISCHE VERBEELDING

Als we de antieke mythologieën in literatuur en religie bekijken, zien we doorheen de bril van de Verlichting. We kijken met een wetenschappelijke interesse. Hoezeer we ons ook inspannen om de context te verduidelijken en het eigene van de oorspronkelijke talen te begrijpen, de mythologische voorstellingen staan (al te) ver van ons af. Neem bijvoorbeeld het verhaal van de zondvloed in *Genesis* of de uittocht van Israël in *Exodus*. De vertelling dat miljoenen mensen verdrinken of de zonen van Egypte sterven, vervult menig moderne lezer met afschuw. De idee dat de gebeurtenissen als historische feitelijkheid worden beschreven, doet ons de das om. Mythen vertellen geschiedenis. De mythologische waarheid veronderstelt een kritiekloze aanname van het verhaal. Met een beetje goede wil kunnen we deze houding tijdelijk innemen, maar eens de verhalen een wonderbaarlijke wending krijgen en op de vleugels van verbeelding een hoogtevlucht nemen, haken we onherroepelijk af. De tien plagen zijn wel beschouwd zelfs grappig, zo ook de sprekende slang in het paradijs. Deze vertellingen als historische gebeurtenissen aannemen, is ronduit lachwekkend. Wij modernen, zo menen we, hebben kritisch leren denken en laten ons niet langer in slaap sussen met gevleugelde paarden en sprekende dieren. Een plausibele verklaring vinden voor al de wonderlijke toestanden in de mythen is tijdverlies, aldus Socrates in *Pheadrus*, "en het lijkt onzinnig dat ik mij druk zou maken over dergelijke vreemde zaken zolang ik mij zelf nog niet ken."[1] Dat Socrates liever het Delphische gebod eerbiedigt dan zijn verbeelding te gebruiken, toont de kracht en de beperking van de rede.

DE REDE BOVEN ALLES GELOVEN

De kracht van de rede, aldus Plato, is nuttigheid. Met gezond verstand kan men ver komen. Men zal voedsel vinden en beschutting organiseren. Als men de rede goed hanteert, kan men tevens beseffen samen meer te kunnen bereiken dan alleen. Maar hier toont zich meteen ook de beperking: wat bereiken? De grote beperking van de rede is volgens de oude Griek dat men zonder verbeelding niet veel kan aanvangen met al dat verstand. Als men het leven herleidt tot *over*leven, tot voedsel en water vinden en ervoor zorgen dat men relatief beschut is voor nacht en ontij, dan heeft men aan verstand genoeg. Maar een dergelijke overlevingsmodus is de naam menselijke leven niet waardig. Het is de verbeelding die de rede bijstaat in het maken van keuzes, in het wikken en wegen en vooral in het aanwijzen van zin. Men moet met andere woorden het gezonde verstand gebruiken, maar men moet evenzeer het resultaat geloven of aannemen. Zo niet is denken tijdverlies.

De grote Verlichtingsfilosoof Immanuel Kant (1724-1804) meende het dilemma, dat de rede alleen niet genoeg is, te kunnen oplossen door vrijheid als leidend principe of motor van het denken aan te wijzen. Het nut van de rede is bevrijding. De rede gebruiken of je openlijk van je eigen verstand bedienen is doel op zichzelf. Dit is verlichting, dit maakt je vrij.[2] Dit opende voor filosofen

---

[1] Deze openingsdialoog uit *Phaedrus* wordt door Ernst Cassirer gebruikt in zijn essay *Taal en mythe. Een bijdrage tot het probleem van de godennamen* (1925). Plato hekelde de uitleg van de mythen die sofisten en retoren uit zijn tijd bedreven en door het volk als hoogste geleerdheid werd geprezen. Voor Plato was het niet meer dan boerenslimmigheid. E. Cassirer (1925), *Taal en mythe* (vertaling St. van Erp en H. Stegeman), Boom, Amsterdam, 2008, 35-36.

[2] In voor Kant erg radicale bewoordingen luidt het als volgt: "Voor deze verlichting echter wordt niets anders gevraagd dan vrijheid: en wel de onschadelijkste vrijheid onder alles wat maar vrijheid mag heten, namelijk de vrijheid om van zijn rede in alle opzichten een openlijk gebruik te maken (…) Het openlijk gebruik van zijn rede moet te allen tijde vrij zijn, en dat alleen kan

na Kant de mogelijkheid om de werkelijkheid als voorstelling te onderzoeken. Arthur Schopenhauer (1788-1860) toonde zich aanvankelijk de voortreffelijkste leerling van Kant. In het kader van de mythologische verbeelding hebben vooral Ernst Cassirer (1874-1945) en Theodor Adorno (1903-1969) baanbrekend werk geleverd.

MYTHE EN TAAL

Cassirer stelt dat mythe en wetenschap geen gelijkwaardige opties zijn om de werkelijkheid te begrijpen. Wetenschap neemt het ook niet over van de mythe, zoals het dogma van vooruitgang voorschrijft, maar zowel wetenschap als mythe zijn manieren van verstaan die elk hun eigen relatieve geldigheid bezitten. De geldigheid van de mythe is niet de historische feitelijkheid van de verhalen (dit is een beschrijving van een ideële werkelijkheid als "bijna tastbaar"), maar de geestelijke vormen zelf. Mythische verhalen zijn bijgevolg geen nabootsingen (*mimesis*), zoals sinds Plato wordt gedacht, maar "een spontane regel van voortbrenging." Het is daarbij de bedoeling, aldus Cassirer die dankbaar gebruik maakt van Kants transcendentale methode, om door middel van de rede in de geestelijke vormen zelf de maatstaf en het criterium van hun waarheid (inherente betekenis) te ontdekken.[3] Mythen zijn geen mimesis, maar media van geestelijke aanschouwing van de werkelijkheid. De verhalen hebben een symbolische waarde, eerder dan een historische. Deze symbolen of voorstellingen kennen een innerlijke wetmatigheid omdat ze, nog steeds volgens Cassirer, niet ontspringen aan de onbeteugelde willekeur van de verbeelding, maar volgens bepaalde ontwikkelingen van gevoel en vormgeving ontstaan.[4] Zo ontstaat een "taal" die niet langer op uiterlijke vorm is gericht, maar op functionele betekenis en dus niet louter kennis puurt uit kortstondige en zintuiglijke waarneming, maar de blijvende gestalte in de waarneming onderscheidt. Cassirer spreekt in dit verband over een "grondstructuur van de geest." Het eigenlijk *fundamentum divisiones* ligt niet in de dingen, maar in de geest. De wereld heeft bijgevolg voor ons de gestalte die de geest haar geeft.[5]

Als we over de wereld spreken, doen we er goed aan te beseffen dat we het steeds over ons wereldbeeld hebben. Is alles dan louter subjectief? Neen, want er is wel degelijk een objectieve waarheid, alleen is ze niet iets onveranderlijks tegenover de beweging van de geschiedenis. Volgens Horkheimer en Adorno heeft de waarheid zelfs een historische kern en wel de

---

verlichting onder mensen tot stand brengen." I. Kant (1784), *Wat is Verlichting* (ingeleid, vertaald en geannoteerd door Prof. Dr. B. Delfgauw, Kok, Kampen, 1998, 62-63.

3 Cassirer, *Taal en mythe*, 40-41.

4 Cassirer, *Taal en mythe*, 47-48.

5 Cassirer, *Taal en mythe*, 173.

gestalte die het redelijk bewustzijn in de werkelijkheid aanneemt.[6] Maar de gestalte van het redelijk bewustzijn in de werkelijkheid gaat vaak gehuld in een mythisch kleedje. De verbeelding weeft een omhulsel rond waarheid en maakt daarbij gebruik van projectie. Met Feuerbach schrijven Horkheimer en Adorno dat de mythische verbeelding het subjectieve in de natuur projecteert.[7] Omdat de goden zich dan als kwintessens uit de natuurelementen losmaken, wordt de werkelijkheid gedeeld in *logos* en uitwendige massa. Daardoor ontstaat de mythe van ontmythologisering die verkondigt dat kennis van de *logos* of waarheid de redelijke mens in staat stelt de natuur te onderwerpen. Onderwerping van de natuur is mogelijk omdat men meent de ware kern of betekenis van de uitwendige dingen te kennen. En dus dwingt men de uitwendigheid met behulp van deze kennis. Zo mogelijk nog nefaster is de cultivatie van het noodlot. Dit veronderstelt een gedachtegang dat het individu weinig of niets te zeggen heeft over het eigen leven. Dit is het lot dat de protagonisten van de Griekse tragedies ondergaan en waaraan geen ontkomen mogelijk is. Als men dit cultiveert en uitvergroot, herleidt men elk mens tot een pop die aan de draden van het bestaan hangt in de handen van het noodlot. "Het is zo", brult de machthebber en hij geeft het totalitaire karakter van de rede vrij spel. Als alles een noodlottige wil tot macht is, staat niets de rede in de weg om het lichaam van de samenleving te verminken. Het noodlot kleedt de vergeldingsgedachte in een chirurgisch gewaad en snijdt wat niet eender is weg. Horkheimer en Adorno, die over de ramp van Wereldoorlog II nadachten, concluderen dat Verlichting "radicaal geworden mythische angst" is.[8] De mythische angst stelt het levenloze gelijk aan het levende of omgekeerd. Het orthodoxe christendom heeft met de christus-mythe van de opstanding de weg gebaand voor de Verlichting om het omgekeerde als waarheid te verheffen. Het is dialectiek van de zuiverste soort. De dode Christus werd levend verklaard, net

---

6 In het voorwoord van *Dialectiek van de Verlichting* zien Horkheimer en Adorno in de nationaal-socialistische terreur dat de Verlichting terugviel in mythologie. De oorzaak is de "in vrees voor de waarheid verstarrende Verlichting zelf." De auteurs zagen zich geconfronteerd met een aporie die ze "de zelfvernietiging van de Verlichting" heten, want de vrijheid in de samenleving is onlosmakelijk met het verlichtende denken verbonden, maar toch blijkt in de concrete historische vormen en instituties van deze samenleving de kiemen van de achteruitgang en zelfvernietiging aanwezig te zijn. M. Horkheimer & Th. Adorno (1944), *Dialectiek van de Verlichting. Filosofische fragmenten* (vertaling M. van Nieuwstadt), Boom, Amsterdam, 2007, 9-15.

7 Horkheimer & Adorno, *Dialectiek van de Verlichting*, 19. In een voetnoot wijzen de auteurs erop dat deze stelling wordt gedeeld door Xenophanes, Montaigne, Hume, Feuerbach en Salomon Reinach.

8 Horkheimer en Adorno omschrijven deze dialectiek als volgt: "begrip zelf was van meet af aan al het product van dialectisch denken: want daarin is elk ding altijd alleen wat het is, doordat het datgene wordt wat het niet is. Zo zag de oervorm van de objectiverende definitie eruit, waarin begrip en ding ten opzichte van elkaar uiteen gingen vallen (...) maar deze dialectiek blijft machteloos voor zover zij haar uitgangspunt blijft houden in de angstschreeuw: die schreeuw is de verdubbeling, de tautologie van de angst zelf. Horkheimer & Adorno, *Dialectiek van de Verlichting*, 29.

zoals de Verlichting de levende natuur tot ding maakt door haar van alle redelijkheid te ontdoen. De dynamiek van deze cultuurhistorische dialectiek is onderwerping uit zelfbehoud. Dit maakt zowel het orthodoxe christendom als de verlichting van de rede tot mythisch bedrog.

HERMETISCHE VERBEELDING

Met deze analyse van Horkheimer en Adorno op de achtergrond kunnen we ons nu afvragen of dialectiek zelf niet noodlottig en dus onvermijdbaar is. Moet wat oorspronkelijk begint in zijn tegendeel omslaan om tot voltooiing te komen? Is de absolute geestwording van Hegel een zich buiten het menselijk bewustzijn om en zich in de geschiedenis doorzettend waardensysteem? Heeft zelfs de rede geen vat op de geschiedenis? Anders uitgedrukt: kan zelfs een globaal gedeeld geloof in vrede een volgende wereldbrand niet voorkomen? Ik maak mij sterk om deze vragen bevestigend te antwoorden: ja, het geloof in vrede kan oorlog vermijden en ja, de rede kan de geschiedenis sturen. Ik geef met andere woorden Hegel het voordeel van de twijfel en beschouw het vroege christendom als testcase.

De teksten die in Nag Hammadi werden gevonden na de Tweede Wereldoorlog geven een helder beeld van de wieg van het christendom. Wat voor de kerkvaders belagers van de ene ware christelijke leer en verlossing waren, blijken erg interessante mythologen geweest te zijn. Inderdaad was het rechtzinnige kind niet het enige. De Koptische handschriften van Nag Hammadi tonen een heterodox christendom dat een diepe invloed van de hermetische filosofie en het neoplatonisme in de oudheid onderging. Het feit dat al deze denkrichtingen in een geheel werden ondergebracht – men spreekt vaak van gnostiek of hermetisme – toont het inclusieve karakter van deze stromingen. In het kader van taal en mythe in het perspectief van de ontluisterende dialectiek van de Verlichting, kunnen we nu stellen dat in de verschillende gnostische geschriften de historische gestalte van de waarheid in een mythisch kleedje werd gehuld. Zowel het gnostische christendom als de hermetische stromingen in de Oudheid hanteerden een uitgebreide mythologie om hun mysteriën voor oningewijden ontoegankelijk te maken. De uitvoerige en tot in de details uitgewerkte mythologische schema's maakten het praktisch ondoenbaar om ongevraagd door te dringen tot de kern van beschouwingen. Waarom deed men dit? Sinds de Verlichting is deze manier van doen fel over de kling gehaald. Voor een doorgedreven rationalisme moet alles op straat gegooid worden, zo niet is het verdacht. We zullen verderop zien dat nogal wat teksten inwijdingsteksten zijn. Dit betekent dat de context geen verbale overdracht op het oog had (geen lessen of catechismus) dan wel een door ervaring gegeven besef (rituelen). Wat dan op papier werd gezet was de omkadering. Recent antropologisch onderzoek toont aan dat ook de antieke godenwereld een latere verklaring bij de oorspronkelijk riten was en niet omgekeerd.[9] Zo maakten ook gnostici in de eerste eeuwen hun mythologieën ter verklaring van de uitgevoerde riten. We nemen aan dat deze rituelen in de brede stroom van het Hellenisme ontstonden als vergeestelijking van de oudere mysterieculten, die op hun beurt konden bogen op een eeuwenlange cultuur van lokale offerpraktijken.

Een rode draad doorheen de hermetische filosofie in de oudheid is de aanwezigheid van rituelen en de afkeer van martelaarschap.[10] Maar uitgerekend deze componenten treffen we steeds opnieuw aan in de totalitaire cultuurtradities van het Westen. De kerkvaders maakten zich sterk als het om martelaars ging en verkondigden de kruisdood van Jezus als het definitieve offer. Ook de Reformatie verheerlijkt martelaren van het geloof. Maar de Verlichting evenzeer, zij het dan als verinnerlijking, want tot vandaag prijst men diegene die uit carrière overwegingen "offers" brengt. Martelaarschap voor vrijheid biedt de gesneuvelde soldaten van de "gerechtvaardigde oorlog" een eeuwig aura van heldhaftigheid. De hermetische filosofie stond bijgevolg, tijdens de totstandkoming van het christendom en dus tijdens de beslissende wending van de westerse cultuur, pal tegenover het totalitaire denken. De kerkvaders met hun ene God, ene leer en ene kerk konden de veelheid aan goden- en engelengestalten die de gnostische mythologieën opwierp niet aan. Ze verwierpen deze voorstellingen en meteen ook de verbeelding. En nochtans deden de heterodoxe christelijke stromingen in de eerst eeuwen een beroep op het gezonde verstand en wel om de rituele overdracht te doorgronden. Ervaring wordt opgeroepen door inwijding en stimuleert het redelijk bewustzijn van de inwijdeling. De recente ontdekking van de Koptische tekst van het *Evangelie van Judas*, eind jaren '70 van vorige eeuw in El Minya (Egypte), geldt als bewijs van het bestaan van een methode die kennis doorgeeft via ervaring (inwijding).[11] Een ander geschrift dat inzage biedt in het hermetisme tijdens de eerste eeuwen werd te Nag Hammadi gevonden en draagt als titel *Inwijding in de achtste en negende sfeer*. Dit bijzondere geschrift is duidelijk een inwijdingstekst, waarin gebruik wordt gemaakt van de traditie die de mythische gestalte Hermes Trismegistus als inwijder of "vader" opvoert. Hoe werkt deze vorm van kennisverwerving en zingeving?

---

9 Pascal Boyer, *Religion Explained. The Evolutionary Origins of Religious Thought*, New York: Basis Books, 2001, 229-264.

10 Het hermetisme in de Oudheid wordt uitvoerig belicht in: R. van den Broek, *Hermes. Trismegistus. Inleiding, teksten, commentaren*, Amsterdam: In de Pelikaan, 2006.

11 Zie voor een uitvoerige beschrijving van de vondst, vertaling en toelichting van de tekst: J. van Oort, *Het Evangelie van Judas. Inleiding, vertaling en toelichting*, Kampen, 2006. Prof. van Oort plaatst de tekst in een uitgesproken gnostisch milieu uit de tweede eeuw van onze jaartelling. De diverse filosofische elementen wijzen op een Hellenistische beïnvloeding, waardoor het ontstaan van de tekst allicht in Joods-christelijke middens te Alexandrië moet gezocht worden.

VERBEELDING EN WAARHEID

Adorno vestigt er in de excursie *Odysseus ofwel Mythe en Verlichting* de aandacht op dat de listen van de held (Odysseus) verpakt zijn als offer.[12] De list is het middel om de avonturen te doorstaan. Maar de uiterlijke avonturen zijn verbeelding die de eenheid voorstellen, waarvan ook het zwakke individu een deel is. De verbeelding is dus *organon* (instrument) voor de constituering van het zelf. De auteur van het *Evangelie van Judas* hanteert op dezelfde wijze het avontuurlijke leven van Jezus. Zijn lijden en kruisdood worden beschreven als een mythologische list en Judas, de verrader, was daarvan op de hoogte. We lezen dat Judas werd opgedragen om Jezus "te offeren."[13] Dit is het slot van de tekst die de inwijding van Judas in het Christusmysterie beschrijft. Dit mysterie suggereert dat de uitwendige buitenwereld de dood van Jezus als een offer beschouwt. Onbegrip van niet ingewijden is eigen aan mysterieculten die de waarheid een verborgen karakter toedienen. De rode draad van de inwijding die Judas ondergaat, is de openbaring van het geestelijk universum. Dit universum is veel omvattender dan de materiële en zintuiglijke wereld. Tegelijk maakt Jezus aan Judas duidelijk dat de geestelijk werkelijkheid geen offers eist, wel integendeel. Volledig in lijn met het profetisme van Israël en het sleutelbegrip in de Homerische mythen eist de geestelijke wereld, die in het Judasevangelie wordt geopenbaard, enkel rechtvaardigheid (*tsedeka* of *dikè*). We zien hoe dit evangelie als verklaring van een rite die we niet meer kennen een aantal lijnen samenbrengt. Wat is nu deze waarheid?

De offercultus is een op zelfbehoud gerichte rationaliteit, aldus Adorno, en spoort met de traditionele christologie.[14] Het is dan ook niet denkbeeldig dat het oorspronkelijke gnostische ritueel waarvan het Evangelie van Judas een verklaring is, een evocatie van de kruisdood van Jezus inhield. In de visie op de kruisdood als offer van God aan Zichzelf, celebreert de mens zichzelf door het bewustzijn tegenover de samenhang van de natuur te plaatsen. De mens (Odysseus of Christus) zet zich tegenover en boven de noodlottige avontuurlijkheid door middel van list. Het natuurlijke leven wordt zodoende overwonnen door de kracht van rede en inzicht. Onderwerping van de natuur wordt bereikt door onderwerping van het zelf aan de beperkingen die hem door de natuur worden opgelegd. Verinnerlijking van het offer, schrijft Adorno, of

---

12 Horkheimer & Adorno, *Dialectiek van de Verlichting*, 64

13 Van Oort, *Het Evangelie van Judas*, 175, §55.

14 Horkheimer & Adorno, *Dialectiek van de Verlichting*, 68-69. De mythologische opmaak van de traditionele christologie maakt van Jezus' lijden en dood een offer van God aan zichzelf. Het "zelf" verschijnt als offer aan zichzelf. Daarin komt niet zozeer de oorspronkelijke conceptie van de volksreligie tot uitdrukking, maar komt veeleer het gegeven aan bod dat de mythe in de civilisatie wordt opgenomen. De geschiedenis van de civilisatie is dan ook, volgens Adorno, de "geschiedenis van de verinnerlijking van het offer." Met andere woorden: de geschiedenis van onthechting.

onthechting vormt de geschiedenis van de beschaving. Het resultaat is dat bij deze offerande de mens zijn illusies kwijtspeelt: "Mijn God, mijn God, waarom hebt gij mij verlaten?" (Psalm 22 en Mt. 27:46). Het is in het onderscheid tussen verbeelding van waarheid en illusie, dat de hermetische benadering van de werkelijkheid een vruchtbare grond aanboort. Dit onderscheid is gebaseerd op de herkenning van de beperkingen van taal.

UITSLUITING VERSUS EENHEID

In zijn excursie *Juliette ofwel Verlichting en moraal* bouwt Horkheimer verder op het principe van zelfbehoud als kenmerkend voor de Verlichting. De beperkingen van de taal werden al door Kant omzeild. De filosoof ontwierp een systeem dat indruk en begrip (categorie en exemplaar) samenbrengt op basis van de homogeniteit van het algemene en het bijzondere. De rede leidt het verstand, schreef Kant, en vormt volgens zijn eigen consequenties de afzonderlijke gegevens tot systematische eenheid. Horkheimer vult aan en stelt dat dit streven naar eenstemmigheid de "ander" uitsluit. Kennis bestaat uit subsumptie onder principes.[15]

Dit mechanisme treffen we ook in de Oudheid aan. Het werd de leidende dynamiek van de vorming van het "apostolische" (orthodoxe) christendom in de eerste eeuwen. Kerkvaders in de 2^{e} eeuw definieerden de geloofsleer en legden de norm van het "ware" christelijke geloof vast: het geloof in de uitwendige gegevens over Jezus' leven. De materiële feitelijkheid van bijvoorbeeld de maagdelijke geboorte en de opstanding uit de dood stonden centraal in de Apostolische Geloofsbelijdenis. Bisschoppen en christelijke kerkleiders voerden, in navolging van Irenaeus en Tertulianus, een hevige strijd tegen andere meningen. Ze maakten er zowaar hun levenswerk van, getuige het vijfdelige *Adversus Heareses* van Irenaeus van Lyon. Zelfbehoud en (natuur)beheersing stonden hoog op hun intellectuele agenda. Andere visies werden totalitair uitgerangeerd.

Naast de vele gnostische stromingen die het vroege christendom rijk was, waarvan we een exponent zagen in het *Evangelie van Judas* dat het martelaarschap en culpabilisering verwierp door de onderliggende visie op het sterven van Jezus als een offer van God aan zichzelf in vraag te stellen, bestond in die dagen ook een brede hermetische beweging. De hermetica in de Oudheid concentreerde zich op louter geestelijke concepten van waarheid en werkelijkheid. Daarbij stond niet de figuur van Christus centraal – de resolute wending tot exterioriteit van de kerkvaders werkte wel degelijk in beide richtingen – maar men greep terug naar de Egyptisch-Hellenistische traditie

---

[15] Horkheimer & Adorno, *Dialectiek van de Verlichting*, 95-100. Horkheimer ziet in het werk van Marquis de Sade de illustratie van een moraal gevormd door "het verstand zonder leiding van de ander, dat wil zeggen het van bevoogding bevrijde burgerlijke subject." Hij schrijft dat een dergelijk "calculerend denken" in een totalitaire orde volledig tot zijn recht kan komen. De wetenschap als zodanig vormt dan een canon van haar eigen bloedige efficiëntie.

waarin de wijsheid van Hermes Trismegistus als mythologische grondslag fungeerde. De focus lag op persoonlijke verlichting gemedieerd door inwijding. Niet beheersing maar beleving stond voorop, niet zelfbehoud wees de weg maar eenheid. Eenheid of universaliteit maakt de natuur tot natuur. De ervaring daarvan tijdens de inwijdingen, voedde hermetici met het inzicht dat alles met alles is verbonden. De op uitwendige tekenen geënte geloofsleer van de orthodoxie kliefde het wereld- en mensbeeld (wij versus zij, gelovig versus heidens), waardoor hun waarheid ("God is één") volkomen ongeloofwaardig werd. De triomferende orthodoxie verdeelde om te heersen. De hermetica in de Oudheid zag in een tijdloze verbondenheid de kern van het verlichte bewustzijn. De in de Nag Hammadi Bibliotheek teruggevonden tekst *Inwijding in de achtste en negende sfeer* is daarvan een uitstekend voorbeeld.[16]

INWIJDING

Dit belangrijke geschrift uit de hermetische literatuur werd door de kloosterlingen in de streek van Nag Hammadi blijkbaar gelezen en gekoesterd. De Koptische tekst dateert uit het midden van de 4e eeuw. De tekst is een kopie van een vertaling uit het Grieks. Kopiist en vertaler zijn niet dezelfde personen, gezien de kopiist een korte mededeling aan zijn opdrachtgevers schrijft. Hij doet daarin melding dat hij zeer veel hermetische verhandelingen in zijn bezit heeft, maar ze niet gekopieerd heeft, omdat de bestemmeling ze misschien al heeft "en dit zou vervelend zijn." Rond 350 waren dus veel hermetische (ook gnostische en manicheïsche) teksten in omloop. De streng orthodoxe bisschop Athanasius resideerde in Alexandrië tussen 338 en 373. Zijn rondzendbrief omtrent de canon inspireerde de kloosterlingen nabij Nag Hammadi om een groot gedeelte van hun bibliotheek te begraven in het woestijnzand van Egypte. De *Inwijding in de achtste en negende sfeer* is de belangrijkste hermetische tekst die in de 20e eeuw werd teruggevonden. De tekst werpt een nieuw licht op het hermetisme in de Oudheid. Voorheen dacht men over hermetica als literaire fictie, bedreven aan de schrijftafel. Nu lezen we een tekst die praktische beoefening en gemeenschapsvorming voorstaat.[17]

Deze beleving werd niet alleen door de christelijke kloostergemeenschap in Egypte gesmaakt, ze stond ook in schril contrast met de heersende tendens in de toenmalige kerk. Vanuit Rome en andere metropolen spijkerden orthodoxe bisschoppen de waarheid steeds harder vast op de uitwendige feitelijkheden over Jezus. In plaats van de woorden *van* Jezus door

---

[16] De tekst is uit het Koptisch vertaald en van commentaar voorzien door Roelof van den Broek, *Hermes Trismegistus,* 234 ev.

[17] Van den Broek, *Hermes Trismegistus*, 234-238.

te geven, eiste men aanname van de woorden *over* Jezus.[18] Zo installeerde men een systeem van geloofskennis. Bekering werd gelijkgesteld met de aanvaarding van de principes die door de kerkvaders waren vastgelegd. Deze totalitair opgelegde illusie stipuleerde dat Jezus en God dezelfde zijns-kern hebben, wat met de filosofische draak *homo-ousios* in de Geloofsbelijdenis te Nicea in 325 voor eeuwig werd vastgelegd. Het is geen wonder dat de christelijke kloosterlingen heil zochten in een concretere beleving van de waarheid. Daarbij sloten hermetici de rede niet uit. De *Inwijding in de achtste en negende sfeer* leert een praktische beoefening van meditatie, waarbij het reciteren van de onuitspreekbare Godsnaam centraal staat. Ook stilte, als aanschouwelijke "lofzang," kenmerkt de hermetische inwijding. Onze interesse ligt op de herkenning van de beperkingen van taal als middel om de verbeelding van waarheid te onderscheiden van illusie.

TAAL ALS MEDIUM

We keren terug naar de analyse van Horkheimer en Adorno over de verinnerlijking van het offer als geschiedenis van de beschaving. De illusie of "hopen op een wonder" bestaat dan bij de gratie van desillusie, zoals het citaat uit Psalm 22 bij de kruisiging illustreert. Deze dynamiek verleent aan het gebed ten andere haar kracht: hoop. Het is op zijn minst merkwaardig te noemen dat de evangelist Mattheüs deze dialectiek lijkt te vatten, gezien zijn held die leefde bij het besef dat hij en de Vader één zijn, zich op het hoogtepunt door God verlaten weet. De analyse van Horkheimer en Adorno kan ons verder helpen. In overeenstemming met hun dialectiek van Verlichting is de teleurstelling omtrent het totalitaire karakter van de illusoire waarheid de voedingsbodem van een nieuwe misleiding, dat uiteindelijk resulteert in het systematisch vernietigen van wat aan de eenstemmigheid vreemd is. Aan de basis van deze dynamiek ligt, volgens Horkheimer, de tegenstelling tussen verlichting en mythologie. Deze tegenstelling drukt het principe uit dat voor de rede alleen het onredelijke tegengesteld is. In het kader van het mythologische wereldbeeld van de Bijbel concludeerde Mattheüs dat lijden en kwaad (pars pro toto uitgedrukt in het passieverhaal) noodzakelijk zijn voor de verlossing. Later werd dit "inzicht" gemeenzaam herleid tot "lijden loutert." Vandaar dat de wending tot uitwendigheden de onredelijke basis van de geloofswaarheid onderstreept. De almachtige God van Jezus kan het kwaad een halt toeroepen, maar doet het niet. Deze onredelijke inertie onderstreept zijn almacht. Het is zo, schreven de kerkvaders, punt. Dit dogma doet beroep op de rede – het zwakke overwint - om ingang te vinden. Verlichting en mythologie zijn tegengesteld. De illusie is aan beide kanten even groot.

---

[18] Deze analyse was voor Robinson de aanleiding om op zoek te gaan naar de oorspronkelijke overlevering van de woorden van Jezus, de zogenaamde Q-bron. Zie: J.M. Robinson, *The Gospel of Jesus. In search of the original Good News*, New York, 2005.

De "uitgesloten derde" in de Oudheid stelde een vergeestelijking van waarheid voor. Alle veruitwendiging is bedrog. De tendens tot materialisering (zelfbehoud) schept illusies die alleen op basis van een totalitaire systematiek kan worden gehandhaafd. De vergeestelijking die het hermetische gedachtegoed in de Oudheid proclameerde, hanteerde de mythe als veruitwendiging in taal, niet als doel op zichzelf, maar als medium van de verbeelding van waarheid. Ze zagen dat, in aansluiting met de Hellenistische filosofie, de waarheid in het zelf besloten lag en niet met voorschriften kon worden doorgegeven. In gesprek met de Joodse traditie betekent dit dat de Wet van Mozes alleen een context kan creëren, waarin de onuitspreekbare naam van God zich kon manifesteren. Taal is uitwendigheid en materialisering en bijgevolg altijd ontoereikend om de Godsnaam uit te drukken. In de hermetica geldt dat je de waarheid alleen kan ervaren. Daartoe was inwijding het middel.

VERBORGEN BELEVING VAN WAARHEID

Zoals we al zegden, cirkelt de *Inwijding in de achtste en negende sfeer* rond de ervaring van de Godsnaam. Dit gebeurt door het herhaaldelijk reciteren van zeven vocalen. Het is aangetoond dat deze praktijk uit de antieke magie stamt en ook in verschillende toverpapyri voorkomt.[19] In de twee passages waarin de Godsnaam wordt aangeroepen, lopen de vocalen op in lengte (en mogelijk ook in toon?). Dit herhaaldelijk reciteren van in lengte oplopende vocalen kan een ademhalingstechniek verbergen. Verder treffen we in deze tekst ook een uitdrukking van de gedachte dat de vocaal, het verborgene van de consonant (het Hebreeuws hanteert zoals meerdere antieke talen een consonantschrift, waarbij de klinker in de medeklinker verborgen) geen uitwendige betekenis heeft, maar dienstig is om de verborgen waarheid in het zelf op te diepen.

Met deze methode, gebaseerd op het bewustzijn van de beperkingen van taal, voorkwam men de dynamiek dat de verdwijning van illusies andere (nieuwe) illusies opwekte, om de eenvoudige reden dat elke veruitwendiging van waarheid onmogelijk en ongewenst is. Met andere woorden: er verandert niets aan de buitenkant. Alleen het bewustzijn van de inwijdeling wordt verbonden, in eerste instantie met de inwijder (de mythische figuur Hermes die steevast als "vader" wordt aangesproken) en ook met andere ingewijden (de "broeders") die de verbeelding van de mensheid zijn. Ook de setting van de hermetische inwijding toont dat men op de hoogte was van de beperkingen van uitwendigheid. Het decor is steevast de antieke Egyptische tempel, die er rond het begin van de jaartelling en daarna verlaten bij lag.

---

19 Van den Broek, *Hermes Trismegistus*, 236. In verschillende toverformules uit de eerste eeuwen van onze jaartelling wordt de geheime naam van een god opgeroepen met de zeven Griekse vocalen: a, e, ei, i, o, u en oo. De ordening bij de aanroeping was doorgaans oplopend in lengte.

CONCLUSIE

Dit overzicht leert dat de hermetische traditie in de Oudheid gebruik maakte van de verbeelding en deze niet tegenover de rede uitspeelde, integendeel. De hermetici deden evenzeer beroep op de rede om de verbeelding als zodanig te beschouwen en haar niet als onredelijke waarheid tegenover mens en wereld te plaatsen. De waarheid zit in mens en wereld verborgen.

Job: sa confiance réside dans son franc-parler

Johannes Taschner

Abstract

What is the role of the friends in the Book of Job? In typical exegetical discussions, they are not always regarded as very helpful because of their more or less dogmatic attitude. This article asks what significance the seven days have, when the friends sit beside Job without saying a word. Does this kind of solidarity give Job the power to go his own "undogmatic" way?

JOB 2:7-13

7 ET SATAN SE RETIRA DE DEVANT LA FACE DE L'ETERNEL. PUIS IL FRAPPA JOB D'UN ULCÈRE
MALIN, DEPUIS LA PLANTE DU PIED JUSQU'AU SOMMET DE LA TÊTE. 8 ET JOB PRIT UN TESSON
POUR SE GRATTER ET S'ASSIT SUR LA CENDRE. 9 SA FEMME LUI DIT: TU DEMEURES FERME
DANS TON INTÉGRITÉ! MAUDIS DIEU, ET MEURS! 10 MAIS JOB LUI RÉPONDIT: TU PARLES
COMME UNE FEMME INSENSÉE. QUOI! NOUS RECEVONS DE DIEU LE BIEN, ET NOUS NE
RECEVRIONS PAS AUSSI LE MAL! EN TOUT CELA JOB NE PÉCHA POINT PAR SES LÈVRES. 11
TROIS AMIS DE JOB, ELIPHAZ DE THÉMAN, BILDAD DE SCHUACH, ET TSOPHAR DE NAAMA,
APPRIRENT TOUS LES MALHEURS QUI LUI ÉTAIENT ARRIVÉS. ILS SE CONCERTÈRENT ET
PARTIRENT DE CHEZ EUX POUR ALLER LE PLAINDRE ET LE CONSOLER! 12 AYANT DE LOIN
PORTÉ LES REGARDS SUR LUI, ILS NE LE RECONNURENT PAS, ET ILS ÉLEVÈRENT LA VOIX ET
PLEURÈRENT. ILS DÉCHIRÈRENT LEURS MANTEAUX, ET ILS JETÈRENT DE LA POUSSIÈRE EN
L'AIR AU-DESSUS DE LEUR TÊTE. 13 ET ILS SE TINRENT ASSIS À TERRE AUPRÈS DE LUI SEPT
JOURS ET SEPT NUITS, SANS LUI DIRE UNE PAROLE, CAR ILS VOYAIENT COMBIEN SA DOULEUR
ÉTAIT GRANDE.

INTRODUCTION

En quoi l'attitude de Satan (ou l'Accusateur) est-elle justifiée? Pourquoi est-il en mesure d'amener Job à s'asseoir malade dans la cendre et à gratter l'ulcère qui recouvre son corps avec un tesson? Le livre de Job s'ouvre sur cette description: Job est "intègre et droit. Il craignait Dieu et se détournait du mal" (Job 1:1). Il n'a donc en rien mérité ces tourments. Où est donc ce Dieu tout puissant et juste dont il est dit plusieurs fois dans la Bible qu'il protège les Justes sur tous leurs chemins? (Dtn 4:5-8, 28:1 et suivants, etc.)

Nous sommes confrontés ici à la théodicée, la question inhérente à la théologie: si Dieu aime les Hommes et est tout puissant, pourquoi le monde est-il le théâtre de tant de souffrances? Le livre de Job est communément considéré comme le livre de la Bible qui se consacre à cette question.

Regardons maintenant notre Passage Job 2:7-13. Il nous livre ici trois réactions face aux épreuves: la femme de Job incarne le renoncement à Dieu face à ce dilemme. Job, quant à lui, fait preuve dans ce passage d'une foi presqu'inhumaine. Il accepte d'une part tout, vraiment tout de Dieu, et il juge en plus sa femme de manière la plus dure qu'il soit. Ses amis, de leur côté, se révèlent être de véritables amis. Ils viennent alors que Job est abandonné de tous et font la seule chose possible dans une telle situation: se taire. Cela signifie-t-il que l'unique solution au problème de la théodicée réside dans la solidarité humaine?

Le livre de Job

Le livre de Job surprend par son manque flagrant d'indications géographiques et temporelles, si bien qu'il ne peut s'agit que d'une volonté délibérée.[1] Job lui-même n'est évoqué qu'à une autre reprise dans la Bible (Ez 14) et il n'est jamais présenté comme un israélite. Job 1:1 dit seulement: "Il y avait dans le pays d'Uts un homme qui s'appelait Job." Aucun élément ne permet de localiser avec précision le pays d'Uts.[2] Manifestement, l'objectif du livre n'est pas d'évoquer un évènement particulier, mais le problème théologique dont il est question ici. Ce dernier est illustré, presque comme un paradigme, par le personnage de Job.

Malgré tous les efforts des spécialistes en exégèse, le livre ne se laisse pas dater avec précision, mais peut être placé entre deux évènements. D'une part, son écriture doit avoir eu lieu après l'apparition du monothéisme pendant et après l'Exile (6e siècle avant J.-C.). Le problème de la théodicée n'est en effet possible qu'en croyant en un Dieu unique et juste. D'autre part, il est très peu probable que le livre de Job ait vu le jour après l'expansion hellénistique dans l'est du Levant au 3e siècle avant J.-C., car cette culture est à peine évoquée.[3]

Le livre de Job n'a vraisemblablement pas non plus été écrit en une fois. Une théorie répandue dans le domaine de l'exégèse est d'attribuer le début et la fin du livre (Job 1-2 et 42:7-16) d'une part et les longs dialogues entre Job et ses amis ou Job et Dieu (Job 3-42,6) d'autre part à différents auteurs supposés avoir vécu à des époques différentes. Ici aussi, la science est loin d'avoir atteint un consensus sur cette question. Et c'est justement cette opposition entre le cadre

---

[1] Harasta, E. / Ratschow, L., *Satanische Verse? Zur Rolle Satans in Hiob 1-2 aus systematisch-theologischer Sicht*, in: Dies. (Hg.), *Die Anfechtung Gottes. Exegetische und systematisch-theologische Beiträge zur Theologie des Hiobbuches*, 2016, 93.

[2] Ebach, J., *Streiten mit Gott. Hiob.* Teil 1, 2014, 4.

[3] Schmidt, A.-S., *Die biblische Satansvorstellung - eine Entwicklungsgeschichte. Altes Testament und zwischentestamentliche Texte*, in: Biblische Notizen 166,2015,119-120.

narratif et les dialogues détaillés qui confèrent à ce livre sa profondeur théologique.[4]

"SATAN," LE CONTRÔLEUR ET ADVERSAIRE

Le livre de Job s'ouvre sur une scène dans les Cieux avec un dialogue entre Dieu et "l'adversaire" (*Ankläger* en allemand), en hébreu *satan*. Satan revient de "parcourir la terre et de [s]'y promener." Dieu lui demande des nouvelles de Job, un homme intègre. Satan riposte en posant la question décisive pour comprendre le livre de Job: "Est-ce de façon désintéressée que Job craint Dieu?" (Job 1:9).

Le "satan" tel qu'il est décrit dans ce récit n'a qu'une très vague ressemblance avec le Diable tel qu'il est représenté dans notre culture. Dans les plus vieux écrits de l'Ancien Testament, Satan n'a rien d'une créature céleste, il s'agit tout simplement de "l'adversaire," ou de l'incarnation du militaire (1 Sam 29:4 et suivants; 1 Rois 5:18, 11:14, 23, 25). Le terme *satan* est également utilisé dans le sens de "gêneur, obstacle" dans la péricope de Balaam. "*Satan*" est ici l'ange qui empêche Balaam de suivre le chemin sur lequel il s'attirerait la colère de Dieu (Nom 22:22-35).[5]

Dans la scène qui nous préoccupe, Job 1-2, Satan fait partie des Cieux. En allemand, le déterminant devant *satan* indique qu'il ne s'agit pas d'un nom propre, mais bien d'une fonction.[6] Ce "satan" ne jouit que d'une liberté d'action très limitée. Il parcourt certes la terre entière, mais il a besoin explicitement de l'autorisation de Dieu pour mettre Job à l'épreuve (Job 1:12, 2:6). Cette fonction de voyageur qui glane des informations sur les sujets du royaume laisse supposer que le rôle d'inspecteur dans l'Empire perse se cache derrière l'image du *satan*.[7] La fonction de ce dernier consistait à inspecter les vassaux de l'empire et à en rapporter auprès du gouvernement central. Cette thèse concorde avec la période de datation du livre de Job citée précédemment.

Il faut encore évoquer Zac 3 pour ce qui est de l'interprétation de ce rôle joué par "le satan" dans les deux premiers chapitres du livre de Job. Dans la vision du prophète Zacharie qui a vécu après l'Exile, le grand-prêtre Josué est accusé par un "satan." Ce "satan" n'a cependant pas l'occasion de s'exprimer, car Dieu rend un jugement plein de bonté envers le grand-prêtre qui incarne la Jérusalem d'après l'Exile. Dans sa défense, Dieu aborde tous les chefs d'accusation que le satan aurait pu avancer: les habits sales (c'est-à-dire indignes) et la faute. Mais pour Dieu, cela ne pèse pas dans la balance. Sa bonté est plus grande. "La décision souveraine de Dieu suffit pour acquitter le grand-

---

[4] Cf. Ebach 1, XI-XIV.

[5] Voir la représentation traditionnelle du personnage de Satan chez Schmidt, Satansvorstellung, 110-114.

[6] Schmidt, cit. loc., 117.

[7] Schmidt, cit. loc., 119.

prêtre de manière juste; Dieu rompt avec l'image conventionnelle de la justice et de la pureté."[8] Ici aussi, "le satan" est clairement subordonné à Dieu et il n'avait nullement l'intention de calomnier le grand-prêtre. Il n'aurait dit que la vérité. Il ne revêt ici qu'une fonction similaire à celle du procureur de nos jours.

Dans les chapitres ouvrant le livre de Job, "le satan" n'est pas là non plus pour calomnier Job. Il souhaite au contraire découvrir la vérité. Il veut sonder sur quoi repose véritablement la relation entre Dieu et Job. Pour mieux comprendre la question "du satan": "Est-ce de façon désintéressée que Job craint Dieu?", il est bon de regarder de plus près le mot hébreu traduit souvent par "de façon désintéressée" en français. *Chinam* se laisse traduire par "à titre gracieux" ou "pour rien."[9] La question suivante se pose alors: qu'est-ce qui motive vraiment Job à entretenir une telle relation irréprochable avec Dieu? Pourquoi s'assure-t-il d'offrir un holocauste à chaque fois que ses enfants festoient au cas où, dans l'ivresse du moment, l'un d'entre eux en était venu à pêcher? Ne s'agirait-il pas d'une piété en vue d'engranger des points-bonus que Job témoigne ici? Job essaie-t-il d'obtenir une assurance tout-risque grâce à sa foi? Est-il fidèle à Dieu, parce que Dieu semble lui avoir accordé sa protection jusqu'à maintenant? La piété de Job n'est-elle finalement qu'une clause dans un contrat?[10] Le livre de Job se consacre à cette question et de manière très indirecte à la théodicée. En tant que lecteur et lectrice, nous disposons d'emblée d'une information que les personnages du récit de Job n'ont pas: il s'agit dans toutes les souffrances décrites de la mise à l'épreuve de la relation entre Job et Dieu. De ce point de vue, les réactions de Job, de sa femme et de ses amis prennent une autre dimension.

Les réactions face à l'examen du satan autorisé par Dieu

La femme de Job lui recommande après la deuxième épreuve "du satan" qui touche maintenant aussi l'intégrité physique de son mari de "bénir" Dieu. Il s'agit ici d'un euphémisme dans la version allemande. Il faut sûrement lire ici qu'il doit maudire Dieu comme en français. Ces paroles renvoient de toute évidence au verset Job 1:21 où Job bénit vraiment Dieu après la première série de revers du destin qui touchent "uniquement" ses biens et ses enfants. Dans la traduction allemande de Job 2:5, avant la deuxième épreuve, "le satan" prédit que Job va "bénir" Dieu une fois que son corps sera aussi affecté. "Bénir" ici est à comprendre de manière ironique, presque cynique. Lorsqu'après ce malheur la femme de Job conseille à son mari de "bénir" Dieu, elle fait exactement ce que "le satan" a prédit. Job lui répond qu'elle tient le langage d'une folle. Un motif récurrent des dialogues de la littérature sur la sagesse est un personnage qui n'a

---

8 Harasta, loc. cit., 97.

9 Ebach, 1, 13, qui cite ici les passages Gen 29:15 et Ex 21:2-11.

10 Ebach, 1:14; comparer avec Harasta, cit. loc., 102.

pas compris le fin mot de l'histoire.[11] Cette typologie n'est en aucun cas réservée aux femmes dans ce mouvement littéraire. Malgré le fait que la Bible ait vu le jour dans un contexte patriarcal, elle n'est pas dénuée de femmes fortes. La femme de Job n'en fait toutefois pas partie.[12]

Il faut ici toutefois se garder d'accepter trop rapidement le jugement que porte le texte sur la femme de Job. Sa réaction est purement logique et humaine. Que peut-on en effet attendre d'un dieu qui autorise de maltraiter ainsi son mari, l'incarnation de l'intégrité et de la piété? Elle peut alors être considérée comme la représentante de tous ceux qui renoncent aujourd'hui à croire en un dieu omnipotent et aimant les hommes, à cause de la multitude de malheurs dans le monde. La femme de Job nous renvoie alors à la question de la théodicée.

La première réaction de Job à la deuxième épreuve révèle cependant une piété qui est presque dénuée d'humanité. Cela explique peut-être le jugement terrible qu'il rend sur sa femme. Job considère ici Dieu cependant comme le détenteur du Bien, mais aussi du Mal. Il dit son opinion à sa femme et il n'en démordra pas jusqu'à la fin du livre. Le livre de Job ne laisse nullement transparaître une répartition entre "le satan," responsable du Mal et Dieu, responsable du Bien.[13]

La réaction des amis est émouvante. Ils se retrouvent d'un commun accord pour être ensemble aux côtés de Job. Ils compatissent vraiment aux malheurs de Job et, par leur silence, évitent tout d'abord de catégoriser ce malheur. Ils manifestent ainsi leur sympathie. Cette dernière est plus importante pour l'ensemble des personnes partageant ce fardeau que toute classification qui s'accompagnerait directement aussi d'une prise de distance. La personne qui souffre n'est tout d'abord pas capable d'une telle catégorisation. Et, malgré toutes les différences qui font jour au cours des dialogues suivants, l'amitié entre Job et ses amis ne faillit pas.[14]

Et c'est peut-être cette amitié profonde qui donne du courage à Job et lui permet de prendre la décision qui changera tout: ses lamentations commencent en effet directement après notre passage. La plainte qu'il formule à présent est radicale, sincère et sans concession. C'est elle qui donne toute la portée théologique au livre de Job.

---

[11] Ebach, 1, 37.

[12] La femme de Job est souvent citée aux côtés d'Ève dans les interprétations traditionnelles pour illustrer la tendance des femmes à succomber à la tentation. Cette interprétation oublie toutefois que Gen 3 et le début du livre de Job sont deux textes très différents. Gen 3 illustre l'arrivée à l'âge adulte de l'homme, quant au début du livre de Job, il soulève la question de ce qui se trouve au cœur de la relation à Dieu. Par conséquent, le serpent dans Gen 3 et "le satan" dans Job 1+2 revêtent chacun une fonction distincte. Voir Ebach, cit. loc., 38+39.

[13] Ebach, 1, 11-12.

[14] Cf. à ce propos : Crüsemann, F., *Das Hiobbuch als Buch der Freundschaft - auch mit Gott?* in: Richard Riess (Hg.), *Freundschaft*, 2014.

Job aurait préféré ne jamais être né:

11 Pourquoi ne suis-je pas mort dans le ventre maternel?
Pourquoi n'ai-je pas expiré au sortir du ventre de ma mère?
12 Pourquoi ai-je trouvé des genoux pour
m'accueillir et des seins pour m'allaiter?
13 En effet, maintenant je serais couché, tranquille,
je dormirais en ce moment, en plein repos.
(Job 3:11-13)

Pour Job, Dieu est un guerrier qui l'attaque:

12 J'étais tranquille et il m'a secoué.
Il m'a attrapé par la nuque et m'a brisé,
il m'a redressé et me prend pour cible.
13 Ses flèches m'environnent.
Il me transperce les reins sans aucune pitié,
il verse ma bile par terre.
14 Il fait en moi brèche sur brèche,
il se précipite sur moi comme un guerrier.
(Job 16:12-14)

Il va même jusqu'à qualifier Dieu de criminel et se plaint de n'avoir aucun juge devant lequel demander justice.

24 La terre est livrée entre les mains du méchant:
[Dieu] aveugle ses juges.
Si ce n'est pas lui, qui est-ce donc?
(Job 9:24)

Néanmoins, Job trouve une instance devant Dieu où il peut parler ouvertement de sa souffrance, où sa plainte lui permet de redevenir actif.[15] Il se sert en outre de son attachement à Dieu contre Dieu lui-même:

20 Mes amis se moquent de moi?
C'est Dieu que j'implore avec larmes.
21 Puisse-t-il être l'arbitre entre l'Homme et Dieu,
entre l'être humain et son ami!
(Job 16:20-21)

---

15 Ebach, 1, 14+15, qui voit ici la différence avec le Faust de Goethe qui ne parvient pas à regagner à la fin sa propre liberté d'action.

Dieu doit décider entre Job et Dieu, de la même manière qu'il devrait choisir entre deux amis. Job ne perd toutefois pas espoir que Dieu finisse en dernière instance à changer sa situation:

25 Pour ma part, je sais que celui qui me rachète est vivant
et qu'il se lèvera le dernier sur la terre.
26 Quand ma peau aura été détruite,
en personne je contemplerai Dieu.
27 C'est lui que je contemplerai, et il me sera favorable.
Mes yeux le verront, et non ceux d'un autre.
(Job 19:25-26)

Le livre de Job raconte comment Job réussit à créer un dialogue avec Dieu lui-même (Job 38:1-42, 6).

Les amis de Job retrouvent à présent la faculté de parler et répondent à Job en utilisant les enseignements sur Dieu qui avaient probablement cours à l'époque de l'écriture du livre. Ils reposent sur l'idée que chaque être humain est un pêcheur. Par conséquent, Job aussi a quelque chose à se reprocher et c'est la raison pour laquelle. Dieu le punit maintenant. D'après ses amis, il lui suffirait de le reconnaître pour sortir purifié de cette accusation. Tout ce qu'il doit faire, c'est reconnaître sa faute. C'est la théologie que l'on retrouve dans les livres depuis le Deutéronome jusqu'au Deuxième livre des Rois et chez la plupart des prophètes. Selon ce courant de pensée, le lien entre agir et supporter avec patience détermine l'existence humaine. Les Justes jouissent d'une protection divine particulière, mais tous sont des êtres humains et ne peuvent se soustraire au jugement. Les épreuves qui arrivent à l'être humain sont le jugement de Dieu. C'est aussi Dieu en personne qui met fin à cette situation d'où l'être humain sort purifié. Le livre de Job, en laissant les amis exprimer cette doctrine théologique, adopte une position critique par rapport à cette dernière.

Même si Job et ses amis défendent des positions divergentes, leur amitié n'en est pas affectée. Et c'est précisément l'importance de cette amitié qui n'a pas encore était suffisamment prise en compte: "Finalement, il ne faut pas oublier que Job a été en mesure d'adopter cette position louée par Dieu uniquement parce que ses amis sont venus à lui, se sont assis autour de lui et sont restés auprès de lui malgré leurs paroles trompeuses. Supporter la colère divine et la nommer pour ce qu'elle est, injuste, et se servir inlassablement de son attachement à Dieu contre Dieu lui-même ne peut se faire sans amis. Seule une telle solidarité humaine permet aussi de supporter le Dieu inamical et tentateur."[16]

[16] Crüsemann, Hiobbuch, 224.

La fin du livre de Job est connue: Dieu règle durement ses comptes avec les amis, car ils n'ont pas parlé correctement *de lui* (Job 42:7) Job, de son côté, est considéré comme juste, car il a parlé avec justesse *avec lui*. Job ne s'est pas placé derrière les doctrines sur Dieu, mais il a dialogué directement avec Dieu. Dieu dit de Job, qui a asséné encore et toujours sa colère, ses plaintes et sa rage au Très-Haut, qu'il "a parlé de moi correctement" (Job 42:7). À la fin, Dieu porte au double tout ce qu'il lui avait pris. Faut-il voir ici qu'il reconnaît sa faute? En effet, conformément aux lois de la Torah, un criminel devait rembourser le double des dommages qu'il avait causés.[17] Dieu se met-il ici sur un pied d'égalité avec Job?

Conclusion

Cette évolution de la foi passant d'une prétendue assurance tout risque à un dialogue radicalement ouvert caractérise à la fin la profondeur de la relation entre Dieu et Job. Ce dialogue transcende aussi les doctrines en vigueur. Il permet à cette relation d'être vivante et de laisser croître la confiance.[18]

---

[17] Ex 22,3.6.8. Cf. à ce sujet Habel, Urteil.

[18] Harasta, cf. ci-dessus, 103.

La notion biblique d'écriture sur le cœur: Jérémie 31:33

Jeanine Mukaminega

Abstract

At the time of biotechnologies allowing to envision the possibility of the manufacture of the "augmented Man," the reading of Jr 31:33, which announces the advent of a writing which can form integral part of human interiority, gives the shivers. What did the author of this passage really want to say? Do we face a picturesque language or did the scribe think of a new writing technique?

INTRODUCTION

A l'heure où les discussions sur l'humain portent sur les conceptions les plus inédites de post-humanisme, de transhumanisme, de l'Homme augmenté et d'une mondialisation sauvage,[1] une voix parmi les plus averties, parle encore non seulement du progrès humain en termes d'éthique et de renouvellement social, mais aussi d'espoir.

Je ne vois pas, si non dans l'inespéré, la lueur de l'espoir.[2]

Pour Edgar Morin donc, c'est paradoxalement dans l'inespéré que résiderait l'espoir. Sans être ni en contradiction ni en confrontation avec les promesses des biotechnologies en cours, Edgar Morin émet tout de même une voix discordante. Il ouvre d'autres possibilités pouvant avoir des résonances avec les conceptions anciennes. Par son audacieux décryptage de la réalité, celui qui se définit comme penseur du co-constructivisme[3] invite à réfléchir en profondeur sur les errances, les ruptures et surtout les émergences liées aux crises qui accompagnent les parcours humains. L'obstination du sociologue philosophe français à annoncer les lueurs d'espoir tout en brossant l'état des lieux du

---

1 Gilbert Hottois, Jean-Noël Missa, Laurence Perbal (dir.), *Encyclopédie du Trans/post-humanisme: L'homme et ses préfixes,* éd. Vrin, Paris, 2015; Blaise Lempen, *La mondialisation sauvage,* éd. Favre, Lausanne, 1999; Pierre Ziade, *Généalogie de la mondialisation*, éd. L'Harmattan, Paris, 2015; Essai collectif, *Spiritualités et mondialisation*, éd. Dervy, Paris, 2004.

2 Edgar Morin, "il n'y a pas de solution, mais il y a une voie," Terra Eco, entretien du 28/08/2014, http://www.terreco.net/Edgar-Morin-Il-n-y-a-pas-de, 56141.html. Consulté le 7/01/2019.

3 cf. E. Morin, "Entretien avec Edgar Morin par Daniel Bougnoux et Bastien Engelbach," https://www.nonfiction.fr/article-960-entretien-avec-edgar-morin-2-science-et-philosophie.htm, consulté le 26/01/2019. Pour l'auteur, la construction de la réalité par l'homme se fait en collaboration avec le monde extérieur.

monde actuel[4] avec son avalanche de désastres me renvoie à la parole attribuée au prophète Jérémie (Jérémie ben Hilikiya d'Anathot 7 - 6ème s. BCE).[5] C'est en effet au milieu d'une crise de grande ampleur dont il a, comme Edgar Morin, pris la mesure, que le scribe du livre de Jérémie[6] place son annonce de la venue de "l'humain renouvelé." "J'établirai ma *Torah* dans leur intérieur, et sur leur cœur je l'écrirai. Et je serai pour eux un dieu et ils seront pour moi un peuple"[7] (Jr 31:33).

A première vue, il est question de renouvellement d'une relation d'alliance dont la formulation a des accointances avec les rituels du Proche Orient Ancien, désormais (MOA). Il me semble qu'une lecture actuelle de tels passages insolites, ne peut pas se passer d'une prise en compte du fait que le scribe biblique construit sa théologie à partir de l'expérience empirique vue comme une suite ou un aboutissement (heureux ou malheureux) des vécus antérieurs dits des "pères." Les textes bibliques témoignent d'une constante réévaluation des chemins parcourus couvrant une géographie qui déborde le Canaan biblique. Ce même constat se lit dans l'énoncé de Bernard Levinson[8] quand il écrit: "Dans la Bible, le présent discute sans cesse avec le passé, qu'il adapte, corrige et peut même contredire en prétendant le transmettre avec le plus grand respect."

Le vécu des hommes de la Bible nous est ainsi parvenu décalé, multiforme et historico-cumulatif.[9] De fait, l'univers scripturaire dans lequel notre passage fonctionne comme parole innovante est marqué du seau de la complexité. Cette contribution cherche à expliciter une possible signification de ce langage imagé d'écriture sur les cœurs en résonance avec son cadre idéologique global. Une explicitation en trois temps, se terminant par une invitation au lecteur à aller plus loin dans un vertigineux déchiffrement de ce qui l'habite:

---

4 Cf. Son œuvre en particulier, E. Morin, *Le paradigme perdu: la nature humaine*, éd, Seuil, Paris, 1973; E. Morin, *La méthode, V.5, L'humanité de l'humanité*, éd. Seuil, Paris, 2001.

5 Anathot correspond à l'actuel Anata à quelques kilomètres de Jérusalem. Mais d'autres sources précisent que l'Anathot biblique serait plutôt Ras al-Haruba. Cf. J. Mukaminega, *Lettre aux immigrés de tous les temps*, éd. L'Harmattan, Paris, 2012, p.45.

6 Il est communément admis parmi les biblistes que le deutéronomiste se réapproprie et réinterprète l'œuvre du prophète. Cf. par exemple, T. Römer, "Y a t-il une rédaction deutéronomiste dans le livre de Jérémie?" in A. de Pury, T. Römer, J.-D. Macchi, éds, *Israël construit son histoire*, p. 419-441. éd. Labor et Fides, Genève, 1996.

7 Une variante de ce renouvellement se lit dans un autre texte parfois pris pour parallèle à Jr 31,31-34: "Ils seront mon peuple, Et je serai leur Dieu. Je leur donnerai un même cœur et une même voie, (…) pour leur bonheur et celui de leurs enfants après eux. (…)" (Jr. 32,37-41).

8 Cf. Bernard Levinson, *L'herméneutique de l'innovation*, éd. Lessius, Bruxelles, 2005, p. 5.

9 L'existence des institutions des *sopherim* ou réviseurs autorisés et des *massorètes* ou préservateurs du texte est une donnée largement admise. Chacune avec ses visées et ses méthodes, les deux institutions ont réorienté les textes de nos Bibles.

1. Un cadre global: quelques aspects récurrents de l'univers biblique
2. Le contexte textuel immédiat, Jr 31:31-34
3. Écrire sur les Cœurs: Quelle(s) signification(s)?

I. Un cadre global: quelques aspects récurrents de l'univers biblique

Depuis que les études bibliques se sont affranchies de la tutelle des institutions religieuses, le monde biblique s'est laissé éclairer par divers champs de connaissances. Notamment, par des apports de nouvelles données sur le MOA, par des théories littéraires et ethnologiques. En particulier, des techniques d'écriture des scribes bibliques ont été identifiées.[10] Ainsi, on est au courant de comment l'art narratif de ces écrivains d'un autre âge a permis de rendre compte du vécu humain à travers des situations de vie où il est conté habitant un territoire, appartenant à une tribu ou issu d'une catégorie sociale. Bref, ayant une histoire où son destin se fraie un chemin. Dans certaines situations, le chemin peut être amené à changer de trajectoire et ça semble être le cas en Jr 31:33. L'écriture sur les cœurs sonne comme une parole à la jonction des cheminements. Le lecteur de la Bible ne tarde pas à se rendre compte qu'à travers d'inlassables répétitions subtiles, quatre des aspects de ce vaste témoignage de l'humain "en relation" sont décrits comme des noyaux irréductibles de complications voire de conflits paradoxalement novateurs. C'est là, peut-être, la raison d'être de la quasi omniprésence du thème de l'alliance (*Berit)*, 287 occurrences dans la Bible hébraïque. Ces aspects relationnels apparaissent dès les premières pages du corpus biblique. Il s'agit:

- De l'expérience de sa propre insignifiance face à l'insurmontable puissance de la Nature. Celle-ci semble avoir conduit l'homme biblique à se forger un univers mental et programmatique avec des types de relations avec son environnement qu'il espérait viables: hôte, gestionnaire, adversaire, maître-conquérant, …

- Du rapport entre l'homme et la femme, les couples: Adam et Eve; Moïse et Cippora; David et Bethsabée; Samson et Dalila; Juda et Tamar; Osée et sa femme et les triplets voire les quadruplets Jacob, Léa et Rachel; Abram, Saraï, Agar et Qetoura; ... leurs récits sont des dépôts

---

10 On fait recours aux techniques suivantes: métaphore, parabole, poésie, maxime de sagesse, parénèse, inclusion, parallélisme, note historisante (recréer un contexte), formule de renouvellement, … Cf. R. Alter, *L'art du récit biblique*, éd. Lessius, Bruxelles, 1999; J. P. Fokkelman, *Comment lire le récit biblique*, éd. Lessius, Bruxelles, 2002; J.-P. Sonnet, "Narration biblique et postmodernité," in D. Marguerat, *La Bible en récits,* éd. Labor et Fides, Genève, 2003, p. 253-263; M. Fishbane, *Biblical Interpretation in Ancient Israel,* éd. Oxford Clarendon Press, 1985.

d'enseignements sur les errances humaines encore capables de s'adresser aux générations actuelles.

- De la fraternité: Caïn et Abel; Ismaël et Isaac; Jacob et Esaü; Joseph et ses frères; Moïse, Aaron et Myriam; Salomon et Adonias; ... on a ici des histoires qui véhiculent des sagesses et des mises en garde encore valides.

- Du rapport entre peuples-nations: Israël-Aram; Israël-Assyrie; Juda-Moab; Juda-Égypte; Juda-Babylone; ... Comme réalités politiques, on ne peut plus actuel.

Ainsi, différentes dimensions de l'humain sont revisitées au gré des expériences et reformulées dans les récits dont nous avons hérité. C'est ainsi que l'individu se fait conter avec ses aspirations intérieures, son rapport au corps, à la propriété et à la nature dans sa diversité. Diverses narrations rendent compte des relations entre les humains en terme de conjugalité, de fraternité, d'amitié, d'inimitié, de conflit, de domination et de soumission. La Bible décrit les sociétés et leurs organisations (codes de justice et de l'éthique). L'écrivain biblique convoque aussi les royaumes, les empires et leurs modes de cohabitation pour rendre compte du déploiement de l'humain. Loin d'être confiné à son univers géographique, l'homme biblique a également été mis en rapport avec l'universel et avec l'univers connu d'alors. Ainsi, la théologie et son pendant l'anthropologie biblique se transmettent à travers des récits en apparence singuliers et contingents mais véhiculant l'universel forgé tout au long des parcours de communautés diverses.

Une lecture qui ignore cette complexité risque de se méprendre sur la valeur ajoutée du style aux images certes empiriques, incontestablement localisées et parfois même devenues obscures mais métaphorisées et chargées de traces de l'Histoire. L'exégèse héritière de siècles de recherche et d'analyse littéraire invite à s'arrêter sur les détails formels permettant de déceler toute une série d'astuces et de techniques d'écriture dont les auteurs ont usé pour mieux enraciner leur témoignage dans ce qu'ils percevaient comme les dépassant et qui leur semblait destiné à leur survivre. On a ainsi différents termes, images et expressions théologiquement féconds et régulièrement repris au sein même du corpus. Chaque reprise tire ses significations du contexte général et immédiat auquel ces images sont associées, d'où l'impératif de s'arrêter sur l'environnement littéraire de notre message.

II. Le contexte textuel immédiat de Jr 31:33

נָתַתִּי אֶת-תּוֹרָתִי בְּקִרְבָּם וְעַל-לִבָּם אֶכְתְּבֶנָּה

“J’établirai ma Torah dans leur intérieur, et sur leur cœur, je l’écrirai.”[11]

Sans entrer dans les détails du rapport avec le contexte textuel large du livre de Jérémie et de la rédaction deutéronomiste,[12] précisons que l’expression est insérée dans un petit passage de quatre versets Jr 31:31-34 d’une portée théologique souvent remarquée.[13]

Jérémie 31:31-34 (autre page)

---

11 Tous les textes hébreux sont tirés de la Bible du Rabbinat français, http://www.sefarim.fr/. Les traductions sont proposées par nous-mêmes.

12 cf. A. de Pury, T. Römer, J.-D. Macchi, éds, *Israël construit son histoire*, p. 419-441. éd. Labor et Fides, Genève, 1996.

13 Gerhard Von Rad, La théologie de l’Ancien Testament T. 2, éd. Labor et Fides, Paris, 1965, p. 230 fait remarquer que le passage fait écho à Jos 24:19 où la Berit que Josué va consigner par écrit à Sichem (v. 26) est au dessus des possibilités du peuple. Elle est plus une utopie, un horizon vers lequel cheminer, plutôt qu’une option accessible.

הִנֵּה יָמִים בָּאִים נְאֻם-יְהוָה
וְכָרַתִּי אֶת-בֵּית יִשְׂרָאֵל וְאֶת-בֵּית יְהוּדָה
בְּרִית חֲדָשָׁה-

31 Voici les jours viennent, oracle de Yhwh Je conclurai avec la maison d'Israël et avec la maison de Juda une alliance nouvelle.

לֹא כַבְּרִית אֲשֶׁר כָּרַתִּי אֶת-אֲבוֹתָם
בְּיוֹם הֶחֱזִיקִי בְיָדָם
לְהוֹצִיאָם מֵאֶרֶץ מִצְרָיִם
אֲשֶׁר-הֵמָּה הֵפֵרוּ אֶת-בְּרִיתִי
וְאָנֹכִי בָּעַלְתִּי בָם--נְאֻם-יְהוָה

32 Non pas comme l'alliance que j'ai conclue avec leurs pères, au jour où j'ai saisi leur main, pour les faire sortir du pays d'Égypte. Celle qu'ils ont brisée, mon alliance, et (pourtant) moi, j'étais maître en eux, oracle de Yhwh.

כִּי זֹאת הַבְּרִית אֲשֶׁר אֶכְרֹת אֶת-בֵּית יִשְׂרָאֵל
אַחֲרֵי הַיָּמִים הָהֵם נְאֻם-יְהוָה
נָתַתִּי אֶת-תּוֹרָתִי בְּקִרְבָּם
וְעַל-לִבָּם אֶכְתֲּבֶנָּה
וְהָיִיתִי לָהֶם לֵאלֹהִים
וְהֵמָּה יִהְיוּ-לִי לְעָם

33 Car celle-ci est l'alliance que je conclurai avec la maison d'Israël. Après ces jours là, oracle de Yhwh. J'établirai ma Torah dans leur intérieur, et sur leur cœur, je l'écrirai. Et je serai pour eux un dieu et ils seront pour moi un peuple.

וְלֹא יְלַמְּדוּ עוֹד אִישׁ אֶת-רֵעֵהוּ וְאִישׁ אֶת-
אָחִיו
לֵאמֹר דְּעוּ אֶת-יְהוָה
כִּי-כוּלָּם יֵדְעוּ אוֹתִי
לְמִקְטַנָּם וְעַד-גְּדוֹלָם נְאֻם-יְהוָה
כִּי אֶסְלַח לַעֲוֹנָם-
וּלְחַטָּאתָם לֹא אֶזְכָּר-עוֹד

34 Et ils n'enseigneront plus chacun à son voisin ou chacun à son frère disant, connais l'éternel car tous me connaîtront du plus petit d'entre eux au plus grand d'entre eux, oracle du Seigneur. Car je pardonnerai leur faute, et de leur péché je ne me souviendrai plus.

Techniquement, le réemploi novateur est reconnu par une série de formules de renouvellement que Michaël Fishbane qualifie de type “polarité - analogie”[1] qui émaille le passage. En plus de l’expression explicite de בְּרִית חֲדָשָׁה, une alliance nouvelle au v. 31, on a une accumulation de formules annonçant une interprétation-déplacement connu du style biblique. Des formules telles que:

v. 31, הִנֵּה יָמִים בָּאִים, voici les jours viennent, (…)
v. 32, לֹא כַבְּרִית, non pas comme l’alliance, (…)
v. 33, כִּי זֹאת הַבְּרִית, car celle-ci est l’alliance, (…),
אַחֲרֵי הַיָּמִים הָהֵם, après ces jours là, (…)
v. 34, וְלֹא יְלַמְּדוּ עוֹד, Et ils n’enseigneront plus, (…),
לֹא אֶזְכָּר-עוֹד, je ne me souviendrai plus, (…).

Comme cela arrive souvent, un passage aussi intriguant a été diversement visité. Par exemple, Von Rad y voit un oracle qui annoncerait la fin “ du conflit de deux volontés,” celle de Dieu et celle de l’homme[2]. On pourrait dire en effet que l’accès à la Source essentielle, ici dit en langage biblique, le pacte בְּרִית, avec le divin est promis à tout un chacun. Au v. 34, il ne sera même plus question d’enseignement ou de tradition à garder et à transmettre mais plutôt de connaissance intime. Cette lecture insiste sur l’audition et se focalise sur le terme בְּרִית, alliance que l’auteur associe à “paroles.”[3] Ainsi בְּרִית est vu de manière quelque peu séparée de la remarquable concentration sémantique débordant les considérations éthiques dont “l’obéissance” aux préceptes serait le centre.

Il est vrai que dans ce passage qui est visiblement une relecture des codes mosaïques, l’expression וְעַל-לִבָּם אֶכְתֲּבֶנָּה “et sur leur cœur je l’écrirai” est la proposition ultime, le centre de l’oracle. Ici, l’énoncé va plus loin que les autres relectures. Ce n’est plus un code extérieur, fonctionnant comme une loi à interpréter par les spécialistes du droit et du religieux (juge, prêtre), qui est renouvelé. C’est l’intériorité humaine voire l’homme lui-même. Néanmoins, comme possible occurrence historique, le pacte à renouveler n’est que vaguement précisé.[4] Le lecteur ne peut qu’essayer de le déduire du passé référé, ‘non pas comme l’alliance avec leurs pères (…) pour les faire sortir d’Égypte’. Ainsi, par ces évocations, l’allusion à l’Exode est sans équivoque. Par contre, il

---

1 Cf. Michael Fishbane, *Biblical Interprétation,* p. 421.

2 G. Von Rad, op. cit. p. 184.

3 Vu le passage évoqué par l’auteur, Ex 20, le peuple refuse d’écouter le divin et il délègue Moïse. En Ex 24:7 par contre, l’audition est celle d’une lecture dans le livre de l’alliance, déjà écrit.

4 Pour un inventaire complet des types de *Berit*, sa signification et la sémantique qui l’accompagne dans la Bible hébraïque, cf. Pierre Buis, *La notion d’Alliance dans l’Ancien Testament,* éd. Cerf, Paris, 1976.

n'est pas précisé de la quantième édition il s'agit. En effet, dans la Bible, l'alliance a été rééditée plus d'une fois (Ex 24:4; Jos 24:26; Dt 4:13, 31:9). De même, le contexte de ce qui est annoncé n'apparaît pas car après ces jours là n'est suivi d'aucune détermination. Mais les études critiques permettent de conjecturer que la rédaction deutéronomiste à qui nous devons ces lignes intervient à l'époque de la restauration postexilique.

Quoi qu'il en soit, subtilement, la nouvelle proposition révoque et dépasse l'ancienne situation sans vraiment l'annuler. La nouvelle situation relationnelle garde un lien substantiel avec celle qui est revisitée. En effet, ici aussi, le renouvellement a la fonction d'établir un rapport entre Yhwh et le peuple. Un rapport exprimé dans des termes tout aussi étonnants. וְהָיִיתִי לָהֶם לֵאלֹהִים et וְהֵמָּה יִהְיוּ-לִי לְעָם "je serai Elohim pour eux" et "ils seront pour moi un peuple." Avant, il était maître en eux (בָּעַלְתִּי בָם), et pourtant, ils ont rompu l'alliance. Être Elohim pour quelqu'un et être un peuple pour Elohim. Le moins qu'on puisse dire, c'est que ce refrain tel un dicton, est lourd de non-dits sur les réalités empiriques dont il est la trace.

"Être Elohim pour..." la formulation se retrouve dans trois autres textes où Elohim ne désigne pas nécessairement le divin (Gn 28:21; Ex 4:16 et Ex 7:1). En Gn 28:21, l'expression: וְהָיָה יְהוָה לִי לֵאלֹהִים, "alors Yhwh sera mon Elohim," les deux termes sensés être des noms divins laissent à penser qu'ils ne désignent pas dieu au même plan. Jacob va reconnaître Yhwh comme son Elohim quand il aura fait ses preuves d'accompagnateur, de dispensateur des besoins vitaux et de protecteur. En Ex 4:16 on lit: וְדִבֶּר-הוּא לְךָ אֶל-הָעָם וְהָיָה הוּא יִהְיֶה-לְּךָ לְפֶה וְאַתָּה תִּהְיֶה- לּוֹ לֵאלֹהִים, "il parlera pour toi au peuple et il sera une bouche pour toi. Et toi, tu seras pour lui Elohim." Et Ex 7:1 dit: וַיֹּאמֶר יְהוָה אֶל-מֹשֶׁה רְאֵה נְתַתִּיךָ אֱלֹהִים לְפַרְעֹה וְאַהֲרֹן אָחִיךָ יִהְיֶה נְבִיאֶךָ"Et Yhwh dit à Moïse, voit je te fais Elohim pour Pharaon et Aaron ton frère sera un prophète pour toi." Dans ces passages, "Elohim pour..." semble tirer son sens des contextes respectifs et il fonctionne comme "dieu de" dans le sens de: gardien de, inspirateur de, maître de ou leader de. A noter que les humains sont qualifiés d'Elohim.

Plus haut, nous évoquions les procédés des rédacteurs qui ont rassemblé et créé une certaine unité du corpus biblique qui sont aujourd'hui reconstitués. Ces procédés empruntent un langage véhicule de sagesses anciennes pouvant encore être versées dans le dossier de nouvelles réflexions sur l'humain de la civilisation en cours. Réflexions en quête d'autres paradigmes du vivre ensemble aussi bien entre peuples qu'avec la Nature.[5] Parmi ceux qui rejoignent notre propos, on peut citer des formules orientées vers l'avenir telles

---

5 A. Dupas & G. Huber, *La grande rupture? L'humanité face à son futur technologique,* éd. Robert Laffont, Paris, 2010; A. Dupas, *Demain nous vivrons tous dans l'espace,* éd. Robert Laffont, 2011; R. Kurzweil, *The age of Spiritual Machine: When Computers Exeed Human Intelligence,* éd. Penguin, New York, 2000.

que: la circoncision des cœurs (Dt 10:16; Jr 4:4); faire revivre les ossements desséchés par le souffle divin (Ez 37:5) et “écrire la Torah sur les cœurs” (Jr 31:33) qui nous intéresse ici. Les termes faisant écho aux pratiques concrètes et aux autres textes étant: circoncision, souffle divin et Torah.

III. Une Torah écrite sur les cœurs!

“נָתַתִּי אֶת-תּוֹרָתִי בְּקִרְבָּם וְעַל-לִבָּם אֶכְתֲּבֶנָּה ... זאת הַבְּרִית אֲשֶׁר אֶכְרֹת”, “celle-ci est l’alliance ... J’établirai ma Torah dans leur intérieur, et sur leur cœur, je l’écrirai.”

Ici, chaque terme et chaque expression est important dans la compréhension du verset, mais nous ne retenons que deux expressions[6]: “celle-ci est l’alliance que je conclurai (couperai)” et “sur leur cœur je l’écrirai.”

III. 1. Celle-ci est l’alliance que je couperai (karat Berit)

Bien que réinterprétée et éloignée de ces contextes de naissance, l’expression karat berit, littéralement “couper une alliance,” plonge ses racines dans les rituels dits d’engagement actuellement restitués par l’archéologie. Par exemple celui d’Ashurnirari V avec Mati’ilu rapporté par Pierre Buis[7]:

> *Cette tête n’est pas la tête d’un bélier, c’est la tête de Mati’ilu, celle de ses fils, de ses nobles, des gens de son pays. Si ceux-ci manquent à ce traité, de même que la tête de ce bélier est coupée, avec sa patte dans la gueule, ainsi sera coupée la tête des susnommés.*[8]

Ainsi, *karat* et *berit* véhiculent des “réalités” culturelles (rituels d’alliance de sang, serment par imprécation)[9] sociologiques, politiques et religieuses plus larges et plus complexes, que le peuple biblique partage avec ses voisins. La relecture à la fois créative “et mémorielle des scribes permettait d’élargir la visée de ce langage imagé. Un langage qui garde un lien avec le passé lointain, précédant même celui qui est évoqué. Cette terminologie est donc riche de son

---

[6] De même que le terme *Berit*, le terme *Torah* n’est pas traduit ni compris de manière unique. Il est pris ici dans son sens traditionnel, d’enseignement, de prescription, de loi, ou même de sagesse de vie révélée (Ouakin). Cf. F. G. Lopez, *Comment lire le Pentateuque,* éd. Labor et Fides, Genève, 2005, p. 13.

[7] Traité d’Ashurnirari V avec Mati’ilu de Bet Agusi, lignes 20-30 daté de plus ou moins 750 av. J. C. cf. Pierre Buis, *La Notion d’Alliance dans l’Ancien Testament*, p. 18. L’auteur cite E. Weidner.

[8] Nous soulignons.

[9] Le chapitre 24 de l’Exode garde des traces palpables de ces rituels.

parcours historique. D'abord comme désignation de pratiques concrètes ensuite comme image dans l'univers de l'Écrit biblique et extra-biblique."[10]

Pierre Buis, tout en indiquant les difficultés des biblistes à traduire le terme berit, le considère comme une clé d'interprétation de l'histoire mais fonctionnant en rétrospectif.[11] L'auteur souligne aussi que le champ sémantique du terme est très large si on considère ses associations, ses synonymes et des données explicatives y associées dans la Bible.[12] Karat fait partie des cinq verbes utilisés par les scribes pour parler de la mise en place d'une alliance/pacte/serment. Dans toutes ces occurrences, berit en question comprend des stipulations détaillées ou simplement évoquées, qui concernent les noyaux relationnels rappelés plus haut. Dans notre passage, le renouvellement est construit sur l'analogie de l'expression, karat berit (couper, conclure) une alliance en opposition partielle avec le passé évoqué. Le terme בְּרִית, alliance/pacte a quatre occurrences dans le passage tandis que le verbe כָּרַת, conclure, en a trois.

III. 2. Sur leur cœur, je l'écrirai (katav el-lab)

La Berit/Torah évoquée serait essentiellement celle qui a été donnée au Sinaï en Ex 20,18 & ss où il s'agirait d'une modalité "parole-audition."[13] Or, en Jr 31:33, il est aussi question de l'écrit. Le terme תּוֹרָתִי, ma Torah/ma Loi, forme un binôme avec le verbe אֶכְתֲּבֶנָּה, "je l'écrirai," avec une occurrence chacun. Ici, les deux opérations, conclure une alliance et écrire ses stipulations sur un support anciennement matériel (pierre, tablette, stèle, pylône) et aujourd'hui le cœur, ne doivent pas être séparées. Le passage de Jérémie évoque un pacte, *berit* sous forme d'une Torah écrite. Mais il est vrai aussi que cette Torah écrite reprise comme telle en Dt 17:18, 31:9 et en Jos 24:26 est désignée ailleurs par des variantes renvoyant à l'écrit des "paroles" ou des prescriptions (Cf. Ex 24:4, 31:18, 32:1, 34:1 et Dt 31:9). On retient de ces textes que les prescriptions/paroles ne sont plus dites mais écrites.

Ainsi, l'écriture des paroles de Yhwh ou des prescriptions sur les tables de pierre, devient une écriture du livre de l'Alliance ou de la Torah selon les textes. L'évolution concerne ici le matériel et la forme. On passe de la tablette au livre, mais certainement que le contenu est également revu. Dans le contexte d'un univers idéologique cumulatif signalé plus haut, ces pratiques (conclure des

---

10 Il semble qu'une formulation similaire à *karat berit* serait *TAR be-ri-ti* des documents akkadiens (tablettes de Mishrife) et serait équivalente à *karat berit* selon Bottéro, ou 'prêter serment entre' les signataires d'un contrat selon J. A. Soggin, cf. Pierre Buis, *La notion d'alliance dans l'Ancien Testament,* p. 16, note 2.

11 Pierre Buis, op. cit. p. 192.

12 Idem, p. 15-16.

13 G. Von Rad, op. cit. p. 183.

pactes et l'usage de l'écriture) renvoient à des moments primordiaux qui ont participé à forger des sociétés ou la survie et le vivre ensemble ont été possibles. Les grandes lignes du contexte global signalé plus haut ne laissent aucun doute quant au potentiel conflictuel qui sous-tend ces lignes. Aussi, la question du rôle de l'écriture dans cet univers se pose.

Les spécialistes de la question sont d'avis que l'écriture a été inventée à Uruk vers 3400-3300 avant notre ère.[14] Très probablement dans un contexte de conflit entre Uruk et Aratta (Glasner). Notons que cette catégorie d'émergences fondamentales (préhistoriques et historiques) ont permis d'ex-tendre l'identité du nain de la nature qu'était l'être humain.[15] Comme le langage, l'écriture lui a permis d'élargir son domaine de présence effective dans le temps et dans l'espace. Par un lent processus de l'esprit, l'individu doté d'un langage organisé en société au sein d'une nature austère et nourricière, a produit la culture dont l'écrit est une des manifestations. La théologie biblique en tant qu'écrit, porte la marque de cette extension-éloignement de la représentation confiée à l'écrit et séparé de son concepteur. Jean-Jacques Glasner rappelle la particularité de la théologie écrite en ces termes:

> *Très tôt, dès les premiers développements de l'écriture, l'univers de la pensé spéculative fondée sur le signe graphique pénètre, en effet, dans le domaine des représentations religieuses avec lesquelles il entre en compétition; de cette tension est née la théologie écrite.*[16]

Dans son Écrire à Sumer, l'auteur parle de l'écriture comme d'une véritable création d'une pensée conceptuelle, comme la genèse d'une pensée spécifique, qui ne se réduit pas en traduction d'une sonorité en signe visuel. Pour lui, c'est un lieu du savoir qui confie aux mots des significations toujours plus riches.[17] L'écriture est donc un "pouvoir" et elle a accompagné des mutations politiques de l'espace de sa naissance. Elle devient, au terme d'un développement lent (environ un millénaire), une technique qui va hisser ceux qui la manient, les scribes, aux échelons élevés de la hiérarchie sociale (p. 14-15). L'auteur rapporte une légende instructive sur l'invention de l'écriture et de son matériel par Enmerkar, seigneur d'Uruk. Celui-ci arrive à envoyer à son rival, le

---

[14] J.-J. Glasner, *Ecrire à Sumer, invention du cunéiforme,* éd du Seuil, Paris, 2000, p. 24 & ss ; P. Bordeuil, F. Briquet-Chatonnet et C. Michel (dir), *Les débuts de l'Histoire*, éd. Kheops, Paris, 2014, p. 266 et ss.

[15] A. Dupas & G. Huber, *La grande rupture,* p. 132-133. J.-P. Jaffré signale qu'il y aurait un lien entre l'invention de l'écriture et les pratiques symboliques. Cf. J. P. Jaffré, "Ecriture et sémiographie" in LNX, Revue des linguistes de l'université Paris Ouest Nanterre, La Défense, open source, cf. https://journals. openedition. org/linx /1038#tocto2n1 consulté le 06/02/2019, p. 7-8.

[16] J. J. Glasner, "La religion sumérienne" in J. Briend et M. Questnel, *Sumer et Suse* Fascicule 73 du Supplément *au dictionnaire de la Bible,* éd. Letouzey & Ané, Paris, 2002, Colonne, 313.

[17] J.-J. Glasner, *Ecrire à Sumer, invention du cunéiforme,* op. cit. p. 15.

seigneur d'Aratta, un message qui n'est plus à entendre mais à tenir dans sa main et à regarder (p. 28-30).

Le verbe écrire en sumérien viendrait de deux racines qui donnent à penser quant à la mutation conceptuelle liée à l'invention de l'écriture: Sar et ḫur. Le premier signifierait "aller vite et droit" tandis que le second serait "tracer des traits ou dessiner." Pour l'auteur, le premier est un néologisme tandis que le second se dit aussi à propos des signes de présages sensés être tracés par les dieux (p. 140-143). Il y a donc véritablement un glissement dans la pensée et dans la représentation. Or, dans le domaine de l'art et de la religion, on avait déjà inventé la représentation visuelle (symboles et statues) des forces invisibles. De même, avec l'avènement de l'écriture, la théologie écrite quitte le domaine de l'écoute pour investir celui de la vision.[18]

La proposition de Jr 31:33 dénoncerait-elle le côté qu'elle considérerait comme porte-à-faux de cette théologie écrite? Certains textes qui insistent sur l'écriture des préceptes sur la pierre donnent peut être un indice sur ce qu'étaient devenues les préoccupations des scribes bibliques: préserver la tradition de toute possibilité de perte ou d'altération. En effet, la tablette, contrairement à la pierre, peut se casser ou être remplacée. Si on suit cette logique, la difficulté de notre passage c'est qu'on ne voit pas clairement à quelle mutation technique de l'écrit référerait Jr 31:33 à l'époque de la rédaction du livre (époque Perse). Que préconisait le scribe de Jr 31:33 par "je l'écrirai sur leur cœur?" Le verset 34 limite même les prospections car la transmission ou l'enseignement est également mis en question. Jean Jacques Glasner refuse, à la suite de la légende sur son invention, de classer l'écriture parmi les dons des dieux (du domaine des *me*[19]) mais la qualifie d'invention humaine en réponse aux défis de la vie. Selon le scribe de Jérémie qui nous lègue cette parole, l'Écrit aurait-il atteint une rupture épistémologique ou annoncerait-il juste un hypothétique seuil épistémologique?[20]

---

18 Dans ce domaine du langage et de l'imagerie biblique qui échappe parfois aux biblistes, on note qu'en Exode 20,14, le peuple a vu la voix du Chofar!

19 Les *me*, au nombre de 110 seraient des sortes de démiurges et ils seraient vus comme les décrets divins ou les déterminations qui s'imposent aux dieux comme aux humains. Dans certaines théologies mésopotamiennes, ils sont dits engendrés par le dieu Enlil, ils seraient donnés aux rois et aux héros par les dieux. cf. J.-J. Glasner, "La religion sumérienne" op. cit. Col. 314-316; J.-J. Glasner, *Ecrire à Sumer, invention du cunéiforme*, op. cit. p. 21 & ss.

20 La définition de ces notions relativement récentes est disputée. Elles se définissent toujours par rapport à un domaine précis. Ici, nous nous référons aux définitions de Jean Walsh et nous les appliquons au domaine de l'écriture. J. Walsh, "Romantisme et positivisme: rupture épistémologique dans l'historiographie?" in *Romantisme,* 1978, n° 21-22. Les romantismes, p. 161-172. Pour l'auteur, une rupture épistémologique est une révolution qui correspond à une mutation dans l'esprit scientifique tandis que le seuil épistémologique correspondrait aux avancées considérables qui n'entraînent pas une mise en cause des principes et des fondements du domaine concerné. Voir aussi J. P. Jaffré, "Ecriture et sémiographie" op. cit. p. 19.

Bien sûr, l'écrit comme système de signes visuels traduisant la parole ou la pensée, supplée à diverses défaillances humaines[21]. Mais il est aussi décalé de l'expérience empirique et de la pratique concrète, élan du cœur. Il est donc une technique d'efficacité ambivalente. D'un côté, il ex-tend dans le temps et dans l'espace, de l'autre côté, il éloigne des oreilles, sépare du cœur et restreint le champ de la vision. Si l'énoncé, "je l'écrirai sur leur cœur" ne s'inscrit pas dans une mutation reconnaissable de la technique de l'écrit, il peut être vu aussi comme un message subversif adressé à l'Écrit. En effet, la polysémie de la notion de "cœur" peut orienter vers cette piste. Le mot לֵב לֵבָב, *leb*, *levav* cœur est utilisé dans la Bible comme siège de la vie, siège des sens et des passions, siège des sentiments moraux, siège de la volonté et du jugement et dans certains textes il se traduit par "la vie" (Ps 22:27).[22] Le verset 33 insiste sur cette intériorité multiple par un autre vocable associé à *lev*, *bekirvam* בְּקִרְבָּם, dans leur sein, au-dedans d'eux, dans leur intérieur, dans leurs entailles ou dans leur ventre. En fonction de la formulation et de la conjugaison, le verbe de même racine oriente vers les notions de proximité, de rapprochement, d'intimité mais aussi de rapprochement contre et donc de guerre et de combat (Sander p. 652-653). Il y a ici une insistance sur l'intériorité humaine comme destination de la Torah, bref comme lieu ou les desseins divins se gravent.

Or, comme le verbe "conclure," karat, le cœur est aussi présent dans les clauses des alliances et anciens traités du MOA:[23]

> *(...) Baltaya est le chef des approvisionnements d'Assourbanipal, le roi d'Assyrie; il est un de ceux qui ont fait preuve de bonté et de faveur; son cœur a été tout entier à son maître depuis son accession au pouvoir; il est tenu devant moi avec fidélité, il a marché avec intégrité, (...) par ma propre volonté, je pense lui faire du bien et je décrète une donation (...)*[24]

L'écrit a déplacé les stipulations qui s'adressaient au cœur vers un objet extérieur, la tablette, la pierre, le livre. La parole du prophète semble prendre la mesure de ce fait, d'où peut-être un appel au retour au cœur, à privilégier l'expérience personnelle par rapport à l'interprétation du spécialiste de l'écrit. D'abord le scribe comme architecte du texte, ensuite le juge et le prêtre comme interprètes en vue d'une mise en application. Dans les contextes actuels, le

21 J.-J. Glasner, Écrire *à Sumer, invention du cunéiforme*; P. Bordeuil, F. Briquet-Chatonnet et C. Michel (dir), *Les débuts de l'Histoire*, éd. Kheops, Paris, 2014, p. 266 et ss.

22 Cf. N. Ph. Sander, I. Trenel, *Dictionnaire Hébreu-Français*, éd. Slatkine Reprints, Genève, 2005, p. 314-315.

23 J.-N. Postgate, *Neo-Assyrian Royal Grants*, Roma 1969, p. 27-38, cité par P. Buis, op. cit. p. 192.

24 Nous soulignons. Ces notions sont connues du lecteur de la Bible.

message pourrait être aussi une invitation à un voyage vers nos intériorités afin de déchiffrer ce qui s'y serait gravé tout au long des errances humaines. Au regard des outils technologiques et intellectuels que les sciences actuelles mettent à la disposition de toute personne en quête des savoirs, un tel voyage n'est plus du domaine de la fiction ou de l'utopie. Si la quête de l'homme augmenté s'accompagnait de celle des possibles paradigmes perdus, le déchiffrement de ce qui s'est inscrit, gravé au cœur humain, serait un détour indispensable. En particulier, le théologien cesserait alors de se retrancher derrière un Écrit antique pour se laisser interpeller également par les autres traces du parcours humain.

BIBLIOGRAPHIE

- Alter R., L'art du récit biblique, éd. Lessius, Bruxelles, 1999
- Bordeuil P., Briquet-Chatonnet F.et Michel C. (dir), Les débuts de l'Histoire, éd. Kheops, Paris, 2014
- Buis P., La notion d'Alliance dans l'Ancien Testament, éd. Cerf, Paris, 1976
- de Pury A., Römer T., Macchi J. M., éds, Israël construit son histoire, éd. Labor et Fides, Genève, 1996
- Dupas A., Demain nous vivrons tous dans l'espace, éd. Robert Laffont, 2011
- Dupas A.& Huber G., La grande rupture? L'humanité face à son futur technologique, éd. Robert Laffont, Paris, 2010
- Fishbane M., Biblical Interpretation in Ancient Israel, éd. Oxford Clarendon Press, 1985
- Fokkelman J.P., Comment lire le récit biblique, éd. Lessius, Bruxelles, 2002
- Glasner J. J., "La religion sumérienne" in J. Briend et M. Questnel, Sumer et Suse Fascule 73 du Supplément au dictionnaire de la Bible, éd. Letouzey & Ané, Paris, 2002, Colonne, 313
- Glasner J. J., Ecrire à Sumer, invention du cunéiforme, éd du Seuil, Paris, 2000
- Hottois G., Missa J.-N., Perbal L.(dir.), Encyclopédie du Trans/post-humanisme: L'homme et ses préfixes, éd. Vrin, Paris, 2015
- Jaffré J. P., "Ecriture et semiographie" in LINX https://journals. Open edition.org/linx/1038
- Lempen B., La mondialisation sauvage, éd. Favre, Lausanne, 1999
- Levinson B., L'herméneutique de l'innovation, éd. Lessius, Bruxelles, 2005
- Lopez F. P., Comment lire le Pentateuque, éd. Labor et Fides, Genève, 2005

- Morin E., La méthode, V.5, L'humanité de l'humanité, éd. Seuil, Paris, 2001
- Morin E., Le paradigme perdu: la nature humaine, éd, Seuil, Paris, 1973
- Morin E.: "Il n'y a pas de solution, mais il y a une voie" cf. Terra Eco, entretien du 28 août 2014
- Mukaminega J., Lettre aux immigrés de tous les temps, éd. L'Harmattan, Paris, 2012
- Postgate J. N., Neo-Assyrian Royal Grants And Decrees, Gregorian Biblical Bookshop, Roma 1969
- Ray Kurzweil, The age of Spiritual Machine: When Computers Exeed Human Intelligence, éd. Penguin, New York, 2000
- Sander N. Ph., Trenel I., Dictionnaire Hébreu-Français, éd. Slatkine Reprints, Genève, 2005
- Sonnet J. P., "Narration biblique et postmodernité" in D. Marguerat, La Bible en récits, éd. Labor et Fides, Genève, 2003
- Spiritualités et mondialisation, (Essai collectif), éd. Dervy, Paris, 2004
- Von Rad G., La théologie de l'Ancien Testament T. 2, éd. Labor et Fides, Paris, 1965
- Walsh J., "Romantisme et positivisme: rupture épistémologique dans l'historiographie?" in Romantisme, 1978, n° 21-22. p. 161-172
- Ziade P., Généalogie de la mondialisation, éd. L'Harmattan, Paris, 2015

Reviews

Maarten LUTHER, Band II – Soteriologie, Eindhoven: Damon, 2018.

In een reeks van drie banden wil prof. Markus Matthias Luthers academische publicaties ontsluiten voor lezers die het Latijn niet beheersen. Hij kreeg hiervoor subsidie in Nederland en Duitsland. In 2017 verscheen deel I: theologische antropologie en nu is ook deel II verschenen: *Soteriologie*. In dit deel zijn 18 Latijnse teksten van Luther opgenomen inclusief een Nederlandse vertaling (gemaakt door een team van vertalers). Van de 640 pagina's zijn er ruim 600 voorbehouden voor de teksten zelf, d.w.z. op de linker pagina het Latijnse origineel en op de rechter de Nederlandse vertaling. Een korte inleiding opent, een register op namen en Bijbelteksten besluit het boek.

Opgenomen zijn de beroemde 95 stellingen uit 1517 en Luthers eigen uitgebreide toelichting hierop (*Resolutiones*). Vervolgens zijn er drie *sermones* uit 1518 die handelen over boete en rechtvaardiging. Zinvolle teksten, boeiende lectuur. Anders is het met 10 lijsten stellingen voor diverse disputaties. Deze dienden voor academische zittingen en werden verdedigd, dan wel weerlegd door bijv. een promovendus, onder voorzitterschap van Luther of een van zijn collega's. Zij hebben hun *Sitz im Leben* in debatten die toen woedden, maar blijven tamelijk hermetisch als je de achtergrond niet kent. Het is de vraag wat je aan de vertaling van dit soort stellingen (soms zijn het er maar 10, maar het kunnen er ook 275 zijn), als je het debat errond niet meekrijgt. Hiermee komt een lacune aan het licht. De redacteur (prof. Matthias) voorziet in zijn inleiding slechts een heel algemene situering van de gekozen teksten. Inhoudelijke toelichting en duiding ontbreken. Ook de voetnoten zijn eerder technisch. Nieuwsgierige lezers verwijst Matthias naar de zes banden van de grote Duitse *Studienausgabe* (1979-1999). Dat mag natuurlijk, maar daarmee desavoueert hij wel zijn eigen project: De Nederlandstalige lezer blijft immers op z'n honger zitten. Waarom, zo vroeg ik mij af, heeft hij niet gewoon de uitgebreide en instructieve inleiding (30 pagina's) uit deel 2 van de Duitse zustereditie (2006-2009) overgenomen?

Dat neemt niet weg dat er interessante teksten te lezen zijn in dit boek. Twee grote werken van Luther vormen immers het leeuwendeel van deze uitgave: *De libertate christiana*, de Latijnse versie van "von der Freiheit eines christenmenschen" (voorafgegaan door de brief aan paus Leo uit 1520, p. 138-226) en de *Rationis Latomianae... confutatio*, Luthers weerlegging van de fundamentele aanval op zijn theologie vanwege de Leuvense theoloog Jacobus Latomus (p. 228-475). Hier gaat Luther de confrontatie aan met een voorname vertegenwoordigers van de rooms-katholieke systematische theologie uit Leuven, dezelfde die ook Erasmus niet had gespaard. De inleider vindt dit een "meesterwerk van apologie," een "schitterende weerlegging." Er zijn ook theologen die dit haastwerk (Luther schreef het in zeer korte tijd op de Wartburg en gaat maar beperkt in op Latomus' argumentatie) anders evalueren. Enfin: de lezer oordele zelf, want de tekst is nu beschikbaar. Hij moet zich natuurlijk wel eerst in Latomus verdiepen (volgens Luther: "de geleerdste onder de tegenstanders") en de discussie tussen scholastieke en humanistische theologie die toen in volle hevigheid woedde, proberen te doorgronden.

Als afsluiter van deze bundel dient Luthers beroemde voorwoord bij deel 1 van zijn *Verzamelde Latijnse werken* uit 1545, waarin hij terugkijkt op "hoe het begonnen is" en waar hij ook zijn beroemde *Turmerlebnis* verhaalt.

Een gelukkige keuze van de redacteur is dat hij voor de editie van de Latijnse teksten niet opteert voor de *Weimarer Ausgabe*, maar indien mogelijk kiest voor een meer oorspronkelijke versie, inclusief de daarin aanwezige interpunctie. Dit helpt de lezer van de Latijnse tekst soms echt verder.

Het boek zelf is mooi uitgegeven, harde kaft, met leeslint. Jammer dat de redacteur zijn eigen inleidende tekst niet heeft laten nalezen door een "native speaker." Nu staat de inleiding vol met germanismen, wat geen aanbeveling is voor een editie die de Nederlandstalige lezers wil warm maken voor de taalgevoelige Luther.

DW

Krijn VAN DER JAGT, Voorbij geweld en discriminatie. Een postkoloniale lezing van de Bijbel, Amsterdam: Athenaeum-Polak & Van Gennep, 2018.

Het is een nieuw *Leitwort* in de theologische bedrijvigheid: "postkolonialisme." De Nederlandse theoloog met sociaal-antropologische interesses Krijn van der Jagt waagde zich in 2016 reeds aan een antropologische lezing van de Bijbel. Daarmee deelde hij in de vernieuwde belangstelling die in menswetenschappelijke hoek voor de Bijbel ontstond. Het bekende *The Good Book of Human Nature* (2016) vertaald als *Het oerboek van de mens* van de evolutiebioloog Carel van Schaik en historicus/journalist Kai Michel werd een regelrechte bestseller. Na een evolutionaire lezing waagt van der Jagt zich aan een postkoloniale insteek. De hermeneutische sleutel waarmee een postkoloniale lezing wordt geopend is de zogenaamde "imperialistische doctrine" die aan de basis ligt van de Bijbelse tekstredactie. Elk Bijbelboek baadt in een imperialistisch licht. Voor van de Jagt getuigt zowel Genesis als de Brief aan de Romeinen en de Apocalyps van partijschap, niet voor verzet tegen onderdrukking maar ten bate van de imperialistische elite of de machthebbers. Het is een ietwat vreemde constructie die verfrissend werkt. De vraag of de Bijbel een product is van de culturele evolutie staat buiten kijf, maar of deze ontwikkelingen op dezelfde grondslag als de biologische evolutie, zijnde de natuurlijke selectie," plaatsvindt is de vraag. Van der Jagt bevestigt met een welgemeend "ja": de Bijbel getuigt van een periode waarin het imperialistische denken de wereld veroverde. Hij doorloopt dan ook de gehele Bijbel – zij het gelukkig in kort bestek – en komt pas in het laatste hoofdstuk tot een aantal summiere systematische kenmerken en treffende voorbeelden. Twee facetten typeren een postkoloniale lezing van de Bijbel: (1) men scheidt de imperialistische teksten van het profetische verzet ertegen en licht het laatste uit en (2) men plaats de etnocentrische, racistische en discriminatoire passages in de historische context van het Oude Nabije Oosten en plaatst kanttekeningen omtrent het voortschrijdend ethisch inzicht. Concreet komt het erop neer dat postkoloniale lezers de Bijbeltekst met een aantal voetnoten zou voorzien, om hedendaagse lezers in te lichten over het feit dat geweld en discriminatie niet langer getolereerd worden, ook niet in naam van God. Erg interessant is het voorbeeld van de Afrikaanse feministische theologe Musa Dube, die het Nieuwe Testament in haar moedertaal *Tswana* las en tot haar verbijstering vaststelde dat het Griekse woord voor "demon" werd vertaald met "voorouder." De Schotse zendelingen die in de 19e eeuw de Bijbel in deze Afrikaanse taal hadden omgezet, kozen doelbewust om de vooroudercultus van het bekeerde volk te demoniseren. Vandaar ook dat postkoloniaal Bijbellezen tegelijk contextueel en interreligieus van blikveld is. Met contextueel bedoelt van der Jagt de context van de schrijvers analyseren en ontdoen van de alomtegenwoordige imperialistische trekjes. Met interreligieus bedoelt van der Jagt heel concreet de Bijbel naast andere tradities leggen en er de parallellen bij aanduiden. Opmerkelijk is dat een postkoloniaal theoloog als Krijn van der Jagt de Bijbel niet als een tijdloos boek ziet en de teksten selectief leest. Zoals gezegd, een verfrissing.

JT

Bert HOEDEMAKER, Ik ben dus ik ben, Pleidooi voor de christelijke traditie, Middelburg: Skandalon, 2018.

Met dit boek heeft de oud zendingsman, universitair docent in Indonesië en emeritus hoogleraar *missiologie* van de Rijksuniversiteit van Groningen zich begeven in de discussie over de betekenis van het huidige christendom in het geseculariseerde Westen, Nederland en Europa. Voorop staat zijn waardering en geloof in de christelijke traditie. Om die inzichtelijk te maken voor de moderne mens, gaat het er juist om deze mens met minder traditioneel geloof in de kerk en het christelijk gedachtegoed serieus te nemen. En de schrijver toont hiermee overtuigend aan hoe de moderne mens, met achterlating van veel naar zijn mening onbetrouwbaar gebleken religieuze tradities, tot een zinvolle verhouding tot God, mens en wereld kan komen.

Dat hij met dit moeilijke en tegelijk heel knap geschreven boek zich in deze discussie het niet gemakkelijk maakt, blijkt uit de wijze waarop hij de positie van de postmoderne mens tekent en daarbij heel zorgvuldig en omzichtig diens gevoelens en emoties in beeld brengt. Om de mens in zijn huidige context te peilen gaat hij niet over één nacht ijs. Met behulp van trefwoorden als verbeelding, gebed, ik-God-wereld en verwachting, die hij in verschillende hoofdstukken heeft ondergebracht, schetst hij hoe de moderne mens, met zijn zedelijke waarden, wetenschappelijke inzichten en een alomvattende beleving van de wereld en de natuur, religieus aan zijn trekken kan komen. Aan de andere kant maakt hij ook duidelijk hoe de moderne mens, wanneer hij deze waarden vanzelfsprekend gaat vinden, hiermee religieus juist de mist in kan gaan. Immers, waar de ik-gerichtheid de boventoon voert, blijven beseffen van sociale mondiale gerechtigheid achterwege. Ja, "dreigt men," zoals de schrijver opmerkt "zich vast te klampen aan het eigene en zich op te sluiten in een dichtgetimmerd verbeeldingssysteem" (38). Datzelfde geldt voor de christelijke traditie die bij de moderne mens op de achtergrond dreigt te raken. Door nietsontziend schoon schip te maken met overgeleverde religieuze tradities, die de mens van oudsher de weg wezen, kan hij ook in zichzelf vastlopen. En dat zou hem er zelfs van kunnen weerhouden zingeving aan zijn bestaan te geven. En dat is ook het geval met het gebed in de vorm van het gesprek met God met het gevaar dat de mens alleen met zichzelf in gesprek blijft en zo een zelfgesprek voert. Hiermee wordt, aldus de schrijver, God als gesprekspartner er vaak bij verzonnen om aan het zelfgesprek een fictieve betekenis te geven.

Dit laat onverlet dat ook de moderne mens, op tal van manieren bij een zinvolle religieuze verbeelding en religieuze traditie betrokken kan zijn. En ook in het gebed als zelfgesprek kan het gebed de vorm kan krijgen van een ervaring die laat zien hoe iemands geloof ertoe doet. Men zou dus kunnen zeggen dat, in weerwil van allerlei vormen van vervreemding van het christelijk gedachtegoed, de moderne mens tot authentieke religieuze overtuigingen en ervaringen kan komen. En dat juist ook die mens, vanuit de eigen ervaring van de werkelijkheid waarin hij of zij leeft, aan het gebed als een gesprek met God vorm kan geven. De schrijver noemt dit gebed waarin het "ik," "God" en "wereld" nauw op elkaar betrokken zijn: "het gebed zonder eind": "een gesprek waarin leven in de volheid van de liefde steeds opnieuw wordt gezocht en gevonden" (141).

Aan het begin en het eind van zijn boek verwijst Hoedemaker naar de traditioneel- dogmatische onderscheiding tussen *fides qua creditu* (het geloof dat men gelooft) en *fides quae creditur* (het geloof waarmee men gelooft). Er bestaat een wisselwerking tussen deze twee onderscheidingen, in die zin dat het gaat om een "bepaald bezinksel" in de traditie dat steeds opnieuw wordt opgenomen in een voortgaand proces van doorvertellen, vertalen en interpreteren. Dat geldt niet alleen voor de traditie waarin het wezen van de kerk, met haar boodschap van het evangelie is verankerd, maar ook voor de wijze waarop over de inhoud van de Bijbelse boodschap wordt gereflecteerd. Hierbij dient men niet uit te gaan van de gedachte dat de Bijbelse teksten een historisch betrouwbaar beeld van het leven van Jezus zou moeten geven. Immers, de vraag naar de historische Jezus is geen "geloofs-vijandige vraag" (160). Waar het wel om gaat, is de vraag wie Jezus vandaag voor ons is en hoe hij vanuit teksten, die historisch beweeglijk zijn, zich laat zien als de gestalte die schuld op zich neemt, deze verzoent en daarmee in samenhang van geloof, hoop en liefde het evenwicht herstelt tussen het "ik," "God" en "wereld."

Als liberaal theoloog wil Hoedemaker strikt vasthouden aan een christelijke traditie die van allerlei storende leerregels en geloofspraktijken is gezuiverd. Maar die traditie op zich is niet zaligmakend. Integendeel, zij vraagt om een link naar de unieke positie die Jezus in die traditie inneemt. Juist de oriëntatie op Jezus Christus geeft een bijzondere dynamiek en spankracht aan die traditie. Want het is de gave van de eucharistie (het "heilig avondmaal), als teken van de gemeenschap met Jezus, zijn dood en opstanding; die met een "nieuwe intensiteit" het wezen van de christelijke traditie van vandaag weergeeft. En het is al niet anders met de noties van schuld en verzoening, die de kernelementen zijn van de christelijke boodschap. Hiermee slagen mensen erin de weg te vinden in het perspectief van de verzoening met elkaar, de wereld en de mensheid. Maar daar komt ook zelfverloochening en navolging aan te pas. En dus ook opstand tegen het vigerend onrecht in de wereld met martelaarschap soms als onvermijdelijk gevolg. Hoewel, in dit prachtige boek, worden die laatste noties door de schrijver minder zwaar onderstreept.

JvS

Getatchew HAILE, The Ethiopian Orthodox Church's Tradition on the Holy Cross, Texts and Studies in Eastern Christianity, Vol. 10, Leiden: Brill, 2017.

Binnen de traditie van de Oriëntaalse Kerken speelt de voorstelling van het heilige kruis een belangrijke rol. Het heeft vooral een liturgische betekenis, zoal in de Syrisch-Orthodoxe Kerk. Daar vindt midden in de vastentijd tijdens de liturgische viering de rituele oprichting van het kruis op "Golgotha" plaats. Datzelfde kruis wordt op Goede Vrijdag begraven en met Pasen weer uit het graf gehaald. Het wordt dan, verheven op een standaard in het schip van de kerk geplaatst, bewierookt en toegezongen. Dan volgt een processie met het kruis door de hele kerk die doet herinneren aan de op een staak verhoogde slang in de woestijn. De boodschap van het kruis is dan ook dat het genezing geeft en voor onheil bewaart.

Het daarop volgende gebed: "Heer genees onze wonden door het kruis en vergeef onze fouten en gebreken," is een verwijzing naar de legende van koning Abgar, die aan een ongeneeslijke ziekte leed en door een discipel van Jezus (Thaddeüs) werd genezen. Maar ook naar de legende van keizerin Helena die vanuit Rome naar Jeruzalem kwam om het kruis van Christus te zoeken en te vereren.

Wat nu het boek van Getatchew Haile betreft, het blijkt dat in de Ethiopisch-Orthodoxe Kerk, althans volgens de visie van de auteur, een geheel eigen betekenis aan het kruis wordt gegeven. Dat begint al met het verhaal van de Ethiopische keizer Dawit (die leefde rond de 14e eeuw), die door de Koptische Kerk te hulp wordt geroepen om het volk te bevrijden van het groeiend aantal moslims dat het land leegroofde en het welzijn van de mensen bedreigde. Met de tussenkomst van de Ethiopische keizer stopte het geweld en hij wist een vreedzaam pact van wederzijds respect en samenwerking tussen christenen en moslims te sluiten. Als beloning wil men hem grote gouden geschenken aanbieden. Maar dit weigert de vorst. In plaats daarvan vraagt hij een deel van het kruis waaraan Jezus heeft gehangen. Dat wordt geregeld en de vorst reist hiermee terug naar Ethiopië waar het sindsdien fungeert als een mystiek voorwerp van bijzondere meditatie en verering.

Om de betekenis van de vondst van het kruis door Helena nog extra te onderstrepen, wordt de volgende legende aan haar zoektocht naar het heilige kruis toegevoegd. Ze zat opgesloten in een kasteel terwijl haar echtgenoot op zakenreis ging. Toen hij na 6 jaar terugkeerde, betichtte hij haar van overspel. Voor straf nam hij haar mee naar de oever van de zee, stopte haar in een kist en liet haar weg dobberen op de golven. Toevallig was keizer Constantius I aanwezig op het strand aan de overzijde van de zee op zoek naar een bevallig meisje om mee te trouwen. Toen hij de kist zag drijven, gaf hij bevel die te openen. En ziedaar, de schone Helena stapte gracieus uit de kist en begroette vrolijk de jonge keizer. Die werd meteen verliefd, huwde haar en zo werd zij de moeder van de beroemde eerste christelijke keizer Constantijn. De keizer, die gesterkt door het symbool van een kruis dat zich op klaarlichte dag in de wolken aftekende, versloeg zijn vijanden en machtigde zijn moeder in Jeruzalem op zoek te gaan naar het kruis. Ze zette daar met succes Joden onder druk om het kruis van Christus uit diepe lagen van menselijk afval op te delven. Dat kruis bleek in afwijking van de twee kruisen van de misdadigers die samen met Jezus waren gekruisigd, bijzondere kracht uit te stralen: zieken werden er door genezen en doden bracht het weer tot leven.

Wat de eigenlijke betekenis van het heilige kruis binnen de traditie van de Ethiopische godsdienstige beleving betreft: op het heilige kruis vielen de druppels bloed uit het lichaam van Jezus. Als zodanig wordt het kruis beleefd als een fysiek wapen om de satan te bestrijden die het bestaan van de gelovigen permanent bedreigt. Met die intentie kussen de gelovigen het kruis dat elke priester op zijn buik draagt. Maar de kern van de beleving wordt ook in een veelvoud van thema's en uitdrukkingen in de vorm van liturgische gezangen weergegeven. Het gaat om verhalen over Helena die op zoek gaat naar het kruis, over meditatieve teksten en preken van bekende en anonieme Ethiopische auteurs, maar ook van kerkvaders als Athanasius, Eusebius, Jacob van Sarug en Johannes Chrysostomus.

Al deze teksten gaan terug op manuscripten die de auteur in verschillende bibliotheken heeft aangetroffen en die in dit boek eerst worden weergegeven in het *Ge'ez*, de liturgische taal van de Ethiopisch-Orthodoxe Kerk en vervolgens zijn voorzien van een Engelse vertaling. Op basis van deze vertaling wordt duidelijk dat het kruis niet alleen een triest beeld is van de martelingen en de doodskreet van Jezus, maar dat zijn gemartelde lichaamsdelen en organen, ook liefde, vrede en genezingskracht voor alle schepselen uitstralen. Hiermee wordt het kruis tot een beeld van Jezus, zoals hij heilbrengend onder de mensen is verschenen, de dood verkoos, neer daalde in het dodenrijk om de machten van het kwaad te vernietigen. En zoals hij daarna als een leeuw uit het graf verrees. De aanbidding van het heilige kruis toont Jezus ook in de gestalte van oudtestamentische heiligen als Abraham, Jacob, Mozes en de profeten die de verschijning aankondigen van Hem die zich nederig buigt om de eer te ontvangen. "Zo wordt het kruis vereerd als hoopvol teken van bevrijding van geweld en onderdrukking, als vernietiging van de afgoden, en als kracht om heidenen te bekeren en hulp te bieden aan weduwen en wezen, om hongerigen brood te geven en naakten te kleden" (179).

Maar dat zijn slechts enkele beelden waarmee het mysterie van het Ethiopische heilige kruis in het *Ge'ez*, wordt bezongen en beschreven. De vraag is dan hoe deze liedvormen zijn verwoord in het *Tigrigna*, de taal van de Eritrees Orthodoxe Kerk die historisch en godsdienstige nauw verwant is met de Ethiopische Kerk. Dat geldt ook voor de betekenis van het kruis binnen de Koptische Orthodoxe Kerk die als moederkerk van de Ethiopische Kerk kan worden beschouwd. Ook hier is mogelijk sprake van verschilpunten, waarop de auteur in dit boeiende boek evenwel geen antwoord geeft.

JvS

John BINNS, The Orthodox Church of Ethiopia: A History, London: I.B. Tauris, 2016.

John Binns is een Anglicaans priester en hij was al zodanig vele jaren verbonden aan de kerkelijke universiteit van Cambridge. Daarnaast deed hij onderzoek naar het wezen en de geschiedenis van de Orthodoxe Kerken van onder meer Rusland, Roemenië en Servië, en later ook van de Oriëntaals Orthodoxe, de Ethiopisch-Orthodoxe *Tewahedo* Kerk van Ethiopië, waar dit boek over gaat. Op basis van bezoeken en bronnenstudie wist hij zich grondig te oriënteren op de geschiedenis, de liturgie en de gebedscultuur van deze Kerk. Dit boek is dan ook geschreven uit grote liefde en bewondering voor de spirituele uitstraling van deze Kerk, die naar hij meent, ook oecumenisch van betekenis is voor het wereldwijde christendom, de Kerken in Oost en West.

In dit boek legt hij overigens vooral de nadruk op een aantal elementen die bepalend zijn geweest voor de geschiedenis van de Ethiopisch-Orthodoxe *Tewahedo* Kerk en de huidige beleving van het christelijk geloof. Daarvoor staat hij uitvoerig stil bij de ontstaansgeschiedenis van Labilela, het beroemde in rotsen uitgehouwen complex van elf kerken in de provincie Lastra, in een bergachtig gebied gelegen ten zuiden van Tigris in het hart van het oude koninkrijk Aksoem. De kerken zijn met elkaar verbonden door een doolhof van tunnels en doorgangen die uitkomen op grotten van heremieten en catacomben, Het geheel werd gebouwd tussen 1190-1225 naar aanleiding van de verovering van Jeruzalem door sultan Saladin op de kruisvaders in 1187. Tot dan gold Jeruzalem voor de Ethiopische christenen als de heilige stad met een eigen kloostergemeenschap en met een vast patroon van pelgrimages voor de viering van de christelijke feestdagen. Na de inname van Jeruzalem besloot koning Labilela tot de bouw van een nieuw Jeruzalem als een soort replica van het Heilige Land, met tussen de kerken stromend water, genoemd de rivier de Jordaan. Lalibela wordt beschouwd als een wereldwonder en is door Unesco erkend als werelderfgoed. Vele duizenden vaklui moeten bij de bouw van dit complex betrokken zijn geweest en er is een legende die vermeldt dat als de bouwers "s nachts van hun werk uitrustten, de engelen kwamen om hen een zoete slaap te gunnen en onderhands aan de slag gingen om het werk voort te zetten. Recent onderzoek heeft ook nog andere complexen van grotkerken, die zich bevinden in uitgestrekte berggebieden, aan het licht gebracht. Maar de herkomst hiervan blijkt tot nu een historisch raadsel, hoewel kon worden vastgesteld dat zij tussen de jaren 1000 en 1500 moeten zijn gebouwd en versierd met muurschilderingen. Wat de huidige betekenis van het complex van Lalibela betreft. Op 19 januari, het feest van Epifanie (*Timkat*) komt de leiding van de kerk met vele priesters hier bijeen met hun "tabots" (kistjes die de ark verbeelden met de twee tafelen met de Tien Geboden) naar de rivier, om net als Jezus eertijds, met heilig water te worden gedoopt.

Over de betekenis van deze "tabots" merkt Binns het volgende op. De voorstelling van de ark gaat terug op de legende dat Menelik, geboren uit het samenzijn van konings Salomo en de koningin van Sheba, er in slaagde zich meester te maken van de Joodse verbondsark en deze naar Ethiopië te brengen. In de Ethiopische Orthodoxe Kerk geldt sindsdien de ark als heilig voorwerp dat de aanwezigheid van God bevat en uitstraalt. Deze ark bevindt zich als een mysterieus object en onzichtbaar voor de priesters en het gewone kerkpubliek. In elke officiële Ethiopische Kerk (ook buiten Ethiopië) bevindt zich een kopie van deze ark in de vorm van kubusje van hout of steen en versierd met kruisen en twee *cherubiem* (Ex 25:10-22). Zij worden ingewijd door de patriarch of een bisschop, en daarna afgedekt met een kleed en ze blijven zo onzichtbaar voor de dienstdoende priesters en de kerkgangers. En zo wordt de *tabot* ook in een feestelijke optocht door de Kerk rondgedragen.

Zonder in te gaan op de geestelijke strekking van de Ethiopische liturgie en de betekenis van liturgische handelingen en gebaren, geeft de auteur wel een duidelijk overzicht van het karakter van de zondagsvieringen, de heiligendagen en de bijzondere vastentijden en de geregelde vastendagen. Ook vermeldt hij de legende van de verloren parel die verborgen was in het lichaam van Adam, vervolgens was beschadigd door de slang, maar na vele generaties van rechtvaardigen in Christus haar voltooiing vond. De parel is hier dus beeld van de verlossing door Christus, maar ook van de verborgen identiteit van de menselijke natuur (156).

Tot slot wijst Binns nog op het belang van de Ethiopische Orthodoxe Kerk als Afrikaanse Kerk waar veel schismatieke Afrikaanse kerken maar ook westerse missionaire kerken zich naar gaan modelleren. Immers de oorsprong en het wezen van deze kerken is niet te vinden in Rome of Geneva, maar in Ethiopië. Maar hoe deze ontwikkeling zich concreet, theologisch, liturgisch en organisatorisch voltrekt, maakt hij in dit boek niet duidelijk.

JvS

Keon-Sang AN, An Ethiopian Reading of the Bible: Biblical Interpretation of the Orthodox Tewahido Church, Eugene Oregon: Pickwick Publications (Coll. American Society of Missiology Monograph), 2015.

Dit boek is van een auteur die jarenlang in dienst van de interkerkelijke zendingsorganisatie SIM (Serving in Mission) werkzaam is geweest in Eritrea en Ethiopië en thans als hoogleraar is verbonden aan het Fuller Theogical Seminary in Pasadena (Californië). Keon–Sang An doceert daar het vak Bijbel en Zending en dat brengt hem er toe de Bijbel in een brede historische en culturele context te interpreteren. Een voorbeeld van zijn uitlegmethode vinden wij in dit boek waar hij gedetailleerd ingaat op de wijze waarop in de Ethiopisch-0rthodoxe *Tewahido* Kerk (EOTC) de Bijbel wordt gelezen. Deze studie is tegelijk de vrucht van een academisch onderzoek en de neerslag van een jarenlange ervaring met de liturgische zienswijze van deze Kerk.

Om te beginnen wijst hij op het verschil tussen de Grieks-Latijnse en de Oriëntaals Orthodoxe wijze van lezen van de Bijbel. Waar vooral de Grieken inzetten met een kosmologische en metafysische benadering van de openbaringswerkelijkheid en de Latijnse theologen de nadruk legden op een logische analyse van de schriftgegevens, gingen de Oriëntaalse theologen hier een geheel eigen weg. Zij gebruikten niet de "westerse" termen zoals het "zijnde," "substantie," "persoon" of "natuur" om hun Bijbelbesef uit te drukken en zij hadden dus voor deze termen ook geen equivalenten. Zij hielden zich aan de uitlegmethoden van wat de auteur noemt het "Oer-Christendom" van de eerste eeuwen. Dat wil zeggen dat zij hun uitleg baseerden op de nuchtere openbaringsfeiten van de Bijbel en de kerkelijke traditie zonder deze gegevens te interpreteren volgens een logisch systeem. Daarbij komt dat de Oriëntaals-Orthodoxe Kerken - en dat geldt in het bijzonder voor de Ethiopisch en dus ook de Eritrees-Orthodoxe Kerk - diepgaand beïnvloed zijn door het joodse gedachtegoed. Deze semitische insteek geldt ook voor hun Bijbeluitleg waarbij men de Bijbelse levenswijze, geworteld in de Joodse cultuur, in het gewone leven trachtte na te leven. Dat heeft er ook mee maken dat deze Kerk, in haar eeuwenlang durend isolement van de rest van de christelijke wereld, op de Joodse Bijbel waren aangewezen met daaraan toegevoegd de geschriften van apostolisch-patristieke traditie. Dat maakte dat Bijbelteksten tegelijk ook in christelijk perspectief gelezen werden, en het Nieuwe Testament tegen de achtergrond van het Oude Testament werd verstaan.

Verder wijst hij op de impact die de Syrische traditie heeft gehad op de spirituele ontwikkeling van de Ethiopische Kerk. Het zijn de Syrische monnik Frumentius en de Syrische Negen Heiligen die kunnen worden gezien als de stichters van de Ethiopisch-Orthodoxe Kerk. Maar met name is het de Syrische dichter, zanger en theoloog Efrem de Syriër (ca. 306-373) die de manier van Bijbellezen en interpreteren van de Ethiopiërs diepgaand heeft beïnvloed. Efrem legde uit hoe de Bijbelse tekst, boven haar blijkbare eenvoudigheid uit, zich opent voor meerdere betekenissen, die een complex geheel van meningen oplevert. Immers, wanneer er maar slechts één betekenis van de Bijbelse woorden zou hebben bestaan, dan zouden de eerste Bijbelcommentatoren dat zeker ontdekt hebben en zouden de latere hoorders zich de moeite hebben kunnen besparen om verder te zoeken, maar dan zouden zij ook verstoken zijn geweest van de vreugde om tot nieuwe ontdekkingen te komen. Hij stelde dat vrijwel elk woord van de Bijbel een eigen vorm, elk van die woorden haar eigen schrijftekens en elk van de schrijftekens een eigen kenmerk heeft. En iedereen maakte hiervoor gebruik van een hermeneutische c.q. bespiegelende methode, die is gebaseerd op een nauwkeurige lezing van de Schrift met bijzondere aandacht voor typologie, de methode, waarmee men trachtte de veelvoorkomende mystieke symbolen te begrijpen die God heeft gekozen om zijn openbaringen aan de Kerk door te geven.

Keon-Sang An toont verder aan dat Efrem ook aan de wieg heeft gestaan van het Ethiopisch besef dat God zichzelf uitlegt in zijn schepping met gebruikmaking van symbolen waarmee de verborgen betekenissen van de hele schepping zijn uitgedrukt. Op dezelfde wijze heeft God zich ook in de Heilige Schrift uitgedrukt. Daarom openbaart God zich zowel in de Bijbel en de natuur en beide vormen zij een "reusachtig spinnenweb" van onderlinge verbindingen tussen de geschapen werkelijkheid en de goddelijke realiteit. Zoals hij dichtte (144-145):

Heer, Uw symbolen zijn overal aanwezig,
Ja, U bent overal verborgen aanwezig!
En de Schriften zijn als een spiegel,
waarin God zijn gelaat en ons Jezus
laat zien op de golven van symbolen.

In hun lange geschiedenis hebben de Ethiopische geleerden aan deze Bijbelse zienswijze verder vormgegeven en van generatie op generatie aan elkaar doorgegeven. Tot slot geeft de auteur in dit boek negen voorbeelden hoe aan de hand van Bijbels passages de Ethiopische Kerk in de praktijk met deze uitlegmethode omgaat. Als voorbeeld noemt hij de voorstelling van de ark, met de tien geboden, die Gods aanwezigheid symboliseert, maar ook die van Maria die Jezus in haar buik draagt. Ook geeft hij aan hoe de oudtestamentische verhalen en personen heenwijzen naar het Nieuwe Testament en daarmee in vervulling gaan. Op deze wijze geeft de auteur inzicht in de manier waarop in de Ethiopisch-Orthodoxe Kerk de Bijbel gelezen wordt. Jammer, dat hij niet de samenstelling van de uitvoerige Ethiopische Canon noemt, de vele dus in het Westen al apocrief aangeduide geschriften, waarop deze Ethiopische leeswijze is gebaseerd.

JvS

Siebert UHLIG, David APPLEYARD, Alessandro BAUSI, Wolfgang HAHN, Steven KAPLAN (Eds), Ethiopia, History, Culture and Challenges, Reihe: Afrikanische Studiën /African Studies, Bd. 58, Münster: Lit Verlag, Münster, 2017.

Dit boek is een compendium van 85 medewerkers over Ethiopië en Noordoost Afrika en men kan het lezen als een reisgids maar ook als vakliteratuur over de geschiedenis en de actualiteit van Afrika. Met dit prachtig uitgegeven en met foto's, kaarten en illustraties verluchte boek kan men alles te weten komen over het landschap, het klimaat, de bergen, de bossen, de fauna en flora, de bevolking en de orale en schriftelijke literatuur van dit deel van Afrika. En daarnaast krijgt het christendom en de islam erin ook veel aandacht. In het eerste hoofd stuk wordt al meteen beschreven hoe Ethiopië zowel beïnvloed is door de Joodse cultuur uit Jemen als de Joods- Hellenistische cultuur vanuit Alexandrië en via de Nijl tot in Ethiopië. De islam is vanuit Saudi Arabië binnen gekomen en het christendom vanuit Syrië heeft de basis gelegd voor het snelgroeiende kerkelijk besef, gesteund door een wijd vertakt monnikendom dat zich spontaan en wijd verspreidde en ontplooide binnen de eigen Ethiopische volkscultuur.

Ook wordt in het eerste hoofdstuk al de aandacht gevestigd op de legendarische figuur van "Koning–Priester Johannes" uit de 12e eeuw en hoe deze gestalte sprak tot de verbeelding van de politieke (koningen en keizers) en de geestelijke leiders (tot de paus van Rome) van Europa. In die kringen begonnen geheimzinnige brieven te circuleren, die werden toegeschreven aan deze "priester Johannes." Deze zou de soevereine heersers van Europa hebben uitgenodigd zich bij hem aan de sluiten om de moslims (Saracenen) te verjagen uit het Heilige Land. De Europese leiders zagen van hun kant het christelijk Ethiopië als een macht om de omsingeling van de islam te doorbreken, waaronder Europa dreigde te bezwijken. Deze studie geeft aan dat deze fictieve voorstelling van zaken tot in de 15e en 16e eeuw heeft voortbestaan. Maar toen kwam de ontnuchtering. Op het moment dat de Portugezen Ethiopië binnentrokken, bleken zij meer uit te zijn op handel en materieel gewin, dan op christelijke bemoediging en inspiratie. En daarmee viel voor hen de mythe van het rijk van welzijn en vrede van "Priester Johannes" in duigen. De Portugezen werden vervolgens wel het land uitgezet en sindsdien is het geen westerse koloniale mogendheid meer gelukt Ethiopië te overmeesteren. Behalve dan in de 20e eeuw toen een Italiaanse legermacht met goedkeuring van het Vaticaan Ethiopië binnenviel en het land van 1936-1941 deed zuchten onder het fascistisch regime van Mussolini.

Verderop, in hoofdstuk 7, wordt uitvoerig ingegaan op de geschiedenis van de Ethiopisch-Orthodoxe *Tewahedo* Kerk (*Tewahedo* betekent "samen één zijn"), met een verwijzing naar de eenheid van de menselijke en goddelijke gestalte van Christus). Zo worden de opeenvolgende Ethiopische vorsten en keizerrijken met steeds weer een andere verhouding van kerk en staat duidelijk voor het voetlicht gebracht. Dat geldt ook voor de beschrijving van de christelijke feestdagen, zoals "Ledat" het geboortefeest van Christus, "Temkat," het Epifanie feest op 19 januari en alle feestelijkheden daar omheen, "Faskja" het Paasfeest en "Masqal," het feest van de verhoging van het kruis van Christus, Maar de inhoudelijke betekenis van het Ethiopisch christelijk geloof en het wezen van de liturgische vieringen waarmee deze Kerk wereldwijd indruk maakt, blijven in dit boek onderbelicht. Maar om die facetten theologisch toe te lichten, is dit kennelijk niet geschreven.

De introductie van het communistische regime tastte de zelfstandigheid van de Kerken aan: Keizer Haile Selassie werd afgezet en verdween net als de patriarch Tewefos in de gevangenis waar zij beiden net als vele anderen in verdachte omstandigheden stierven. Maar deze feiten blijven in dit boek onvermeld. Dat geldt ook voor onderdrukking van de Ethiopische Kerk als zelfstandig orgaan en hoe de kloosters werden beroofd van hun landerijen die zij exploiteerden ten gunste van de bevolking. Het systeem veroorzaakte oorlog met het naburige Eritrea met gedwongen dienstplicht als gevolg waaraan veel jongeren trachten te ontkomen. Vandaar de migratiestromen naar Europa en de voortgaande destabiliseerde ontwikkeling van het land. Maar die problematiek wordt slechts zijdelings genoemd en komt niet duidelijke aan de orde in dit overigens fraai uitgegeven boek.

JvS

Anne Kooi en Herman Noordergraaf, Jim Wallis. Evangelisch criticus van Donald Trump, Almere: Uitgeverij Parthenon, 2019.

President Trump blijft in de VS voor controverse zorgen. Ook in kerkelijke milieus. Dat Amerikaanse *Evangelicals* zich achter de rechts-conservatieve standpunten van Trump scharen is geen geheim. Maar dat uitgerekend een evangelische predikant en theoloog zich heeft ontpopt tot een belangrijke tegenstem is dat wel. Jim Wallis is de naam. Hij is mede initiatiefnemer van de belijdenis *Reclaiming Jesus* (maart 2018), waarin de huidige politiek-morele werkelijkheid in de VS scherp op de korrel wordt genomen. Anne Kooi en Herman Noordergraaf schreven er samen een boek over, een inspirerende tekst die aanzet om ook zelf werk te maken van een geloof waarin rechtvaardigheid en gelijkheid centraal staan, dat racisme en homofobie afwijst en een inclusieve gemeenschap tot leven roept. In het licht van de hernieuwde belangstelling voor de *Nashville Declaration* en de heisa rond de Nederlandse vertaling ervan in het voorjaar van 2018 draagt het boek een bijzondere actuele glans.

Jim Wallis is meer dan op een terrein een bijzonder theoloog. Hij is evangelisch en theologisch nog steeds vrij conservatief. Dit blijkt uit de klemtoon die hij legt op bijvoorbeeld bekering, maar stelt dat dit gepaard moet gaan met een maatschappijkritische houding. Amerika heeft ten andere een diepgewortelde traditie in dit verband, van de *Social Gospel* van Walter Rauschenbusch tot de burgerrechtenbeweging rond M.L. King Jr. Maar Wallis is ook dienstbaar geweest als adviseur van president Obama en ontwikkelde tevens een scherpe opinie die hij met verve uitdraagt. De auteurs illustreren hun tekst met veel citaten, zoals "The United States of America was established as a white society, founded upon the genocide of another race and then the enslavement of yet another." Slavernij is de smet op het Amerikaanse verleden die in deze tijd is uitgegroeid tot "the original sin" van racisme. Wallis kijkt scherp en constateert dat de Amerikaanse samenleving in een diepe morele crisis rond minderheden verkeert en spreekt van "a broken system." Dit gebroken systeem is niet in staat om zichzelf te repareren. Er is nood aan profetische stemmen, aan getuigen van gerechtigheid en waarheid. Daarin ziet hij een rol weggelegd voor de kerken. Als ecclesiologisch sleutelbegrip hanteert Wallis "the common good," begrepen in termen van inclusief denken en generositeit. Vrijheid ligt daarbij in goede Amerikaanse sloganeske traditie op de tip van de tong. En daar knelt het schoentje van Wallis een beetje, want hoe men het ook draait of keert is en blijft het recht op eigendom een stevige hoeksteen van de Amerikaanse cultuur. John Locke (1632-1704) introduceerde deze vrijheid als "natuurrecht" en Amerika is erop gebouwd. Daarom had ik Wallis graag wat meer filosofisch gehoord, maar misschien komt dit aan bod in andere publicaties dan deze die de auteurs selecteerden. Het boek geeft dus zin om meer te leren over deze spraakmakende evangelische theoloog en zijn *Reclaim Jesus* initiatief. Mooi.

JT

Hans Alma, De kunst van samenleven. Een pleidooi voor een pluralistisch humanisme, Brussel: VUB Press, 2018.

Het pleidooi voor een pluralistisch humanisme van de Nederlandse hoogleraar Humanistiek aan de VUB is een dynamische tekst. De auteur neemt de lezer mee op een wenteltrap en laat je regelmatig terugkijken, zodat je de aangehaalde thema's telkens terugziet vanuit een ander perspectief. De beweging die ze maakt leidt uiteindelijk naar levensplezier en een bevestigend "ja" tegen een wereld in wording.

De stimulans om zelf mee te denken tijdens de lectuur van het boek is onmiskenbaar. Ik leerde ook wat resonantiegevoeligheid is, morele verbeelding en transformatief handelen. Met deze begrippen in de hand kan Alma ontwapend naar spiritualiteit en religie kijken. In dit oogpunt is dit werk een verfrissing. Ze ziet (humanistische) spiritualiteit als "het realiseren of herstellen van een vibrerende draad die ons met de wereld om ons heen verbindt via aanraking en bewogen worden." Het verfrissende is dat de auteur een eenheid tussen mens en natuur, wereld en schepping voor ogen stelt, waardoor we als het ware de werkelijkheid een stem kunnen geven.

Het boek mondt uit in de delta van humanisme als esthetisch project. Daarin introduceert ze het begrip van "spiritualiteit van het mogelijke." Ik bleef bij dit concept stil staan, te meer daar we in de Bijbelse theologie ten diepste kunnen spreken van "de spiritualiteit van het onmogelijke," gemodelleerd naar de befaamde uitspraak van Bultmann over het wonder als zijnde de "de onmogelijke mogelijkheid." We worden in theologische zin bewogen door de onmogelijkheid van het goddelijke, dat toch werkelijk is, ons aanraakt of -spreekt. Wording impliceert een open einde, volgens Alma, en maakt de praktijk van zelftransformatie mogelijk. Hier vult "spiritualiteit van het mogelijke" de erkenning van de beperkingen die de werkelijkheid oplegt aan. Zelftransformatie is in humanistisch jargon van dezelfde orde als bekering in theologische zin.

Het constructief gebruiken van de kwaliteit van verbeelding maakt dit boek tot een krachtig pleidooi dat naar de lezer wordt toegeschoven als een uitnodiging om uit de hedendaagse zelfbeslotenheid te treden.

JT

Contributors

BERNARD BAMFO-BOSOMPEM is a part-time PhD student at the FPTR under the supervision of Prof Dr Heye Heyen. He is a graduate of the University of Ghana/Trinity Theological Seminary, Accra, Ghana and the University of Göttingen, Germany for bachelor and masters' programs of study in the areas of sociology, general theological studies, and intercultural theology respectively. He is also the superintendent minister of the Methodist Churches in Belgium.

HEYE HEYEN was professor of practical theology at FPG Brussels until his retirement in 2018. He is practising as an independent psychotherapist at Oldenburg (Germany). He was previously a Protestant minister in Germany and a university lecturer in the Netherlands.

ARJAN KNOP is an Old Testament scholar working at the FPTR with the responsibility for the Biblical languages and the implementation of *E-Learning*. He is also working on his dissertation on Numbers 15.

JAN KOUWEN studied theology in Brussels. At FPTR, with Johan Temmerman as supervisor, he's working on his dissertation based on research in the field of Jewish social-, economical- and religious 19th century history in Zeeland especially on the isle of Schouwen-Duiveland, called "Pinkas Zierikzee."

DORIS LAMBERS-PETRY is professor of New Testament and Early Church History at FPG Brussels. She studied theology in Tübingen, Saarbrücken, and Brussels, and has served as a minister of the VPKB and as a teacher at the European School of Brussels.

JEANINE MUKAMINEGA holds a doctorate in Protestant Theology of FUTP in Brussels and teaches in the Old Testament field in French-speaking department. She is also a teacher of philosophical and religious matter in a secondary school. Her scholarly interest is in the Bible as a religious text that has come down to us from the Ancient Near East cultures.

LEONARD RWANYINDO is professor in the History of Missions (Missiology) at FUTP. He is pastor of the United Reformed Church in Belgium (EPUB).

JOHANNES TASCHNER is professor of Old Testament at FPTR and FUTP Brussels. He is also chaplain of the Comenius-Gymnasium in Düsseldorf.

JOHAN TEMMERMAN is dean and professor of systematic theology at FPTR Brussels. His specialties are alternative currents in western culture and the dialogue between science and religion.

Analecta Bruxellensia

edited by Heye Heyen and Johannes Taschner (Faculty of Protestant Theology in Brussels)

Johannes Taschner; Johan Temmerman (eds.)

Essays on Theology, Meaning, and Pastoral Care

This issue of the yearbook "Analecta Bruxellensia" contains different essays which show in what way(s) scholars from different fields are engaged in theology, in particular related to meaning and pastoral care. The authors are all working or studying at the Faculty of Protestant Theology in Brussels

vol. 18, 2017, 192 pp., 29,90 €, br., ISBN 978-3-643-91024-0

Heye Heyen; Johannes Taschner (Eds.)

Theological Essays in the 500th Anniversary Year of the Reformation

This issue of the yearbook "Analecta Bruxellensia" contains different essays which show in what way(s) scholars from different fields are engaged in theology, in particular related to aspects of the Reformation. The authors are all working or studying at the Faculty of Protestant Theology in Brussels.

vol. 17, 2017, 160 pp., 24,90 €, br., ISBN 978-3-643-90906-0

Heye Heyen; Johannes Taschner (Eds.)

Theological Essays in a Postmodern Context

This issue of the yearbook "Analecta Bruxellensia" contains different essays which show in what way(s) scholars from different fields are engaged in theology in a postmodern context. The authors are all working or studying at the Faculty of Protestant Theology in Brussels. The essays are divided into the following three clusters: Old Testament from different perspectives, Philosophy of Religion and Ethics, and pastoral care in a postmodern context.

vol. 16, 2016, 180 pp., 24,90 €, pb., ISBN 978-3-643-90721-9

LIT Verlag Berlin – Münster – Wien – Zürich – London

Auslieferung Deutschland / Österreich / Schweiz: siehe Impressumsseite

Beiträge zum Verstehen der Bibel / Contributions to Understanding the Bible
hrsg. von Prof. Dr. Manfred Oeming und Prof. Dr. Dr. h. c. mult. Gerd Theißen (Heidelberg)

Christina Risch
Dynamische Manifestation – Die „Präsenz" Christi im Herrenmahl
Bd. 37, 2019, ca. 200 S., ca. 34,90 €, br., ISBN 978-3-643-14262-7

Gerd Theißen
Texttranszendenz
Beiträge zu einer polyphonen Bibelhermeneutik
Bd. 36, 2019, ca. 400 S., ca. 49,90 €, br., ISBN 978-3-643-14246-7

Viktor Ber (ed.)
Nomos and Violence
Dimensions in Bible and Theology
vol. 35, , 216 pp., 34,90 €, pb., ISBN 978-3-643-90997-8

Steven Paas (ed.)
Israelism and the Place of Christ
Christocentric Interpretation of Biblical Prophecy
vol. 34, 2017, 272 pp., 34,90 €, pb., ISBN 978-3-643-90981-7

Petr Sláma
New Theologies of the Old Testament and History
The Function of History in Modern Biblical Scholarship
vol. 33, 2017, 298 pp., 39,90 €, pb., ISBN 978-3-643-90841-4

Ulrich Kellermann
Elia als Toralehrer und Versöhner
Mal 3,22-24 und das Motiv der Zuwendung der Herzen von Vätern und Söhnen durch Elia im frühen Judentum
Bd. 32, 2017, 192 S., 34,90 €, br., ISBN 978-3-643-13571-1

Monika Szarek
Ehe und Askese
Familienethos bei Paulus und Musonius
Bd. 31, 2016, 272 S., 34,90 €, br., ISBN 978-3-643-13422-6

Gerd Theißen
Veränderungspräsenz und Tabubruch
Die Ritualdynamik urchristlicher Sakramente
Bd. 30, 2017, 454 S., 59,90 €, br., ISBN 978-3-643-13454-7

Gerd Theißen; Lung Pun Common Chan; István Czachesz
Kontraintuitivität und Paradoxie
Zur kognitiven Analyse urchristlichen Glaubens
Bd. 29, 2017, 386 S., 34,90 €, br., ISBN 978-3-643-13324-3

Manfred Oeming; Petr Sláma (Eds.)
A King like All the Nations?
Kingdoms of Israel and Judah in the Bible and History
vol. 28, 2015, 348 pp., 39,90 €, pb., ISBN 978-3-643-90674-8

Ruth Huppert
Israel steht auf
Eine Studie zu Bedeutung und Funktion von Ez 37,1-14 im Buch Ezechiel
Bd. 27, 2016, 354 S., 34,90 €, br., ISBN 978-3-643-12746-4

LIT Verlag Berlin – Münster – Wien – Zürich – London
Auslieferung Deutschland / Österreich / Schweiz: siehe Impressumsseite

Homiletische Perspektiven

hrsg. von Dr. Theo Pleizier (Protestats Theologische Universiteit Groningen), Prof. Dr. Jörg Seip (Universität Bonn)

C. M. A. van Ekris
Making See
A Grounded Theory on the prophetic dimension in preaching
vol. 10, 2019, 388 pp., 39,90 €, pb., ISBN 978-3-643-90990-9

Heye Heyen
Gericht predigen
Bd. 9, 2017, 90 S., 24,90 €, br., ISBN 978-34-643-13357-1

Axel Denecke
Vollmächtig und liberal!
Predigten in der Tradition des Juden Jesus. Mit einem Lernprogramm für die Praxis
Bd. 8, 2009, 176 S., 19,90 €, br., ISBN 978-3-643-10062-7

Heye Heyen
Lebensbejahend predigen
Bd. 7, 2008, 168 S., 19,90 €, br., ISBN 978-3-8258-1884-5

Hanneke Schaap-Jonker
Before the Face of God
An Interdisciplinary Study of the Meaning of the Sermon and the Hearer's God Image, Personality and Affective State
vol. 6, 2008, 384 pp., 34,90 €, pb., ISBN 978-3-8258-1432-8

Gottfried Bitter; Heye Heyen (Hg.)
Wort und Hörer
Beispiele homiletischer Perspektiven
Bd. 5, 2007, 152 S., 19,90 €, br., ISBN 978-3-8258-1018-4

Jantine Marike Nierop
Die Gestalt der Predigt im Kraftfeld des Geistes
Eine Studie zu Form und Sprache der Predigt nach Rudolf Bohrens Predigtlehre
Bd. 4, 2008, 304 S., 34,90 €, br., ISBN 978-3-8258-0838-9

Hans Martin Dober
Evangelische Homiletik
Dargestellt an ihren drei Monumenten Luther, Schleiermacher und Barth mit einer Orientierung in praktischer Absicht
Bd. 3, 2007, 200 S., 19,90 €, br., ISBN 978-3-8258-0102-1

Stefanie Wöhrle
Predigtanalyse
Methodische Ansätze – homiletische Prämissen – didaktische Konsequenzen
Bd. 2, 2006, 240 S., 19,90 €, br., ISBN 3-8258-8569-0

Heye Heyen
Heil verkündigen
Heilsbotschaften und Unheilshintergründe in heutigen Predigten
Bd. 1, 2005, 144 S., 17,90 €, br., ISBN 3-8258-8059-1

LIT Verlag Berlin – Münster – Wien – Zürich – London
Auslieferung Deutschland / Österreich / Schweiz: siehe Impressumsseite